第3版前言

本书在借鉴和引用国内外大量公共关系研究成果的基础上，结合我国实际，对公共关系的基本原理、方法及应用进行了详细的阐述。全书共11章，涉及公共关系概述、公共关系机构和人员、公共关系客体、公共关系传播、公共关系工作程序、企业标识与整合营销传播、公共关系礼仪、公共关系谈判、公共关系写作、公共关系专题活动和公共关系危机管理等内容。

本书着眼于组织的实际情况，从职业院校的教学需要出发，本着工学结合的原则较系统地介绍了公共关系的理论。编者在深入学习党的二十大报告后，在本书的编写过程中，以前瞻性、新颖性、实用性和操作性为原则，既博采众家之长，又力求突破与创新，拟订了以下编写思路。

（1）根据实际工作需求编排本书的内容。书中部分案例采自企业实践，同时根据多家企业的调研结果对理论内容进行了调整，以使其更加符合企业实际工作需要。

（2）各章内容按照学习目标（知识目标、能力目标、素质目标）、案例导入、基本内容、本章小结、练习题（含案例分析）、综合实训的顺序进行编排，正文中的重点概念和重点内容用波浪线进行了标识，便于读者学习和记忆，有助于读者更好地理解公共关系理论并尽快掌握公共关系实务。

（3）正文中设置了问与答、思考讨论等栏目，以提高读者的学习兴趣。

（4）在前两版的基础上，以二维码链接的内容增加了微课视频，并对文本内容进行了大幅度的更新。

（5）全面更新了配套教学和学习资料，更新后的资料包括课程标准、电子教案、电子课件、练习题答案、文本和视频案例、模拟试卷及答案等，索取方式参见"更新勘误表和配套资料索取示意图"。

本书由江苏食品药品职业技术学院吴少华任主编，涟水县职业技术教育中心和江苏中央新亚百货股份有限公司提供了部分公共关系案例等资料。

在编写本书过程中，我们借鉴和引用了国内外学者的大量研究成果，在此向他们表示衷心的感谢！

由于编者水平所限，书中不足之处在所难免，恳请各相关院校师生和其他读者朋友在使用本书的过程中给予关注，并将意见和建议及时反馈给我们（联系方式见"更新勘误表和配套资料索取示意图"），以便本书重印或再版时进行修订和完善。

编　者

职业教育经济管理类新形态系列教材

ZHIYE JIAOYU JINGJIGUANLI LEI XINXINGTAI XILIE JIAOCAI

公共关系理论与实务（附微课 第3版）

Gonggong Guanxi Lilun Yu Shiwu

吴少华 ◎ 主编

人民邮电出版社

北京

ZHIYE JIAOYU JINGJIGUANLI LEI XINXINGTAI XILIE JIAOCAI

图书在版编目（CIP）数据

公共关系理论与实务：附微课 / 吴少华主编. -- 3
版. -- 北京：人民邮电出版社，2024.4
职业教育经济管理类新形态系列教材
ISBN 978-7-115-63795-6

Ⅰ．①公… Ⅱ．①吴… Ⅲ．①公共关系学－职业教育
－教材 Ⅳ．①C912.31

中国国家版本馆CIP数据核字(2024)第022573号

内 容 提 要

全书共 11 章，涉及公共关系概述、公共关系机构和人员、公共关系客体、公共关系传播、公共关系工作程序、企业标识与整合营销传播、公共关系礼仪、公共关系谈判、公共关系写作、公共关系专题活动和公共关系危机管理等内容。

各章按学习目标、案例导入、基本内容、本章小结、练习题（含案例分析）、综合实训的顺序编排相应内容。正文内设置了视野拓展、案例分析、问与答等辅助性内容，扫描二维码可观看微课视频或阅读专业文章。

本书配有课程标准、电子教案、电子课件、练习题答案、文本和视频案例、模拟试卷及答案等教学资料，索取方式参见"更新勘误表和配套资料索取示意图"。

本书为职业教育教材，也可作为企事业组织管理者及公共关系爱好者的读物。

◆ 主　编　吴少华
　　责任编辑　万国清
　　责任印制　胡　南
◆ 人民邮电出版社出版发行　　北京市丰台区成寿寺路 11 号
　　邮编　100164　电子邮件　315@ptpress.com.cn
　　网址　https://www.ptpress.com.cn
　　山东新华印务有限公司印刷
◆ 开本：787×1092　1/16
　　印张：13　　　　　　　　　2024 年 4 月第 3 版
　　字数：312 千字　　　　　　2024 年 4 月山东第 1 次印刷

定价：49.80 元

读者服务热线：(010)81055256　印装质量热线：(010)81055316
反盗版热线：(010)81055315
广告经营许可证：京东市监广登字 20170147 号

目　录

第一章

公共关系概述

🚀 学习目标

知识目标：掌握公共关系的定义及特征，了解公共关系学的研究对象和内容，了解公共关系的起源及公共关系在西方国家和中国的发展过程。

能力目标：初步掌握公共关系学的学习方法，掌握公共关系的构成要素和特征。

素质目标：了解我国国情和社会主义核心价值观理念，摒弃公关庸俗思想，树立正确的组织道德理念，维护企业形象。

🔑 案例导入

雅培婴幼儿奶粉有毒

综合媒体报道，2022年2月20日，海关总署发布的一则"建议消费者不购买和使用雅培公司旗下涉事婴幼儿配方奶粉"的消息，迅速冲上了热搜榜，引起了不小的恐慌。据了解，海关总署之所以发出如此警告，源于雅培之前发生的食品安全事件。

2021年已有消费者向美国食品和药物管理局投诉雅培，但未引起重视。"毒奶粉"事件在2022年2月爆发，四个病例中一个病例因克罗诺杆菌感染而死亡，这引发了美国的婴幼儿奶粉荒（当时雅培是美国最大的婴幼儿奶粉供应商），美国食品和药物管理局不得不正式宣布，允许海外经过检验合格的配方奶粉在美国售卖。美国食品和药物管理局在当地时间6月12日对外公布，全美已有9名儿童因为食用了雅培密歇根州工厂生产的配方奶粉后死亡。2023年2月，美国证券交易委员会和美国联邦贸易委员会对雅培婴幼儿配方奶粉业务展开调查。

这是一件典型的外企舆情。雅培在世界各地有多个奶粉生产基地，问题出在美国，涉事工厂生产的奶粉出口量有限，但在其他国家遇到了同样的监管和舆情。雅培虽然不断扩大召回产品的范围，并关闭涉事工厂，但品牌危机恐怕要延续很长时间。

请问：如果你是雅培公关部门的负责人，你如何帮助公司处理和应对此事件？

公关是公共关系的简称，公共关系是如何产生和发展的？这正是本章所要探讨的内容。

第一节　公共关系理论

公共关系一词源自英文的 public relations。public 意为"公共的""公开的""公众的"，

relations 即"关系"，两词合起来用中文表述便是"公共关系"，有时候又称"公众关系""机构传讯"，简称 PR 或公关。

🔭 视野拓展

1989 年播出的电视剧《公关小姐》中的女主角是一位来自中国香港的公关人士，这样一部汲取了香港电视连续剧优点的都市言情剧有一个宏大的背景：当时"一国两制"的政策已经提出，香港回归的日期越来越近，人们对香港文化的了解也一步步加深。这样的背景让《公关小姐》在与其他港剧的竞争上占据了天然的优势。同时，电视剧中的"广味"又使这部电视剧的影响超出了影视领域，它还带动了一个刚刚兴起的公关行业，同时也提升了广州的形象，将岭南文化推向了全国。

一、公共关系的定义

公共关系是指某一社会组织①为改善组织与社会公众的关系，促进公众对组织的认识、理解及支持，达到树立良好组织形象、促进商品销售等目的展开的一系列公共活动。公共关系也是组织的管理职能之一，其主要工作内容是评估社会公众对组织的态度，确认公众利益，拟订并执行各种公关行动方案，提高组织的知名度和美誉度，改善组织形象，争取相关公众的理解与认可。

1. 公共关系含义的层次

公共关系到底有几层含义，目前还未形成统一的看法。人们普遍认为它既可以是一种状态，又可以是一种活动，还可以是一种学说，更可以是一种观念和职业。

（1）任何组织都处在一定的公共关系状态中，这是一种客观存在的形态。

（2）组织的公共关系活动体现在组织长期进行社会交往、沟通信息、树立自身良好形象的整个过程中，它可以分为日常公共关系活动和专项公共关系活动两大类。

（3）公共关系观念影响和指导个人或组织决策与行为的价值取向，这种价值取向又反作用于人们的公共关系活动，并间接影响实际的公共关系状态。公共关系观念主要包括形象观念、公众观念、传播观念、协调观念、互惠观念等。此外，公共关系观念还包括团队观念、创新观念、服务观念、社会观念等。

（4）就学科特点而言，公共关系学不仅是一门应用性很强的边缘性学科，在理论上也是一门综合性、交叉性的学科，其涉及的学科有社会学、哲学、政治学、经济学、传播学、管理学、营销学、伦理学、心理学等，是以传播学和管理学为基础建立的新兴学科。

（5）公共关系的职业责任是协调组织与公众的关系，塑造组织良好的社会形象，以促进组织不断发展和完善。公共关系职业产生于 1903 年，人们通常把美国的新闻记者艾维·李尊为"现代公共关系之父"。事实上，这里的"公共关系"主要是指公共关系职业。正是由于艾维·李在 1903 年开始从事为组织树立形象的公关工作，并于次年创办了一家公共关系咨询事务所，公开对外营业，社会上才出现了公共关系这个职业。

2. 公共关系的性质

公共关系是社会关系的一种表现形态，科学形态的公共关系与其他社会关系都不同，有其

---

① 本书中的"社会组织"指的是政党、政府、公司、学术团体等狭义上的社会组织，无特殊情况，下文一律简称为"组织"。

独特的性质，了解这些特性有助于我们加深对公共关系概念的理解。

（1）情感性。公共关系是一种创造美好形象的艺术，它强调的是通过创造成功的"人和"环境、和谐的人际关系、良好的社会舆论氛围以赢得社会各界的理解、信任、好感与合作。我国古人做事讲究"天时、地利、人和"，把"人和"作为成功的重要条件。公共关系就是追求达到"人和"的境界，为组织的生存、发展或个人的活动创造理想的软环境。

（2）双向性。公共关系是以事实为基础的双向信息沟通，而不是组织单向地向公众传递信息或对公众舆论进行调查、监控，它是组织与公众之间的双向信息交流。组织一方面要了解民情民意以调整决策、自我完善；另一方面又要对外传播信息，使公众认识和了解组织，以达成有效的双向信息沟通。

（3）广泛性。公共关系的广泛性包含两层意思：一层意思是公共关系存在于组织的所有行为和过程中，即公共关系无处不在、无时不在，贯穿于组织的整个生存和发展过程中；另一层意思指的是组织公共关系对象的广泛性，即公共关系的对象可以是个人、群体和组织，既可以是已经与组织发生关系的个人或组织，也可以是将要或有可能与组织发生关系的个人或组织。

（4）整体性。公共关系的宗旨是使公众全面地了解组织，从而提高组织的声誉和知名度。公共关系侧重于提升组织在社会中的竞争地位和整体形象，以使公众对其产生整体性的认识。公共关系并不只是单纯地向公众传递信息，宣传组织的地位和社会威望，还要使公众对组织的各方面都有所了解。

（5）长期性。公共关系的实践告诉我们，不能把公共关系人员（以下简称"公关人员"）当作"消防队"，而应把他们当作"常备军"。公共关系的管理职能应该具有经常性与计划性，也就是说，公共关系不是水龙头，想开就开，想关就关，它应是一种长期性的工作。

二、公共关系的构成要素和特征

（一）公共关系的构成要素

公共关系是组织运用各种传播手段，来维持和发展组织与内部员工、外部公众之间良好关系的互动过程。公共关系由组织、公众、传播三个要素构成。

1. 组织

人类社会之所以丰富多彩、不断发展，就是因为各种组织之间在不断地相互影响和作用，新的组织在不断地产生并发展壮大，已有的组织也在竭力维护自己的利益并实现扩张。

> **思考讨论**
>
> 同一组织处于不同的内外环境中，其公共关系活动会有什么不同？请举例说明。

组织的生存和发展与很多因素有关，组织自身较强的实力、良好的管理、适宜的环境是组织成功的基础，而公共关系作为一种管理职能，则是从建立和维护组织与公众之间的互利互惠关系、树立组织良好形象的角度来促进组织发展的。

公共关系是一种组织活动而不是个人行为，因此，组织是公共关系活动的主体，是公共关系的实施者、承担者。读者在学习本课程时，特别要注意这一点，不要把一些个人的行为也看作公共关系行为。如某公司总裁以个人名义向野生动物基金会捐款，这是个人行为，而不是公共关系行为；若该总裁以公司的名义捐款，我们便可以把这种行为理解为一种旨在提高组织（公司）的知名度和美誉度、扩大组织影响的公共关系行为。

为了使公共关系活动的针对性更强，在公共关系学中，一般把组织分成以下四种类型。

（1）营利性组织。营利性组织以营利为目的，追求经济利益的最大化，如工商企业、旅游服务企业、金融机构等。

（2）服务性组织。服务性组织不以营利为目的，而以维护服务对象的利益为目的，如公办学校、公立医院、慈善机构、社会公用事业机构等。如学校的首要服务对象是学生，其目的是教书育人；而慈善机构的宗旨就是更好地为社会弱势群体和那些需要帮助的特定群体提供服务。

（3）公共性组织。公共性组织通常指为整个社会和公众服务的组织，如政府、军队、消防部门等。这类组织的目标是保证社会安定，使其不受内部不良因素和外来干涉的影响。

（4）互利性组织。互利性组织是一种以组织内部成员间互惠互利为目的的组织，如政党、工会组织、职业团体（学会、协会、研究会等）、宗教团体等。

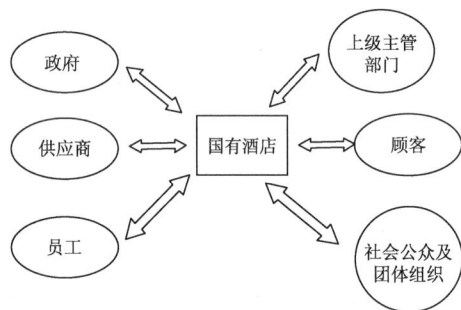

图 1.1　国有酒店的公众

2. 公众

简单地说，公众就是组织开展公共关系活动时的对象（可参考图 1.1）。公共关系是一种特定活动，而当我们谈到公共关系时，必然要涉及双方。对于公共关系而言，这个相互影响、相互作用的双方便是组织与公众。

任何组织都有其面对的公众，而公共关系便是组织主动与这些公众建立和维护良好关系的过程。但这并不意味着作为客体和对象的公众是完全被动的，恰恰相反，这些公众随时都可以表达自己的意愿和要求，主动对组织的政策和行为做出反应，从而对组织形成舆论压力和外部动力。公众还有一个有效的权利——用脚投票，当公众因为不满意而使用这一权利时，他们可能不会当面抗议，也不会大吵大闹，但他们可能会抛售某只股票，不再光顾某一商店、某一银行、某一饭店、某一旅游景点。因此，组织在计划和开展公关工作时，必须认清自己的公众对象，分析研究自己的公众对象，并根据这些公众对象的特点及变化趋势来制订和调整组织的公关政策和行动方案。

案例分析

1985 年，广州市委、市政府曾举办直接为市长做参谋的"假如我是广州市长"的征文活动（后定名为"市长参谋活动"），该活动涉及为政府职能部门出谋划策的"房改方案千家谈""菜篮子工程千家谈"等"千家谈系列活动"，以及讨论广州市风和广州人精神的"羊城新风传万家"和"羊城居委新形象"等大型公众活动。广州市委、市政府通过报纸、杂志、广播、电视等媒体，动员了成千上万的市民参政议政，各抒己见，收到了良好的社会效果。

近年来，又有人提出"如果你是广州市长，你将如何管理这个城市"。有的网友回答：5G 和信息智能化已经到来，假如我是广州市长，应该引进和开发更多应用、智能系统，加强城市智能化管理，让市民享受公平、公正的服务，让每一位市民活得更有尊严，让社会更加和谐、祥和、幸福！

评析：任何组织都要重视其和公众的关系，而且要主动与公众建立和维护良好的关系，这不仅有利于自己开展工作达成目标，公众也会受益，两相受益形成良性循环后更利于构建社会主义和谐社会。

3. 传播

公共关系中的传播是指组织通过传播媒介与公众进行信息或观点的传递和交流。这是一个观念、知识或信息的共享过程，其目的是通过双向的信息交流和沟通，促进公共关系的主体和客体（组织和公众）之间增进了解、达成共识、形成好感和合作；传播手段主要有人际传播、组织传播和大众传播等。

问与答

问：公共关系与广告有何区别？

答：①广告是一种"付费的宣传"，公共关系则为"免费广告"；②广告让公众"买我"，公共关系要公众"爱我"；③广告就像赛马时，将马骑上跑道，鞭策其快跑，而公共关系则像清除跑道上砂石等障碍的工具，从而使马跑得更快更稳。

有些学者强调公共关系的传播这一要素的重要性，认为对传播过程和模式的研究是公共关系的主要内容，甚至还有些学者认为离开了传播、沟通，就无法讨论公共关系。这种观点当然有一定的道理。但当我们把公共关系作为一个整体、一个系统来考察时，就会发现传播和组织、公众一样，也只是公共关系这个大系统的一个要素，传播只是在组织和公众之间建立关系的一种手段，传播媒介则是实现这种手段的工具。只有这两者有机结合、共同作用，才能产生整体大于部分之和的协同效应，才能使组织的公共关系活动得以顺利开展，使组织得以在公众面前建立和维持良好的形象。

视野拓展

离开了传播，公众就无从了解组织。如果我们把组织看作公关工作的主体，把公众看作公关工作的客体，传播就是这两者之间相互联系的纽带和桥梁。组织与公众之间的沟通，在很大程度上依靠信息传播，组织与公众之间的误解，也往往是由于信息交流不畅造成的。因此，组织不但要有明确的目标和符合公众利益的政策和措施，还要充分利用传播手段开展公关活动，赢得公众的好感和舆论的支持，这样才能获得良好的经济效益和社会效益。

也许"公共关系""传播"与"交际""拉关系""拉拉扯扯"在词义上容易产生混淆，也许在公共关系实践中确实出现过偏差，从这门学科引入我国之日起，人们对它的疑惑和误解就没有停止过。有人甚至做出这样的推断："公共关系＝不正之风"。由于缺乏系统的理论研究与指导，公关人员在利用媒介开展传播工作的过程中，也往往带有很大的盲目性，这在一定程度上影响了公关工作的效果。

问与答

问：公共关系与庸俗关系有何区别？

答：公共关系指的是组织同社会公众、国家、企业、社团间的社会关系；一切为了谋求私人或小团体的利益而开展活动所产生的关系或各种偷偷摸摸、躲躲闪闪、见不得人的私人关系，则为庸俗关系。

（二）公共关系的特征

相对其他社会关系，公共关系主要有以下几个特征。

（1）公共关系是组织与公众之间的一种关系。公共关系更侧重组织和公众之间的互动，通过宣传、塑造组织的形象，使组织的产品和服务及组织本身获得社会公众的认可，实现扩大组织影响、提高组织效益等目的。

（2）**公共关系主体和客体之间联系的纽带是有效的传播与沟通活动。**一方面，组织通过开展各种类型的公共关系活动把组织和公众联系到一起，公共关系活动是组织和公众沟通的桥梁和纽带。另一方面，公众通过对组织活动的反馈和评价，使自己的意见得到尊重，需要得到满足。

（3）**公共关系是组织有计划、有意识、有目的地开展的一种沟通活动。**在现代社会，组织与公众打交道，实际上是通过信息的双向交流和沟通来实现的。正是通过这种信息的双向交流和信息共享的过程，组织与公众之间才形成了共同利益和互动关系。组织和公众之间可以进行平等自愿、充分的信息交流和反馈，没有任何强制力量，双方都可以畅所欲言。

（4）**公共关系是以在公众心目中树立良好的组织形象为目的的。**在公众中树立、塑造和维护良好的组织形象是开展公共关系活动的根本目的，而这种形象既与组织的总体有关，也与公众的状态和变化趋势直接相关。这就要求组织必须有合理的经营决策机制、正确的经营理念和创新精神，并根据公众、社会的需要及变化，及时调整和修正组织的行为，不断地改进产品和服务，这样才能在公众面前树立良好的形象。可以这么说，良好的形象是组织最大的财富，是组织生存和发展的基础，组织的一切工作都是围绕公众展开的，失去了公众的理解和支持，组织也就没有存在的必要了。

（5）**公共关系是一种长期的活动。**公共关系是树立组织形象，在组织与公众之间进行协调沟通、建立互惠互利关系的过程。这个过程既包括向公众传播信息的活动，也包括影响并改变公众态度的活动，甚至还包括组织转型，如改变现有组织形象、塑造新的组织形象的活动。所有这一切，都不是一朝一夕就能完成的，必须经过长期艰苦的努力。因此，在公关工作中，组织和公关人员不应计较眼前利益，而要着眼于长远利益，进行持续不断的努力。

总之，公共关系是组织以公众为对象、以美誉为目标、以互惠为原则、以长远为方针、以真诚为信条、以沟通为手段的完整过程。

🗂 案例分析

2013年4月26日上午，在法国总统奥朗德访华之时，法国开云集团（Kering集团，2013年3月22日前称PPR集团）董事长兼首席执行官弗朗索瓦·亨利·皮诺代表皮诺家族表示，将向中国政府捐赠流失海外的圆明园十二大水法中的青铜鼠首和兔首。2013年6月28日，圆明园青铜鼠首、兔首捐赠仪式在北京举行。

鼠首和兔首原为北京圆明园十二大水法生肖兽首喷泉构件中的两件，于1860年英法联军火烧圆明园后流失。2009年2月25日，法国佳士得拍卖行在巴黎拍卖鼠首和兔首，遭到了中国政府的强烈反对，中国国家文物局明确要求佳士得撤拍，此事件引起了国际社会的关注。兽首意外流拍之后，皮诺家族从皮埃尔·贝杰手中低调地买下了它们。此后中法关系一度陷入低谷。

评析：公共关系是组织主体有计划、有意识、有目的地开展的一种沟通活动。虽然皮诺家族否认了佳士得拍卖行和无偿捐赠之间的关系，但作为佳士得拍卖最大股东的皮诺家族，捐赠这两件文物是明显向中国政府示好的举动。此事件完美展现了公共关系的作用，有效提高了佳士得拍卖行、开云集团在中国市场的形象（佳士得公司2013年3月在上海取得营业执照，成为首家在中国独立开展拍卖业务的国际拍卖公司）。

（三）公共关系的实质

关于公共关系的"实质"，长期以来国内外研究者众说纷纭。对公共关系实质的认识直接影响公共关系学的一系列基本理论和实践，所以弄清公共关系的实质对公共关系活动的效果和公共关系理论的发展都至关重要。有人认为公共关系是一门管理哲学，因为它的终极目标和行为手段，均以公共利益为前提；也有人认为它是公共传播手段，因为它强调双向沟通和全方位的信息服务；还有人认为它是一种管理技能、经营谋略；甚至有人认为它是一种艺术、交际手段；等等。

现代公共关系学认为公共关系本质上是一种社会关系的塑造活动，是为组织的利益服务的，是调节组织与外界关系的活动，通过为组织树立良好的社会形象帮助组织实现目标。从一定意义上说，公共关系是一种社会交往艺术，它可促使组织与公众建立和保持和谐融洽的关系，营造共生共荣的良好生态环境。

笔者认为，公共关系的实质有更加丰富的内涵和更加广阔的外延，从不同的应用领域可以得到不同的理解。

（1）公共关系是一种调节组织目标和组织行为以适应社会状况，寻求社会对组织的产品和服务的肯定，最终实现组织的利益和目标的社会活动。公共关系通过组织和公众的双向互动，以达到组织和公众的合作共赢。

（2）促使组织与社会公众"和谐共生"是公共关系的本质要求与终极目标，公共关系具有促使组织与公众"和谐共生"的特殊功能。组织只有在不断满足公众需要的过程中才能实现生存与发展。从社会公众的视角考察：首先，社会公众存在于各类组织之中，通过组织的形式获取自身利益；其次，社会公众需要各类组织提供各种形态的合格产品和优质服务；最后，社会公众需要组织不断推动人类文明的发展，在更高的程度上满足社会公众日益增长的物质文化需要。可见，组织与公众互为生存与发展的条件，二者之间的关系是一种血肉相连的关系。双方只有在和谐的关系中共生共荣，才能实现各自的目标。

三、公共关系学的研究对象和内容

公共关系学的研究对象是组织与公众之间的信息传播和沟通。公共关系学是一门综合性、应用性的学科，是现代传播学和经营管理学的交叉学科。公共关系学研究的基本内容如图 1.2 所示。

视野拓展

你能区分公共关系与人际关系吗？

人际关系是依赖某种媒介并通过个体交往而形成的人与人之间的关系。公共关系与人际关系联系紧密，因为组织内部的联系主要表现为个人与个人之间的联系，组织与组织之间的联系也往往表现为一个组织中的若干人与另一个组织中的若干人之间的联系。

公共关系实务工作除了运用大众传播的手段，也常常通过人际关系中的人际沟通来进

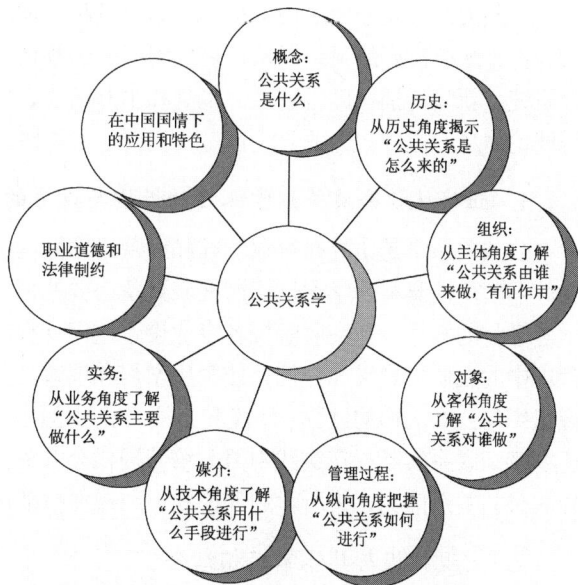

图 1.2 公共关系学研究的基本内容

行，良好的人际关系有助于组织实现公共关系目标。但公共关系与人际关系有明显的区别，主要表现在以下三个方面。

（1）目的不同。开展公共关系活动的目的是树立组织在社会公众心中良好的形象，建立组织与社会公众之间的融洽关系；而开展人际关系活动的目的则是个人结善缘、交朋友，实现个人的需要，建立个人与个人之间的和谐关系。

（2）结构不同。公共关系的主体是社会组织，在组织与公众的交流中实现的是组织的目的，体现的是组织的价值观念、行为规范。其客体——公众也是一个集合体概念，即使是通过人际交往的形式来实现的公共关系，构成公共关系的主客体仍然是这两个集合体。人际关系的主体与客体则都是个体，实现的是个人的目的，体现的是个人的价值观念和行为规范。

（3）沟通方法不同。公共关系尽管也需要人际沟通的手段，但它主要运用大众传播和群体传播的技术和方法进行群体沟通，如报纸、电视、广播，或召开记者招待会、大型集会等。人际关系则以个人的言谈举止为媒介进行沟通，如个人与个人之间面对面地直接交谈，或借助电话、书信等媒介进行沟通。

总之，公共关系不是人际关系，它要比人际关系复杂得多。因此，在开展公关工作时，不能把公共关系当作人际关系来处理，即使以个人身份出现，也必须增强个人的角色意识，要通过个人之间的人际关系，将组织与公众联系起来。

（佚名）

四、公共关系学的学习方法

经济越发达、组织越庞大、传播效率越高，对公关人员的需求越多、要求越高。我们经常看到组织因管理者的某些言论而遭受巨大损失的新闻，如 2022 年某品牌发生菜刀拍蒜断刀事件，网友翻出其总经理"所有的米其林厨师都不是中国人这种切菜方法"言论，这无疑火上浇油引发众怒，给该品牌带来巨大的麻烦。这提示我们：对于公关从业者而言，学好、学通本课程是就业的基础；对于普通管理者而言，也要通过学习本课程培养较强的公关意识，避免自己某些不当的言论、行为给组织带来巨大的损失。

公共关系学是一门应用学科，即运用各种传播和沟通的手段协调组织的社会关系，影响公众舆论，塑造良好的组织形象，优化组织的运营环境，它在实际操作中涉及的业务领域包括调查研究、新闻传播、广告宣传、策划和主办活动、处理危机等。因此，公共关系实务也是该学科理论体系的重要构成部分，也是我们要学习和研究的重要内容。

1. 正确认识公共关系学课程的性质与设置的目的和要求

公共关系学是研究在行政管理和经营管理活动中组织如何与公众进行双向信息传播与沟通的一门应用性学科。学习这门课程应具备必要的传播学、管理学、社会心理学及新闻学、广告学等学科的知识。在高职院校各专业设置这门课程的主要目的是：使学生认识公共关系在现代管理中的性质、意义和作用；使学生学习和理解公共关系的概念和基本原理；使学生了解和掌握组织与公众沟通的过程、手段和方法。学习这门课程，除了要认真阅读和理解教材的内容外，还要密切联系实际，在实践中努力培养现代公共关系意识，提高自身的公共关系素质，提高实际的公共关系能力，将所学的理论知识和操作技能运用到工作实践和社会实践中去。

2. 宏观把握与具体掌握相结合

所谓宏观把握就是要从整体上了解该学科的理论体系，弄清楚其所研究的内容及任务。公共关系的概念界定了公共关系的定义及其本质属性，涉及公共关系的分支概念、范围及相关学科概念和实践范围。通过对这一部分内容的学习，掌握公共关系的学科概念，可为后面的学习打下牢固的基础。

在对公共关系的起源与发展历史的学习中，我们将加深对公共关系的认识。公共关系是由三个要素构成的。我们对公共关系主体（狭义）即公共关系的组织机构和公关人员这一要素的研究非常有必要。对公共关系的对象的研究可以帮助我们理解"公众"概念的内涵和外延，了解公众的基本特征，掌握公众的分类方法。研究公共关系对象的一个重要内容是分析公众的心理和行为，以便传播和沟通工作具有较强的针对性和科学性。因此，公众心理分析是公共关系学理论体系的重要组成部分。

> **视野拓展**
>
> 用所学理论对现实公关事件进行分析是一种很好的学习方法。中国公关网上有丰富的案例，建议读者关注该网站。

3．熟读教材，理解基本概念、基本原理，弄懂各章节的重点和难点

同学们在学习本课程时应以教材为主，把各章节的基本内容学懂弄通，抓住各章节的重点。另外，在教材之外，还应扩大阅读范围，参阅其他相关图书，这对同学们加深理解、拓宽知识面、增强领悟力是大有好处的。

4．积极训练，提高应试能力和实践技能

应试过关是同学们在学习过程中要完成的一项重要任务，为此提高应试能力是非常必要的。

同学们要想提高应试能力，首先要了解试卷或题库的特点及出题者的心态。一般而言，一套结构合理的试卷或题库题型应涵盖学科理论体系的基本框架，应是识记、领会、应用等各种考核目标的有机结合。这就要求同学们在全面理解的基础上掌握相关知识，而不能死记硬背。

其次，同学们要针对不同题型特点进行训练。例如，对于填空题、单项选择题要准确把握一些基本理论问题，而多项选择题要求同学们有较强的辨别能力，在能力要求上又提高了一个层次。在做名词解释题时，同学们要对一些基本理论问题理解透彻并能准确表述。在做简答题时，同学们要对理论问题能够正确理解和表述，简答题属于领会型范畴；而论述题则属于应用型范畴，要求同学们不仅要有正确的观点，而且还要在全面把握学科理论内容的基础上有自己的理解和发挥。为此，同学们可以通过多做练习题来增强自己对基础理论问题的准确理解，同时，同学们还应通过比较分析、逻辑推理、小组讨论等有效方法来增强应用能力。

本课程的最终目的是提高同学们的实践技能，使同学们能将所学的知识运用到实际工作、生活中。要达到这个目的，同学们应在教师的引导下进行多角度案例分析、关心现实中的相关事件、分析企业的成功案例，通过课堂讨论提高认识，认真做好综合实训和案例分析题等。

第二节　公共关系的起源与发展

公共关系作为一种职业和一门学科，最早产生于美国。但公共关系这种客观的社会现象，作为人们一种朴素的思想观念，早已存在于人们的社会活动中。随着商品经济的发展，企业间的竞争日趋激烈，尤其是实力不相上下的竞争对手间，如果能找到一个"突破口"，就能取得事半功倍的效果。意识到这一点后，人们就开始寻找能起到"突破口"作用的人物，通过他们运用一系列的手段，影响竞争中关键人物的决策，从而打败竞争对手，这就是"公共关系"，也可以称为"公关"，可以说，追求商业上的成功是公共关系产生的根本原因。

一、公共关系的起源

自夏商周以来，我国农业经济高度发达，经过数千年的发展，社会相对稳定，传统文化重德轻利、重义轻法，讲究以孝、德治国，为人以信为先。儒商备受当时和后代人的尊重，应该说中国古人做事更讲究"人和"，也就是更注重公共关系，虽无公共关系之名，实则公共关系已渗透社会的方方面面。

欧洲古代经济文化发展相对落后，重商主义、利己主义是其传统，讲究以利为先、弱肉强食，因此才有东方文化难以理解的殖民政策、舰炮商务、奴隶贸易等。为稳定社会关系，在资本快速积累中欧洲各国逐渐形成了重"法"的观念，近一百年，在经济高度发达后欧洲各国又重新重视人道、人权、社会关系等，这是一种反思式的进步。

公共关系的源头可以追溯到古代社会人类文明开始的地方——中国、古埃及、古巴比伦、波斯等国家。当时的统治者虽然更多依靠国家机器（军队、监狱等暴力工具）来维护他们的统治，但在处理其与民众的关系上，舆论手段的运用仍然占有很重要的地位[①]，"水能载舟，亦能覆舟"就是当时统治方式的反映。虽然"公共关系"这个名词几千年前还没有出现，但在当时，公共关系作为人类的一种实践活动却早已存在。

1. 中国古代公共关系的萌芽

周武王伐纣前孟津之誓（《泰誓》）及之前的一系列活动可以看成中国古代公共关系的萌芽。春秋战国时期，国家分裂，各种势力不断重新组合，造成了动荡不安的政治氛围，这在客观上为各种思潮的出现和发展提供了现实的土壤。各种思想、言论的冲撞与吸收，造就了"百花齐放、百家争鸣"的文化盛世。郑国"子产不毁乡校"的故事，就是古代公共关系思想的极好体现。乡校是当时养老和比赛射箭的场所，老百姓常在那里议论时事。有人建议毁掉乡校，子产说："其所善者，吾则行之，其所恶者，吾则改之，是吾师也。"当时的士大夫阶层，深受诸侯、君王的器重与信任，形成了春秋战国时期策士游说成风、辩论艺术发达的局面。以齐国孟尝君为代表的"四君子"，家里都养了成群的门客，这些门客主要起提供参谋意见、收集信息情报和外交游说的作用。门客的作用和今天公关人员的作用极其相似。

案例分析

狡兔三窟

战国时，齐国宰相孟尝君家中养了三千门客，其中一个门客名叫冯谖（xuān）。有一次，孟尝君让冯谖到他的封地薛邑去收债。临走前，冯谖问孟尝君收债后买点什么东西带回来，孟尝君说："你看我家缺少什么你就买什么吧。"

冯谖到了薛邑后就和债民核对了账目，能还钱的，就与他们约好了还钱日期。还有不少因贫穷实在还不了的，冯谖对他们说孟尝君不要你们还债了，还当众把账单全部烧掉，薛邑的百姓为此非常感激孟尝君。

---

① 部分历史学者认为夏、商、周三代和秦及其后的封建统一王朝不同，天子作为"天下共主"，维护统治更多依靠的是"王德"，这与"公共关系"的联系更为紧密。

冯谖回去后，孟尝君问："债都收完了？怎么这么快就回来了？买了什么东西？"冯谖说："我觉得你家什么都有，所以就自作主张帮你把'义'买回来了。"孟尝君听了很不高兴。

一年后，齐王罢免了孟尝君的宰相之职，孟尝君只好回到封地薛邑。薛邑的男女老幼都去迎接他，孟尝君这时才体会到冯谖为他买"义"的意义。可是冯谖却对他说："狡猾的兔子有三个藏身的洞（原文是'狡兔有三窟'），才能免除一死。如今你才有一个洞，还不能放宽心啊。让我再替你凿两个洞吧。"接着，冯谖到了梁国，对梁王说："孟尝君这个人非常能干，凡是任用他的诸侯，都能富国强兵。"梁王相信了，便把宰相的职位留给了孟尝君。齐王听到这个消息之后，马上用更隆重的礼节去请孟尝君回去做宰相。冯谖这个时候才说："现在三个洞都修好了，你可以高枕无忧了。"

后来，人们用"狡兔三窟"来比喻藏身的地方多，便于避免灾祸。现在多用于贬义。

评析： 这则故事改编自《史记》和《战国策》。门客和孟尝君相互成就对方，现代组织更需要公关人员提供参谋意见、收集信息情报和进行外交游说。

在古代，人们自觉的公共关系意识和思想也有一定程度的体现。孔子说："有朋自远方来，不亦乐乎！"孟子说："天时不如地利，地利不如人和。"这些都同现代公关活动的原则和追求目标基本一致。当然，这些自觉的公共关系意识有很大的随意性，并且这种意识很分散，不具有普遍性。因此，从严格意义上来讲，这些意识和思想都是公共关系思想的萌芽。

明清时期，公共关系思想开始进入商业活动中。如酒店门口悬挂写着"酒"字的旗帜，店铺悬挂"百年老店"的招牌，人们在经商活动中遵循"和气生财"的原则，都是公共关系思想在商业活动中的运用。到了这一时期，人们有了朦胧的形象意识，已经懂得良好的企业（店铺）形象对顾客的正面影响。清代文人朱彭寿在《安乐康平室随笔》中把他研究字号命名的心得写成了一首七律诗：

> 顺裕兴隆瑞永昌，元亨万利复丰祥。
>
> 泰和茂盛同乾德，谦吉公仁协鼎光。
>
> 聚益中通全信义，久恒大美庆安康。
>
> 新春正和生成广，润发洪源厚福长。

这首诗表达了人们追求吉祥美好的愿望，也反映了当时人们的公共关系意识。

案例分析

刘邦入咸阳约法三章[①]

秦朝末年，民众苦于沉重的捐税、繁重的徭役和严酷的刑罚。公元前209年（秦二世元年）秋，人们再也不能忍受，陈胜、吴广揭竿而起，各地农民纷纷响应。秦王朝的统治在大规模的农民起义中摇摇欲坠。公元前206年10月，刘邦带领的农民起义军攻破了秦的都城咸阳。

刘邦攻入咸阳以后，告诉当地各位德高望重的老者：大家苦于秦朝的严刑苛法已经很久了。根据怀王与诸侯们原来的约定，谁先进关谁称王。我先攻入关中，我应管理关中。因此，我与父老乡亲们约法三章，杀人的判处死刑，伤人和抢劫的依法治罪，其余的秦朝法律全部废除。我到这里来，是替父老乡亲们除害的，不是来侵害你们的，你们不要害怕！

接着，刘邦又派人到各县各乡，将约法三章通告于百姓。百姓得知大喜，纷纷带着牛、羊、酒、粮食等前来犒劳刘邦的军队。刘邦一再谦让，不肯接受，说：我们的军粮并不缺乏，不想再麻烦百姓了。百姓们更加高兴，唯恐刘邦不做王。

---

① 本故事见《史记·高祖本纪》。

评析： 得人心者得天下，得人心需要做实事，也需要宣传。组织不仅需要提供好的产品和服务，也要善于宣传自己。

2. 西方古代公共关系的萌芽

考古学家发现，早在公元前1800年，古巴比伦王国就发布过农业公告，告诉农民如何播种灌溉、如何对付地里的老鼠、如何收获庄稼等。这与现代社会中某些农业组织公关部门的宣传材料很相似。

古希腊的民主政治促进了公众代表会议和陪审团制度的形成，它为公众表达自己的意见提供了一个舞台，而这种变化所产生的舆论导向在当时影响非常大。

公元前4世纪，古希腊出现了一批从事法律、道德、宗教、哲学研究与演讲的教师和演说家，他们在当时被称作诡辩家，他们的演讲技巧被称为诡辩术，苏格拉底、柏拉图和亚里士多德是其中的代表。亚里士多德运用严谨的思维逻辑和科学的方法写出了《修辞学》，强调语言修辞在人际交往和演讲中的重要性。他认为，修辞是沟通政治家、艺术家和社会公众相互关系的重要手段与工具，是寻求相互了解与信任的艺术；他还提出，在交往沟通中，要用感情去获取公众的了解与信任，要从感情入手去增强演讲和劝服艺术的感召力。为此，西方的一些公共关系学者视亚里士多德的《修辞学》为人类历史上最早的公共关系学著作。这个观点从一定程度上说明公共关系作为一门实践性艺术，从人类文明社会一开始就放射出灿烂的光芒。

古罗马时代，人们更加重视民意，并提出"公众的声音就是上帝的声音"。整个社会都推崇沟通艺术，一些精通沟通艺术的演说家往往因此被推选为首领。据记载，古罗马的独裁统治者恺撒就精通沟通艺术。面对即将来临的战争，他通过散发各种传单来展开大规模的宣传活动，以获得人民的支持。他还专门请人写了一本记录他功绩的纪实性著作——《高卢战记》，后来，该书成为一部纪实性的经典之作广为流传。这些活动堪称古代社会公共关系实践活动的典范。

二、现代公共关系产生的社会条件

现代公共关系首先是从西方国家发展起来的。公共关系的产生及传播是20世纪人类文化史上的重大事件，在这短暂而又具有传奇色彩的历史背后，有着深刻的社会历史必然性。

1. 高度发达的商品经济

20世纪以前，即使在西方发达国家，经济发展水平也不是很高，社会上存在严重的两极分化，物资供应也不丰富，对于企业来说，并不需要专门考虑公众的需要与情感。然而，随着20世纪科学技术与生产力的发展，物质产品供给充足，社会上出现了大量中产阶级，这迫使企业必须高度重视公众的利益和要求。可以说，这是发达的商品经济对公共关系提出的要求。

（1）公共关系适应了商品经济分工协作和社会化大生产的需要。

（2）公共关系是物质生产供过于求和市场重心从卖方向买方过渡的产物。

🗂 案例分析

如何向和尚推销木梳而且卖得很好

甲、乙、丙三人向和尚推销木梳，并将其卖出去。负责人问甲、乙、丙三个人各卖出多少把木梳，三人分别回答如下。

甲回答："1 把。"负责人又问："怎么卖的？"甲讲述了他历尽辛苦，游说和尚买木梳，无甚效果，还惨遭和尚的责骂，好在下山途中遇到一个小和尚一边晒太阳，一边使劲挠着头皮。甲灵机一动，递上木梳，小和尚用后满心欢喜，于是买下一把。

乙回答："10 把。"负责人又问："怎么卖的？"乙说他去了一座名山古寺，由于山高风大，进香者的头发都被吹乱了，他找到寺院的住持说："蓬头垢面是对佛的不敬。应在每座庙的香案前放把木梳，供善男信女梳理鬓发。"住持采纳了他的建议。那山有 10 座庙，于是乙卖出了 10 把木梳。

丙回答："1000 把。"负责人惊问："怎么卖的？"丙说他到一个颇具盛名、香火极旺的深山宝刹，那里朝圣者络绎不绝。丙对住持说："凡进香参观者，多有一颗虔诚之心，宝刹应有所回赠，以作纪念，保佑其平安吉祥，鼓励其多做善事。我有一批木梳，您的书法超群，木梳刻上'积善梳'三个字，便可作赠品。"住持大喜，立即买下 1000 把木梳。得到"积善梳"的香客也很高兴，一传十，十传百，这座宝刹的朝圣者更多，香火也更旺了。

评析：供过于求的时代来临后，推销、广告首先得到企业的重视，随着竞争加剧，市场营销学、公共关系学也相继出现并帮助一些企业兴旺发达。公关人员需要向本例中的乙、丙学习，在工作中开拓思路不断创新，才有可能把工作做得更好。

（3）证券民主化①运动推动了公共关系的深化发展。

（4）公众的巨大压力迫使企业家放弃唯利是图的经营方针，采取营利与公关并重的经营战略。当商品经济发展到一定程度，就必然要把公共关系应用于生产实践之中。

2. 资本主义民主制度的出现

西方社会从封建制度向资本主义民主制度过渡，是一场深刻的社会变革，也是公共关系产生与发展的重要政治前提。

3. 现代管理理论的发展

公共关系是组织的一项重要管理职能，它的发展与管理学的发展密切相关。20 世纪以来，西方管理学领域中的两种管理理论对公共关系的发展影响很大：其一是科学管理理论；其二是人际关系理论。科学管理理论以泰勒为代表。1911 年，泰勒系统总结了他的管理学说，出版了《科学管理原理》一书。在这本书中，他提出了生产作业标准化、工时利用科学化、管理权利层次化、劳动分配合理化等科学管理原则。泰勒的科学管理理论比传统的经验管理有了重大的发展，起到了促进生产的作用。泰勒在书中虽然强调了要在管理人员和广大工人之间建立一种和谐的关系，但由于时代的限制，其科学管理理论的核心仍然是如何控制机器的附属品——工人，以便最大限度地提高劳动生产率。他把工人看成受金钱驱使的"经济人"（经济动物），把物质刺激当成调动工人生产积极性的唯一手段。他主张把人与人的关系简化为纯粹的金钱关系，用对钱和物的管理代替对人的管理。在这种理论的指导下，没有内部公关工作可言。所以在公共关系发展的早期，组织的公关活动都是面对外部公众的。

影响公共关系发展的第二种管理理论是人际关系理论。20 世纪 20 年代，哈佛大学教授梅奥通过"霍桑实验"，提出了如何激励人们发挥积极性从而提高工作效率的问题。人际关系理论的出发点是：工人是"社会人"，劳动对于工人来说，恰如娱乐和休息一样自然；在为既定目标奋斗的过程中，工人有自我引导和控制的能力；因对目标的执着追求而取得的成功本身就是一种报酬；在一般情况下，人们不仅接受而且谋求责任；为解决组织的问题而激发员工的想象力、

---

① "证券民主化"是指企业股票的持有人数量大幅度增加，进而形成一个庞大的公众群体。

聪明才智和创造力是一种普遍现象。后来，美国管理学家麦格雷戈把泰勒的科学管理理论称为X理论，把人际关系理论称为Y理论。人际关系理论关注工人的人格尊严及个人价值，关注生产过程中对工人积极性的激发。在这种理论的指导下，组织内部公关得到迅速发展。

4. 大众传播事业的发展

20世纪以来，大众传播事业获得了长足的发展，为公共关系的发展提供了必要的技术手段。进入工业社会以后，生产的社会化使人们之间有了进行交往的迫切需求。只有占有充分的信息资源，一家企业才能在激烈的市场竞争中立于不败之地。近代有了公路、邮政、报纸，才有了报刊宣传，进入20世纪后，由于电报、电话、广播、电视、电传、互联网等电子媒介的发展，使信息可以迅速地传递给公众，公共关系从而也获得了飞速的发展。组织可以运用各种传播工具与公众进行沟通，从公众中收集信息，再把组织的信息传播给公众，最终达到为组织树立良好形象的目的。

三、我国公共关系的发展阶段

我国的公共关系发展大体可以分为以下三个阶段。

1. 拿来主义时期（1980—1986年）

改革开放后，顺应企业发展和世界公共关系的发展，公共关系思想迅速进入我国，主要有以下两类标志性事件。

（1）公关部门挂牌，公关从业人员（公关人员）出现。20世纪80年代初，我国出现的公共关系，主要存在于改革开放最早的深圳经济特区的一些外商独资或中外合资企业中。这些企业在运作过程中设立了公共关系部，招聘并培养了一大批公关人员，开始了早期的公共关系活动。我国早期的公关人员在这些或洋或中的公关部门中出现，一个崭新的职业群体产生。

（2）国际著名公关公司进入我国市场。随着我国改革开放向纵深发展，我国的经济发展吸引了全世界的目光，国际公关界冲入中国市场。捷足先登的是世界上最早（1927年）诞生的伟达公关，1984年伟达公关率先在北京设立了办事处。1986年，博雅公共关系公司与中国新华社下属的中国新闻发展公司联手成立了中国第一家公共关系公司——中国环球公共关系公司。这些国际著名公关公司带来的新思路、新规范，极大地促进了我国本土公关公司的出现和成长。

2. 自主发展时期（1986—1993年）

20世纪80年代中期，拿来主义时期的公共关系经过本土的消化吸收，在我国已有了良好的发展势头，逐渐被社会接受与认识，有效地促进了我国公共关系事业的职业化与公共关系研究的学科化。这一时期我国的公共关系有以下几个特点。

（1）出现了众多公共关系行业协会、学会。1986年1月，广东地区公共关系俱乐部成立。1987年6月22日，中国公共关系协会在北京成立，标志着公共关系在中国得到了正式确认，我国公共关系事业的发展进入了一个崭新的时期。1991年4月26日，中国国际公共关系协会在北京成立。当时全国已有100多家公关协会和学会，其中包括全国性的公共关系协会2家、省级公共关系协会28家、地市级公共关系协会70家。这些协会积极发展会员，进行公共关系基本知识的培训与传播，对推进公共关系事业的普及、促进公共关系职业的规范化、推动公共关系的学科化做出了卓越的贡献。

（2）公共关系出版物丰硕，学术成果推广快。中国公共关系事业的发展与 20 世纪 80 年代中期趋于火热的公关学术成果的翻译、出版、推介有直接关系，同时也与《公共关系报》的陆续推出有关。我国第一部公共关系学专著《公共关系学概论》于 1986 年出版；1994 年，一本 550 万字的公关巨著《中国公共关系大辞典》问世；最早问世的公共关系专业报纸是 1988 年由浙江省公共关系协会主办的《公共关系报》。专业性的公共关系传播媒介的发展，极大地推动了公共关系的普及并向纵深发展。

（3）公共关系培训活跃，教育层次多样化。1985 年 1 月，深圳市总工会举办了我国有史以来第一次公共关系培训班。1985 年 9 月，深圳大学首先开设了公共关系必修与选修课程，从此，公共关系开始步入我国高等学府的讲坛。1994 年，经国家教委批准，中山大学创办了我国第一个公共关系本科专业，同时在行政管理专业的硕士点招收公共关系研究方向的研究生，从而使我国公共关系的学科化建设迈上了一个新的台阶，也标志着我国的公共关系教育事业逐步走向正规化和系统化的高层次学历教育阶段。

（4）公共关系科学研究和实践运作空前繁荣。20 世纪 80 年代中后期，在两大国家级公共关系协会的推动下，每年都召开公共关系理论与实践问题的研讨会。中国国际公共关系协会主办的"中国最佳公共关系案例大赛"始于 1993 年，其推动了中国公共关系事业职业化、规范化的健康发展，对促进我国公共关系活动与国际公共关系活动的交流，促进中国公共关系事业步入国际的轨道，具有深远的意义。

（5）国内外公关活动开始进行交流，国际公关职业市场正在开辟。中国国际公共关系协会多次邀请世界著名的公关专家来华授业解惑，英国的前国际公共关系协会主席萨姆·布莱克教授、美国的公共关系专家格鲁尼格教授等都曾应邀来华讲学，为国内公关界认识和了解国际公关市场、向国内企业提供国际公关服务、培养和输送国际公关人才创造了很好的氛围和环境，也为国际社会了解中国公共关系行业市场发展的潜力提供了机会。这一时期是公共关系理念被人们普遍接受的时期，是改革开放带来的成果。

3. 成熟发展时期（1993 年至今）

1993 年 11 月以后，中国社会主义市场经济全面启动，中国公共关系行业进入了全面的整合时期，开始步入更加职业化和专业化的阶段，具体表现在以下几个方面。

（1）公共关系职能部门渗透到各行各业。公共关系事业经过十多年的发展，开始步入稳步发展时期，已扩展到各种组织和行业，如社会团体、科研机构、银行、学校和党政部门，人们越来越重视运用公共关系活动来保障和促进自身的发展，各行各业出现了不同的公共关系职能部门。

（2）职业公关公司开始成熟发展。20 世纪 80 年代中期到 90 年代初，公关公司不断出现。20 世纪 90 年代初中期，优胜劣汰后生存下来的一些中资公关公司逐渐走向专业化、市场化和职业化的道路，在公关市场上逐步确立了自己的地位。中国环球公共关系有限责任公司就是一个典型的代表。中资公关公司由于规模小，机制相对灵活，经营成本也低，比外资公关公司更熟悉我国国情和市场，因而在市场上占有竞争优势。

视野拓展

公关公司简介精选

（3）外资公关公司纷纷抢滩中国。1992年开始，美国的爱德曼、奥美、福莱、罗德、凯旋先驱和英国的宣伟等公关公司纷纷进入中国市场，这些公司积极导入公关新观念，着力于公关专业宣传，让业内人士了解诸如"认知管理""危机和问题管理""财经传播""高科技传播"等一些新观念。同时，外资公关公司通过自身的实践，引进了先进的公共关系国际职业操作规范和标准。特别是一些先进技术手段的广泛运用，向中国客户展现了极高的专业服务水准，让人们看到了公共关系更灿烂的未来。一些著名的公关公司代理的著名跨国公司在中国市场运作的公共关系成功案例，让业内人士和中国客户备受鼓舞。这极大地推动了中国公关市场的发展，对中国公关市场的专业化、职业化和国际化具有积极的影响并起到了推动作用。

（4）公共关系教育立体化。1997年11月15日，中国公共关系职业审定委员会的成立，标志着我国公共关系开始真正走上职业化和行业化的道路。我国的公共关系教育经过几十年的风风雨雨，目前基本形成了立体多维的学历教育和非学历教育交叉并存的局面。

（5）政府公共关系建设是构建和谐社会的必要条件。提高政府公关能力是提高执政党的执政能力的具体体现，是构建和谐社会的客观需要，如新闻发布会和新闻发言人制度、政府机构利用官方微博及时发布信息等，在应对重大突发事件中发挥了重要作用。

视野拓展

我国公共关系发展的特色

纵观改革开放后我国公共关系的发展历程，与国际同行比较，我国公共关系发展的鲜明特色主要有以下三个方面。

第一，我国公共关系的发展已经得到政府部门的高度重视，一些权威的公共关系组织均以政府的相关部门为依托。

第二，我国公共关系的发展还不平衡。公共关系是现代社会经济高度发展的产物。改革开放为我国公共关系创造了良好的发展环境，但是我国经济发展的不平衡也导致了我国公共关系发展的不平衡。

第三，我国公共关系学科不仅定位在新闻传播层面，更定位在企业管理层面。这种学科定位的趋势反映出我国公共关系更重视应用。追求实效性和应用性是我国公共关系的普遍要求。

（佚名）

本 章 小 结

本章主要介绍了公共关系的定义、公共关系的构成要素和特征、公共关系学的研究对象和内容、公共关系的起源和发展。本章有以下几个比较重要的知识点。

（1）公共关系是指某一组织为改善与社会公众的关系，促进公众对组织的认识、理解及支持，达到树立良好组织形象、促进商品销售等目的展开的一系列公共活动，它是组织运用各种传播手段来维持和发展组织与内部员工、外部公众之间良好关系的互动过程。公共关系具有情感性、双向性、广泛性、整体性和长期性。

（2）公共关系的构成要素是组织、公众和传播。公共关系的特征为：①公共关系是组织与公众之间的一种关系；②公共关系主体和客体之间联系的纽带是有效的传播与沟通活动；③公共关系是组织有计划、有意识、有目的地开展的一种沟通活动；④公共关系是以在公众心目中树立良好的组织形象为目的的；⑤公共关系是一种长期的活动。

（3）公共关系学的研究对象是组织与公众之间的信息传播和沟通。

（4）公共关系的起源。公共关系的源头可追溯到古代，虽然"公共关系"这个名词几千年前没有出现，但在当时，公共关系作为人类的一种实践活动却早已存在。

（5）现代公共关系产生的社会条件：①高度发达的商品经济；②资本主义民主制度的出现；③现代管理理论的发展；④大众传播事业的发展。

（6）我国公共关系的发展阶段：①拿来主义时期（1980—1986年）；②自主发展时期（1986—1993年）；③成熟发展时期（1993年至今）。

练 习 题①

一、名词解释

公共关系　公共关系的特征　公共关系的研究对象

二、单项选择题

1. 公共关系就是一个组织为了达到与公众之间相互了解的确定目的而有计划地采用一切向内和向外的信息传播和沟通方式的总和。这一定义属于公共关系定义的（　　）。

　　A. 管理说　　　　　B. 传播说　　　　C. 传播管理说

　　D. 协调说　　　　　E. 关系说

2. 公共关系的本质属性是（　　）。

　　A. 个人之间的传播和沟通　　　　　B. 公众与个人之间的传播和沟通

　　C. 公众与传媒之间的传播和沟通　　D. 组织与公众之间的传播和沟通

3. 公共关系的主体是（　　）。

　　A. 组织　　　　　B. 公众　　　　　C. 传媒　　　　D. 个人

4. 现代公共关系发展史上的第一本公共关系专著是（　　）。

　　A.《公共关系学》　　　　　　B.《舆论》

　　C.《有效公共关系》　　　　　D.《公众舆论的形成》

5. 被称为"公共关系之父"的是（　　）。

　　A. 巴纳姆　　　B. 伯尼斯　　　C. 艾维·李　　　D. 格鲁尼格

6. 公共关系作为一种职业和一门学科，最早产生于（　　）。

　　A. 英国　　　　　B. 美国　　　　　C. 德国　　　　D. 中国

7. 19世纪中叶在美国风行的"报刊宣传运动"被认为是（　　）的标志。

　　A. 公共关系的萌芽　　　　　B. 现代公共关系的发端

　　C. 现代公共关系职业化的开始　D. 现代公共关系学科化的成熟

　　E. 现代公共关系的发展

---

① 鉴于公关工作内容极为广泛，各章练习题中有部分题目超出本书正文内容的范围，建议读者通过思考讨论解决，尽量不先查"标准答案"，以培养独立思考的精神。

8. 民主政治取代专制政治，这是公共关系产生的（　　）。

    A. 文化条件　　　　　B. 历史条件　　　C. 政治条件　　　D. 经济条件

9. 当组织与环境发生某种冲突时，为了摆脱被动局面，应采取的公关活动方式是（　　）。

    A. 建设型公关　　　　B. 防御型公关　　　C. 进攻型公关　　　D. 矫正型公关

10. 现代公共关系职业化开始的代表人物是（　　）。

    A. 巴纳姆　　　　　　B. 艾维·李　　　　C. 伯尼斯

    D. 哈罗　　　　　　　E. 夫兰克·杰夫金斯

11. 运用传播和沟通的方法协调组织的社会关系，影响公众舆论，塑造组织的良好形象，优化组织的运作环境的一系列公关工作，被称作（　　）。

    A. 公共关系状态　　　B. 公共关系活动　C. 公共关系观念

    D. 公共关系行为　　　E. 公共关系结果

12. 组织与公众之间客观上存在的关系状况和舆论状况，属于（　　）。

    A. 公共关系状态　　　B. 公共关系活动　C. 公共关系观念

    D. 公共关系行为　　　E. 公共关系结果

13. 维持企业的营利性和社会性之平衡就是公共关系。这一定义属于公共关系定义的（　　）。

    A. 管理说　　　　　　B. 传播说　　　　C. 传播管理说

    D. 协调说　　　　　　E. 关系说

三、多项选择题

1. 公共关系的构成要素包括（　　）。

    A. 组织　　　　　　　B. 公众　　　　　C. 传播

    D. 舆论　　　　　　　E. 形象

2. （　　）属于公共关系的基本职责。

    A. 广告　　　　　　　B. 传播推广　　　C. 提供服务

    D. 收集信息　　　　　E. 公共事务

3. （　　）属于公关人员职业道德素质。

    A. 公正　　　　　　　B. 敏锐观察　　　C. 对社会负责

    D. 真实　　　　　　　E. 正派

4. （　　）是学习公共关系应掌握的基本实务知识。

    A. 公共关系活动的基本类型知识　　　B. 公共关系活动策划知识

    C. 公众分析知识　　　　　　　　　　D. 公共关系的职能知识

    E. 公共关系调研知识

5. 制约知觉的选择性的客观因素包括（　　）。

    A. 知觉对象本身的特征　　　　　　　B. 知觉对象和背景的差别

    C. 知觉对象的组织　　　　　　　　　D. 知觉对象的第一印象

    E. 知觉对象的最后印象

6. 组织形象信息主要包括（　　）。

　　　A. 产品形象信息　　　　　　　　　B. 公众对组织的评价

　　　C. 公众对组织管理水平的评价　　　D. 公众对组织人员素质的评价

　　　E. 公众对组织服务品质的评价

7. 公共关系对组织的直接作用有（　　　）。

　　　A. 树立组织形象　　B. 协调关系网络　C. 促进产品销售

　　　D. 提高个人素质　　E. 优化社会环境

8. （　　　）属于公关人员的能力素质。

　　　A. 良好的组织能力　　　　　　　　B. 敏锐的观察能力

　　　C. 自制自控能力　　　　　　　　　D. 灵活的应变能力

　　　E. 与人交往的能力

9. 公共关系的基本职责包括（　　　）。

　　　A. 收集信息　　　B. 辅助决策　　　C. 传播推广

　　　D. 协调沟通　　　E. 提供服务

四、简答题

1. 什么是公共关系活动？

2. 简述公共关系管理的意义。

3. 简述公共关系产生与发展的社会条件。

4. 公共关系传播推广的职责是什么？

5. 公共关系协调沟通的职责是什么？

6. 会议的公共关系功能是什么？

五、案例分析

　　案例 1. 某时装店专营各类高档时装。一天，小王参加社区劳动后从该店门前经过，欲进店为自己的女友选购生日礼物。但门口店员不允许小王入内，原因是他"衣冠不整"，双方争执不下，店中顾客议论纷纷，甚至有顾客指责店员，认为他们歧视顾客，并表示不会再来这家店了。

　　问题：组织应如何处理好与顾客之间的关系？

　　案例 2. 2011 年，某集团的"瘦肉精事件"再次使"瘦肉精"这个词频繁出现在公众的视野中。据央视新闻频道记者暗访报道，河南温县、孟州、沁阳等地一些养猪场为了增加猪肉的瘦肉量，减少饲料使用，降低成本，使用"瘦肉精"喂猪，并设法逃避检验部门的检验，获得合格的生猪检验证书，这些使用了"瘦肉精"的生猪大部分被该集团收购。这篇报道将该集团推上了风口浪尖。

　　问题：分析该集团应如何处理"瘦肉精"事件。

　　案例 3. 新加坡航空公司（简称"新航"）在国际航空业群雄角逐中独占鳌头，连续多年被国际民用航空组织评为优质服务第一名。新航的服务有很多独特之处，它把西方的先进技术及管理手段与东方的殷勤待客传统有机地融合在一起，把"乘客至上"的公共关系思想贯穿于服务的全过程，给每一位乘客留下了深刻印象，使来自各国的乘客都成为新航的义务宣传员，再加上新闻媒体的广告宣传，使新航的形象誉满五洲。新航的服务准则是对所有乘客一视同仁地施以关心和礼貌，在所有服务细节上给乘客留下难忘的印象，以此树立公司的整体形象。这些服务准则通过每位工作人员的良好举止体现出来。

以下这些措施，共同构成了新航充满活力的公共关系，使其在国际航线上赢得了声誉和顾客，在激烈的国际竞争中更胜一筹。

（1）殷勤款待，使乘客感受到乘飞机如同做客。

（2）照顾乘客休息用餐，将饭店服务方式搬进机舱。

（3）向乘客发放纪念品和优惠券，欢迎乘客再次光顾。

问题：新航完善服务的突出特点是什么？它何以能更胜一筹？

综 合 实 训

一、实训内容

1. 请收集一两个符合或违背公共关系原则的事例。

2. 请观察你所在学校的领导或老师一天的工作，分析他（她）的哪些工作属于公共关系方面的工作内容。

二、方法和步骤

1. 以 8～10 人为一组对上述实训内容进行讨论。

2. 每个小组派一名代表在课堂上用两三分钟时间对讨论的结果进行交流发言。

三、实训考核

教师对小组讨论交流的结果给予点评。

第二章

公共关系机构和人员

🚀 学习目标

知识目标：了解和掌握公共关系机构的主要类型和公关人员应具备的素质与能力。

能力目标：能根据组织的特点和需要选择合适的公共关系机构。

素质目标：提高思想道德修养，培养责任心和使命感，遵守基本的社会道德规范，养成对企业负责、对公众负责的习惯。

🔑 案例导入

海底捞的危机公关

多数读者应该都知道海底捞，这家餐饮企业的公关部门曾留下一则被誉为"教科书"级别的经典危机公关案例。

2017年8月，《法制晚报》的媒体记者卧底海底捞暗访，通过拍摄老鼠钻食品柜、火锅漏勺掏下水道、扫帚簸箕与餐具一起洗等照片，揭露了餐饮行业的标杆企业——海底捞的卫生状况堪忧的问题。在事件爆发后三小时左右，海底捞给出了一个堪称企业危机公关范本的案例，业内人士将海底捞的危机公关策略概括为：锅我背、错我改、员工我养。

与某些企业的危机公关不当引发二次危机不同，海底捞的危机公关不但成功挽回了海底捞的声誉，而且还因为态度端正、应对得人心而广受赞誉，成功止损。

海底捞化危为机，和其拥有专业的公关团队有关，其公关团队由危机关联人、危机管理小组、公关小组、新闻发言人等组成。

请问：你还了解国内外哪些知名组织？它们的各自特点和主营业务是什么？它们的公关部门你注意过吗？

本章介绍组织内部的公关部、组织外部的公关公司等公共关系机构和公关人员应具备的素质、知识结构和职业道德准则与能力等。

第一节 公共关系机构的主要类型

公关工作是一项长期、复杂、有计划的工作，需要设置专门的机构以保证组织公关工作的职能化和经常化。目前，公共关系机构可以分为组织内部的公共关系部（公关部）、组织外部的公关公司两大类。

一、组织内部的公关部

组织不仅要协调与外部公众的关系，也需要协调内部公共关系。内部公共关系是组织内部纵向公共关系和横向公共关系的总称。针对组织结构而言，纵向公共关系是指组织机构上下级之间的关系，横向公共关系是指组织机构同级职能部门、科室、班组和员工之间的关系。现代组织是一个相互联系、相互依存的开放系统，组织的内部关系是否融洽，决定组织能否充满生机，能否具有竞争优势和发展潜力。建立良好的内部公共关系，是组织开展各类对外公共关系活动的基础和前提。

组织内部的公关部是组织内部设立的专门性的公共关系工作机构，它主要是组织为处理、协调、发展本组织与社会公众和组织内部员工关系而设立的专业职能机构，是组织的重要职能部门，它的地位和作用是其他部门无法取代的。

（一）组织内部公关部的优势

组织内部公关部的优势主要有以下几点。

（1）熟悉组织情况。公关部的工作人员都是组织内部成员，他们对组织内部的各种情况比较熟悉，尤其是对组织运营的特点和各种影响因素的相关程度，了解得比较透彻，把握得比较准确。同时，他们在组织内拥有良好的人际关系，能及时获取比较可靠、新的信息。因此，在开展工作时，他们更容易找到问题的症结，对症下药，提高公关工作的有效性。

（2）能提供及时的公共关系服务。组织内的公关部由于对本单位情况比较熟悉，可以随时为组织的领导层提供业务咨询和建议。特别是在出现突发事件时，公关部可以快速提出对策、协助领导层做出决定、及时发布信息、协调各方关系。

（3）有利于保持公关工作的连续性和稳定性。公关工作是组织的一项长期而持久的工作，旧的矛盾解决了，新的矛盾又会产生。另外，公关部门在维持组织与公众之间的关系，不断完善组织在公众心目中的良好形象，创造有利于组织进一步发展的社会环境等方面有十分重要的作用；而外聘的或临时的公关人员，由于对组织或工作情况不熟悉，很难保证公关工作的连续性和稳定性。

（4）有利于节约经费。在组织发展过程中，公关问题很常见。对于一些重大的公关专项活动，组织可以委托给公关公司或聘请公关专家来协助，但如果将大量、例行的事务性工作都委托给公关公司或专家来做的话，对组织来说将增加一笔不小的开支。而由于公关部与所属组织在利益上的一致性，其在开展各项活动与实施公关计划时，不仅会考虑公关工作的效果，同时还会主动节约经费，减少开支。

（二）组织内部公关部的不足

组织内部公关部的不足主要体现在以下几个方面。

（1）职责不明，负担过重。这是公关部最常遇见的问题。由于公关工作涉及的面较广，组织的领导很容易把许多虽然属于公共关系范畴，但应由其他部门负责的事情也交给公关部去办理，由此使其职责不够明确。

（2）处理问题有时不够客观。公关部的人员在处理问题时，容易受到组织内人际关系等因素的影响，有时不够客观。如因人事、工资等方面受制于本组织，有的公关人员担心得罪领导，会违心地去迎合领导的意图，不如实汇报情况；或出于对自己前途的考虑，可能会掩盖问题的真相，不能客观、实事求是地对待或处理问题。

📡 视野拓展

从众多应对公关危机的声明中可以看出，有些声明的确不够客观，这些声明如果不是专业的公关人员所写尚可理解，但有些确实为公关人员所写。公关人员有时不够客观，除了人际关系等因素外，多是因为绩效考核偏重短期利益。为避免这一现象，部分企业把品牌建设、维护工作和公关工作整合在一起，以督促公关人员兼顾长期利益和短期利益，不失为有益的尝试。

（3）花费可能比聘请公关公司更多。这是因为组织除了需要支付公关部工作人员的工资外，还需要为其购置必要的办公设备。

（4）有可能成为组织的负担。如果组织内公关部的建立只是为了赶时髦东拼西凑而成，或其工作人员缺少专业训练，难以胜任工作，或部门经理不具备领导素质，不能很好地协调部门工作和人际关系，或公关部得不到组织高层领导的重视，跨部门协调困难，这些都会影响公关工作的顺利开展。这样的公关部就可能会成为组织的负担。

（三）组织内部公关部的主要职能

组织内部公关部的主要职能有以下几项。

1. 收集信息，监测环境

收集信息是公关工作的必要前提，在信息社会中，信息已成为公认的重要资源。不收集信息，公共关系就成了无米之炊。因此，无论是内部公关还是外部公关，任何策划都应从收集信息开始，这样才能做到知彼知己，为做出正确的决策打下良好的基础。收集信息要求公关人员具备信息意识，注意随时收集和组织有关的各种内外部信息。所谓监测环境，就是指公关人员观察和预测影响组织目标实现的公众情况和各种社会环境的情况，使组织的管理者对环境的发展变化保持清醒的头脑和敏锐的感觉及灵敏的反应，从而为塑造组织的良好形象打下良好的基础。

2. 咨询建议，参与决策

对组织的内部方针、政策和行动提供咨询意见，发挥公共关系对组织的导向作用，参与决策，制定出合乎组织发展的目标；对组织的公共关系战略、经营销售战略、广告宣传战略、企业形象识别系统战略、组织文化战略提供咨询意见，使原来分由几个部门负责的工作集中在一个部门，并制订出科学的实施方案供决策者参考；对组织生存环境的有关发展变化进行预测和咨询，为组织决策者提供多套可以选择的方案，以应对这些变化。

公关人员不仅要为领导决策提供必要的信息和建议，为组织的决策提供帮助，还要尽可能参与决策，这才是公关咨询建议的最高形式。公关人员要努力开展工作，广泛征询组织内员工和外部公众的意见，全面获取信息，以供决策者参考，使决策方案具有较强的社会适应性和应变弹性，能更好地达成组织目标。只有这样，才能体现出公关工作的价值，从而得到组织高层领导的重视，为公关工作顺利开展打下更好的基础。

3. 传播推广，塑造形象

传播和沟通职能主要体现在两个方面：一是组织运用传播和沟通的手段同公众进行双向信息交流，与公众交心，赢得公众的信任和支持；二是顺时造势，影响舆论导向，通过策划新闻、公关广告、专题活动等手段，营造声势，提高组织的知名度与美誉度，为组织创造良好的舆论环境。从某种意义上说，失去了传播和沟通的职能，公共关系将一事无成。

视野拓展

华为的公关部门的名称是公共及政府事务部，它是华为的一级部门，主要负责华为对外的宣传、公关、社会责任等方面的工作，部门负责人为华为核心管理层成员之一。从公开资料中基本查不到该部门的简介，2020 年 3 月该部门的一则招聘启事中提到："华为公共及政府事务部是华为面向政府、媒体、智库学者等利益相关人进行对话及沟通的窗口，旨在全球范围内构建良好的营商环境，逐步在政府和公众中构建起华为公司的影响力和品牌，赢得信任。"从这些只言片语中，我们应该能体会到该部门的职能和重要作用。

4. 协调沟通，平衡利益

协调组织内部领导与员工之间的利益与关系；协调组织内各部门、各环节之间的利益与关系；协调组织与外部公众之间的利益与关系。

5. 教育引导，培育市场

科技的突飞猛进、产品的极大丰富，需要公共关系来培育市场。公众不可能了解那么多新产品，组织需要不断对其进行商品知识、消费知识、安全保险等方面的教育和引导，使组织的商品得到公众的认同。

6. 科学预警，危机管理

组织危机是组织生存发展的大敌，如果处理不好往往会给组织造成重大损失，甚至会断送组织的"生命"，因而组织应将危机处理作为公共关系的主要职能和工作重点之一。随着公关理论和实践的发展，危机事前预测管理已成为公共关系应对危机的主流方法，这是组织公共关系的新发展。

（四）组织内部公关部的设置原则

由于各种组织的规模和工作内容不同，对公共关系活动的要求不同，因而不同的组织所设公关部的结构、规模也不同。但任何一个组织在设置公关部时，都应该遵循以下几项原则。

（1）规模适应性，是指公关部规模的大小应当与组织的规模及发展相适应。组织的规模有大有小。规模大的组织可达几千人、几万人甚至几十万人，而规模小的组织仅有几人、几十人。因此，大型组织可设立人数较多、门类齐全、分工细致的公关部；中型组织可设立人数不多、综合性的多职能的公共关系办公室；小型组织可以不设立公共关系部门，而任命专职的公关人员或从社会上的公共关系公司聘请公共关系顾问来开展本组织的公关工作。

（2）整体协调性，是指组织在设置公关部时，应使其与组织内部的其他部门相协调，如果有冲突，应适当调整，以免产生矛盾。同时，组织在部门内部人员的设置上也应考虑整体效应，使公关部人员能协调一致地工作。

（3）工作针对性，是指公关部的机构设置，要根据本组织的工作性质和自身所面对的社会公众的特殊性来确定。组织的性质不同,公关工作的目标、内容、方法也不同,面对的公众也不同。有的组织以特定的公众为对象,有的组织以整个社会公众为对象。这样,在设置公关部时,组织就不能盲目照搬或仿效其他组织的做法,而应遵循"工作针对性"的原则,根据组织自身的性质和组织面对的公众对象来设置。

(4)机构权威性。公关部是代表组织工作的,它的一言一行、一举一动都关系到组织的形象和发展。这就要求组织应把它放在十分重要的位置上,使它具有一定的权威性。

在设置公关部及其他部门时,组织必须加以综合考虑,不能只考虑其中的一个部门。

问与答

问:上市公司为何都要发布企业社会责任报告?

答:出于对来自社会各方压力的回应,越来越多的企业开始发布企业社会责任报告。很多企业通过罗列企业在公益慈善、环境保护及员工关系等方面的良好表现来宣传企业形象,把企业社会责任报告当成了公关宣传的重要工具。

(五)组织内部公关部的结构类型

组织内部的公关部主要有直接隶属、平行并立和部门隶属等三种结构。

1. 直接隶属结构

直接隶属结构是指公关部直接隶属于组织最高领导层,由总经理或副总经理担任公关部的负责人,公关部的所有工作都要汇报到组织最高决策机构进行讨论、批准。直接隶属结构的优点是公关工作与经营管理的最高层直接联系,公关部能够着眼于组织的各个经营环节,方便全面、有针对性地开展公关工作,并使公关思想从上到下贯通,且具有权威性(许多组织的公关部采用的都是这种结构,见图2.1)。苹果、谷歌等公司的公关部门都由公司首席执行官直接领导,属于这种结构。

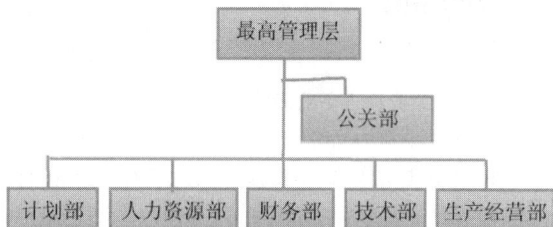

图 2.1 直接隶属结构

2. 平行并立结构

平行并立结构是指公关部与组织内部其他的职能部门平行设置,公关部的负责人与其他职能部门的负责人处于平等地位(见图2.2)。京东总部组织架构属于此种结构,公关部和人力资源部、法务部、财务部、市场部等都是总部的直属职能部门。现实中,直接隶属结构与平行并立结构不太容易区分,不同时期组织的公关部地位也常调整,关键看哪几个部门直接向最高管理层汇报,大企业多采用这两种组织结构。

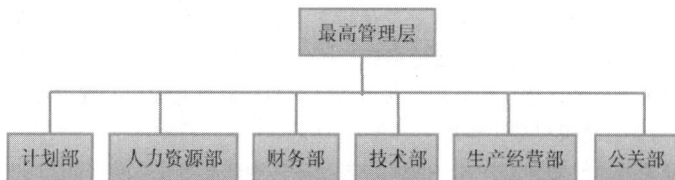

图 2.2 平行并立结构

问与答

问：市场人员与公关人员有何区别？

答：市场人员的主要工作是进行市场信息调查与分析，涉及面较广，工作资料中数据性资料较多；公关人员的主要工作是协调企业与公众的关系，树立良好的企业形象。

3. 部门隶属结构

部门隶属结构是指公关部隶属于组织内其他职能部门。这种结构的公关部较其他职能部门低一个层次，因为它受某一具体职能部门的管理（见图2.3）。

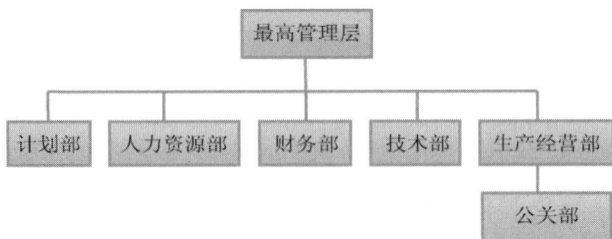

图2.3　部门隶属结构

公关部隶属的部门不同，功能也不同：公关部隶属于办公室，强调公关的经营管理功能，配合其他各项业务开展工作；公关部隶属于营销部门，强调公关在市场营销领域的营销功能；公关部隶属于广告部，强调其传播作用；等等。

视野拓展

公关部的作用

1. 公关部能促进企业战略的实现

（1）确立企业的战略地位。要确立企业的战略地位，就必须明白企业所处社会环境的状况。社会环境会受到不同因素的影响，企业需要对此进行调查和研究，这就是公关部的职责。

（2）增强企业员工的群体意识，提高企业员工的士气。士气就是员工的精神状态。高昂的士气对员工来说是很重要的，它能使员工每天在快乐中工作；员工的士气对企业来说是极为重要的，因为高昂的士气会带来高质量的产品和令人满意的劳动生产率。提高员工的士气属于企业的内部公关，而内部公关正是公关部的职责。

（3）提高员工素质。员工素质是企业发展的决定性因素，提高员工素质主要靠教育。教育引导企业内部的全体成员培养公共关系策划意识，使全体员工将公关意识体现在日常的言行中，形成习惯和行为规范，这会直接影响企业的形象和经济效益。教育职能也是公关部的职责。

2. 公关部能为产品销售铺路架桥

产品销售是生产型或经营型的企业的经常性活动，在产品销售上，公关部有以下两项作用。

（1）在新产品投放市场时开展公关活动，使顾客在了解产品的基础上产生购买的愿望和行为。

（2）现有产品的销售也存在扩大市场的问题，扩大市场离不开公关。公关部可以帮助企业提升品牌知名度，树立良好的企业形象，建立良好的公共关系，有利于促进企业的长期发展。

3. 公关部能为企业决策起参谋作用

公关部是企业的一个资料储存中心，负责搜集、储存和处理与企业相关的社会信息；公关部也是企业的信息发布中心，它是企业的喉舌，企业对外的信息就由它发布。公关负责人一般隶属于企业决策者，可以及时向其提供外部环境的信息、提供企业经营管理的咨询和建议，同时，还可以准确地向外部公众和内部员工传递企业决策者的信息和意图，有效贯彻落实企业的公共关系思想和决策。

（佚名）

二、组织外部的公关公司

公共关系咨询公司简称公关公司，公关公司是指由具有一定专业特长的公共关系专家及专业人员所组成，专门从事公共关系咨询或接受委托为委托方开展公共关系活动策划和执行并收取费用的社会服务机构。公关公司具有独立的法人资格和地位。

1. 公关公司的特点

与组织内部的公关部相比，公关公司主要有以下四个特点。

（1）专业性。公关公司为客户提供专业的公关服务，专业性很强。

（2）全面性。全面代理公关业务是公关公司的发展趋势，越来越多的公关公司不仅可以为客户提供某一方面的专项公关服务，而且还可以为客户提供综合性的全面公关服务，有的公关公司还与广告公司合营，扩大经营范围，开展广告业务。

（3）客观性。由于公关公司与委托办理公关业务的组织之间没有隶属关系，因而其看待问题相对客观，对问题的评估也更加实事求是。

（4）广泛性和经济性。广泛性是指公关公司的信息来源的广泛性、渠道的网络性。经济性是指公关公司开展公关活动具有整体规划的经济性。

2. 公关公司的类型

公关公司的类型可按多种方式进行划分。

公关公司按内部业务可分为专项业务服务公司、专门业务服务公司、综合服务咨询公司。

公关公司按经营方式可分为合作型公关公司和独立型公关公司两类。合作型公关公司是指与广告公司等合作经营的公关公司。独立型公关公司是指不论经营单项、专项、多项或综合性业务都是自身独立经营的公关公司。

3. 公关公司的经营范围

公关公司的经营范围包括咨询诊断、联络沟通、收集信息、新闻代理、广告代理、推介产品、会议服务、策划活动、礼宾服务、印刷制作、音像制作和培训服务等。

第二节 公关人员的素质与能力

公关人员的素质是指从事公关工作的职业人员的气质、性格、兴趣、风度、学识和技能等方面的综合品质。结合公共关系职业的特殊性，它专指公关人员以公共关系观念为核心，以自信、热情、开放的职业心理为基础，配以公共关系的知识结构和能力的一种整体职业素质。

一、公关人员须具备的心理素质

（1）追求卓越、渴望成功的心理。公关人员只有有了这种心理才有动力发挥自己的聪明才智，以创新的能力去竞争，以敢想、敢干的精神追求成功。

（2）乐于投入、热情工作的心理。只有具备这样的心理素质，公关人员才能自如处理不能自由选择公众对象的情况，迅速转换角色、适应新环境。公共关系是一个既需要动脑又需要动手，既需要学问又需要技术的职业。公关人员不是组织的决策者，要做到嘴勤、手勤、腿勤，没有乐于投入、热情工作的心理，就无法胜任公关工作。

（3）自信的心理。公关人员有了自信心，才能激发起极大的勇气和毅力，才能更富有创造性。当一个具有创造性的新方案得不到大多数人的理解与支持时，只有当公关人员有较强的自信心，敢于坚持用实践去检验真理时，才会使这个新方案有被采纳的机会，进而才有可能取得成功。

（4）开放乐观的心理。公关人员在工作中会遇到各种各样的人，开放乐观的心理能够帮助公关人员应付自如，能够"异中求同"，与各种类型的人建立良好的关系。

二、公关人员须具备的知识

公关人员必须具备以下知识。

（1）公共关系的基础理论知识。这些基础理论知识包括公共关系的基本概念，公共关系的三要素，公共关系的历史，公共关系的基本原则，公关工作的程序，不同类型的公共关系机构的构建原则和工作内容，等等。

（2）公共关系的基本实务知识。这些基本实务知识包括分析公众心理的知识，与公众打交道的知识，进行公共关系调查的知识，进行公共关系策划的知识，公关活动实施与评估的知识，处理公关危机的知识，有关社交礼仪的知识，等等。

（3）与公共关系密切相关的其他知识。这些知识主要包括管理学、社会学、传播学、心理学、广告学、经济学、创造学、组织行为学、市场营销学等相近学科的知识，以及写作、口才、礼仪、摄影、计算机与网络等实用知识。

上述知识是公关人员必须具备的基础知识。此外，本组织产品/服务的基础知识也必须掌握，历史（包括公共关系发展史）及其他人文知识也应有所涉猎，知识越广博，遇到问题时越容易找到更多解决问题的办法并做出合理决策。

三、公关人员须具备的能力

（1）组织管理能力。公关工作的本质属性是管理，公关人员通过公关工作促进组织目标的实现。公关工作千头万绪、具体繁杂，没有良好的组织能力是很难顺利做好的。为此，公关人员应具备激励员工、协调公众关系、收集信息、制订公关计划与方案、组织实施各类公关活动及大型专题活动、进行有效传播和沟通等能力。

（2）语言表达能力。公关工作需要通过交流沟通与公众建立良好的关系。能写会说，能很好地运用语言传递组织的信息，能与公众进行有效沟通，是公关人员的一项基本素质要求。语言表达能力包括口头语言表达能力、书面语言表达能力、体态语言表达能力。口头语言用于与公众直接面对面的交往。书面语言用于撰写与公众沟通的文章、邮件、宣传资料等，撰写公共关系策划方案一样需要较强的写作能力。体态语言能弥补口头语言的不足，在与公众的直接交往中能起到非常重要的作用。

（3）公众交往能力。公共关系就是要为组织多交朋友，协调关系，在组织与公众之间架起沟通的桥梁，创造"人和"的氛围和环境。为此，公关人员需要正确对待公众，把握与公众交往的技巧、艺术、原则，了解公众的行为特点，与公众友好相处。

（4）宣传推广能力。公关人员是组织的宣传员，要善于周密策划、精心设计公关活动，要善于运用各种传播方式、传播媒介展现和推广组织形象。

（5）创造能力。公关工作是一项极富挑战性和创造性的工作。公关人员是组织与公众的中间人，但绝不是"传声筒"，必须以自己的想象力和创造能力来影响和感染公众。不满足现状、不断超越、追求卓越、追求创新是公关人员应有的工作精神。

（6）应变能力。公关活动中经常会出现一些突发事件和事先难以预料的问题，需要公关人员根据实际情况，灵活从容地应对，以有效地解决这些问题。

（7）专业操作技能。公关人员应是多才多艺的"多面手"，不仅要掌握公关专业知识，具备公关业务所需的能力，还要熟悉本组织产品的专业基础知识，精通办公软件的制图制表功能，掌握摄影技术等，以提高公关活动的层次与效果。

四、公关人员应遵循的职业道德

公共关系活动的目的是树立或改善组织的形象，公关人员自身的职业素质和品德修养决定了公共关系的融洽程度。在全社会加强诚信建设的今天，公关人员的职业道德建设显得尤为重要。公关人员应遵循的职业道德包含以下几方面的内容。

1. 遵守基本的社会道德规范

公关人员作为社会的一员加入某个组织，他们首先需要遵循基本的社会道德规范。当组织的决策者做出的决策与基本的社会道德规范相冲突时，公关人员需要灵活处理，不能违背基本的社会道德规范。

2. 维护组织的利益

公关人员在从事公关工作时，是以组织代表的身份与公众进行接触的。所以，公关人员应该维护本组织的利益，这是职业道德最基本的要求。公关人员对外代表着整个组织，要时刻注意外在形象和个人言行。当公关人员的言行有偏差时，整个组织的形象可能都会受到影响，组织的利益也可能会因此受到影响。当公众利益和组织利益产生冲突时，公关人员应运用智慧协调好两者的关系，不可一味迁就公众利益而不顾组织利益。在处理公关事件时，公关人员必须杜绝出现损害组织利益的情况。

3. 对公众负责

公关人员一方面以组织代表的身份与公众进行接触，另一方面，也以个人的身份与各种人打交道。公关人员与公众的接触，也正如人与人之间的交往一样，需要为对方考虑。真正让公众心悦诚服的是一种以组织身份所做出的关怀行动，很多经典的公关案例都体现了公关人员良好的人文关怀精神。只有让公众体会到组织的温情和责任感，公众才会长久地信任、支持组织。而公众的利益与组织利益冲突时，公关人员也应从人道主义的视角，去调节两者之间的矛盾。从长远来看，只有切实地维护公众的利益，让公众感受到组织的真诚，才能提高组织的美誉度，才能确保组织的长远利益。

4. 遵守公关道德准则

随着社会的发展，社会各方面对公关人员道德素质方面的要求也在不断提高，针对公关人员的道德准则要求也在不断发展。其中，《国际公共关系道德准则》的影响最大，很多国家直接采用了这一准则，或者以此为范本制定本国的公关道德准则。有了公关道德准则之后，就需要公关人员自觉遵守。中国公共关系职业道德准则的主要内容如下。

（1）公关人员应当坚持社会主义方向，自觉地遵守我国的宪法、法律和社会道德规范。

（2）公关人员在开展公共关系活动时，要注重社会效益，努力维护公关职业的整体形象。

（3）公关人员在工作中应当力求真实、准确和对公众负责。

（4）公关人员应当努力提高自己的政治水平、文化修养和公关专业技能。

（5）公关人员应将公关理论联系我国的实际，以严肃认真、诚实的态度来从事公共关系工作。

（6）公关人员应当注意传播信息的真实性和准确性，避免造成误解。

（7）公关人员不能有意损害其他公关工作者的信誉和公关实务。对不道德、不守法的公关组织及个人应予以制止并通过有关组织采取相应的措施。

（8）公关人员不得借用公关名义从事任何有损公关信誉的活动。

（9）公关人员应当对公关事业具有高度的责任感。不得利用贿赂或其他不正当手段影响传播媒介人员真实、客观的报道。

（10）公关人员在国内外公共关系实务中应该严守国家和组织的有关机密。

视野拓展

优秀公关人员必备的素质

在市场经济的大潮之下，公关素质逐渐成为衡量公关人才的重要标准，对公关人员素质的培养显得极其重要。如果你想成为一名优秀的公关人员，还有哪些短板需要弥补？请扫描二维码了解相关内容。

本 章 小 结

本章主要介绍了公共关系机构的主要类型和公关人员应具备的素质与能力。有以下几个重要的知识点。

（1）组织内部的公关部是组织为处理、协调、发展本组织与社会公众和组织内部员工关系而设立的专业职能部门，它的地位和作用是其他部门无法取代的。

（2）组织内部公关部的主要职能：①收集信息，监测环境；②咨询建议，参与决策；③传播推广，塑造形象；④协调沟通，平衡利益；⑤教育引导，培育市场；⑥科学预警，危机管理。

（3）组织内部公关部的设置原则：①规模适应性；②整体协调性；③工作针对性；④机构权威性。

（4）组织内部公关部的结构类型：①直接隶属结构；②平行并立结构；③部门隶属结构。

（5）公关公司是指由具有一定专业特长的公共关系专家及专业人员所组成，专门从事公共关系咨询或接受委托为委托方开展公共关系活动策划和执行并收取费用的社会服务机构。公关公司具有独立的法人资格和地位。

（6）公关公司的特点：①专业性；②全面性；③客观性；④广泛性和经济性。

（7）公关公司的类型：①按内部业务可分为专项业务服务公司、专门业务服务公司、综合服务咨询公司；②按经营方式可分为合作型公关公司和独立型公关公司。

（8）公关人员的素质是指从事公关工作的职业人员的气质、性格、兴趣、风度、学识和技能等方面的综合品质。结合公共关系职业的特殊性，它专指公关人员以公共关系观念为核心，以自信、热情、开放的职业心理为基础，配以公共关系的知识结构和能力的一种整体职业素质。

（9）公关人员须具备的心理素质：①追求卓越、渴望成功的心理；②乐于投入、热情工作的心理；③自信的心理；④开放乐观的心理。

（10）公关人员须具备的知识：①公共关系的基础理论知识；②公共关系的基本实务知识；③与公共关系密切相关的其他知识。

（11）公关人员须具备的能力：①组织管理能力；②语言表达能力；③公众交往能力；④宣传推广能力；⑤创造能力；⑥应变能力；⑦专业操作技能。

（12）公关人员应遵循的职业道德：①遵守基本的社会道德规范；②维护组织的利益；③对公众负责；④遵守公关道德准则。

练 习 题

一、名词解释

公关部　公关公司　公关人员的素质

二、单项选择题

1. 组织内部的公关部与组织的其他职能部门处于同一权力层次，有特定分工和职能，属于（　　）公关部这一类型。

　　A. 直属型　　　　B. 兼职型　　　　C. 附属型　　　　D. 并立型

2. 公共关系意识的核心是（　　）。

　　A. 塑造组织形象的意识　　　　　　B. 沟通交流的意识

　　C. 服务公众的意识　　　　　　　　D. 真诚互惠的意识

3. 组建公关部是有效开展公关工作的（　　）。

　　A. 行动保证　　B. 组织保证　　　　C. 成功保证　　　　D. 重要保证

4. 公共关系部是（　　　）。

　　A. 服务部门　　　　　B. 领导部门　　　　　C. 生产部门　　　　　D. 销售部门

5. 公关人员应该具备的基本素质的核心是（　　　）。

　　A. 公关的基本理论与实务知识　　　　　B. 公关人员的心理素质

　　C. 公关人员的知识结构与能力　　　　　D. 公关意识

6. 公关知识体系中的三个子系统中属于核心内容的是（　　　）。

　　A. 公关的基本理论与实务知识　　　　　B. 与公关密切相关的学科知识

　　C. 有关组织的知识　　　　　D. 社交礼仪知识

7. 公关协会属于（　　　）。

　　A. 协调型机构　　　B. 权利型机构　　　C. 合作型机构　　　D. 实业型机构

8. 在公共关系公司的类型中，按内部业务划分，专门为客户提供某种公共关系服务的公司是（　　　）。

　　A. 专门业务服务公司　　　　　B. 专项业务服务公司

　　C. 综合服务咨询公司　　　　　D. 独立型公共关系公司

9. 公共关系协会等公关专业性社团组织，是非官方、非营利的（　　　）社团组织。

　　A. 集体　　　　　B. 大众　　　　　C. 自发　　　　　D. 群众

10. 组织内部协调的基础是（　　　）。

　　A. 相互尊重　　　B. 谅解互助　　　C. 信息沟通　　　D. 有效配合

三、多项选择题

1. 组织内部公关部的设置原则有（　　　）。

　　A. 规模适应性　　　B. 整体协调性　　　C. 工作针对性

　　D. 专业性　　　E. 机构权威性

2. 公关部在组织中充当的角色为（　　　）。

　　A. 组织的信息情报部　　　　　B. 组织的社会情报部

　　C. 组织的决策参谋部　　　　　D. 组织的社会调查部

　　E. 组织的宣传外交部

3. 公共关系社团的特征有（　　　）。

　　A. 复杂性　　　B. 广泛性　　　C. 松散性

　　D. 服务性　　　E. 非营利性

4. 公共关系的组织机构分为（　　　）。

　　A. 组织内部的公关部　　　　　B. 社会上的公关公司

　　C. 信息咨询公司　　　　　D. 各种类型的公关社团

　　E. 广告设计公司

5. 公关公司的工作方式包括（　　　）。

　　A. 向委托人提供公关咨询　　　　　B. 短期专项工作　　　C. 专业技术服务

　　D. 职工培训服务　　　E. 长期综合工作

6. 组织内部设置公关部的优势有（　　　）。

A. 充分发挥专业作用　　　　B. 服务及时　　　C. 节约费用

D. 了解本组织状况　　　　　E. 保持公关工作的连续性和稳定性

四、判断题

1. 公关部的组建是由组织自身状况和公众特点以及组织与公众之间联系的状况决定的。

（　　）

2. 公关人员活动中的主要方面，就是权衡和处理好特殊群体和公众的关系。（　　）

3. 自信是对公关人员职业心理素质最基本的要求。（　　）

4. 公关公司通过为社会提供无偿服务，满足客户需要，并取得一定赢利。（　　）

5. 公共关系对提高个人素质，使其适应现代社会发展有着积极的作用。（　　）

6. 公关社团具有严格的组织结构，但不具备强制性。（　　）

7. 公关人员面对公众的要求，要有所侧重和选择，而不必面面俱到。（　　）

8. 公关人员不需要具备信息采集处理与知识管理的能力。（　　）

9. 一切公关工作的成败得失、有效程度和创造活动在很大程度上取决于公关人员的心理素质。（　　）

10. 公关部的优势，往往就是公关公司的劣势。（　　）

五、简答题

1. 公关人员的基本素质包括哪些方面的内容？

2. 公共关系意识包括哪些内容？

3. 为什么有公关部的组织在开展公关工作时还要与公关公司保持密切联系？

4. 如何看待公关社团在我国社会生活中的作用？

5. 一个健全的公关部应由哪些人员组成？

6. 公关部在组织内的职能是什么？

7. 公关人员应遵循的职业道德包括哪些内容？

六、案例分析

"你会坐吗？"—— 一次公关部长招聘面试

一家公司准备聘用一名公关部长，经笔试筛选后，只剩下 8 名应试者参加面试。面试限定他们每人在两分钟内对主考官的问题做出回答。当每位应试者进入考场时，主考官说的都是同一句话："请您把大衣放好，在我面前坐下。"

然而，在进行面试的房间中，除了主考官使用的一张桌子和一把椅子外，什么东西也没有。

有两名应试者听到主考官的话以后，不知所措；另有两名急得直掉眼泪；还有一名听到主考官的话后，脱下自己的大衣，搁在主考官的桌子上，然后说了句："还有什么问题？"结果，这 5 名应试者全部被淘汰了。

剩下的 3 名应试者，一名听到主考官的话后，先是一愣，随即脱下大衣，往右手上一搭，躬身致礼，轻轻地说道："这里没有椅子，我可以站着回答您的问题吗？"主考官对这个人的评语是："有一定的应变能力，但创新开拓能力不足。彬彬有礼，能适应严格的管理制度，可用于财务和秘书部门。"另一名应试者听到主考官的话后，马上道："既然没有椅子，就不用坐了。

谢谢您的关心，我愿听候下一个问题。"主考官对此人的评语是："守中略有攻，可先培养用于对内，然后再对外。"

最后一名应试者听到主考官的话后，眼睛一眨，随即出门去，把候考时坐过的椅子搬进来，放在主考官前方约一米处，然后脱下自己的大衣，折好后放在椅背上，自己在椅子上端坐着。当"时间到"的铃声一响，他马上站起来，欠身一礼，说了声"谢谢"，便退出考试房间，把门轻轻地关上。主考官对此人的评语是："不着一词而巧妙地回答了问题，富有开拓精神，加上笔试成绩佳，可以录用为公关部长。"

问题：试运用公共关系学中的相关知识分析点评这一案例。

综 合 实 训

一、实训内容

对华为、阿里巴巴、京东或其他知名企业的公关机构的主要类型和公关人员的素质与能力进行分析和研究，分析其特点，并提出合理化建议。

二、方法和步骤

1. 以 8~10 人为一组对上述实训内容进行讨论。
2. 每个小组派一名代表在课堂上用两三分钟时间对讨论的结果进行交流发言。

三、实训考核

教师对小组讨论交流的结果进行点评。

第三章

公共关系客体

🚀 学习目标

知识目标：掌握公众的含义及分类，了解公众的心理特征。

能力目标：具备对公众行为进行心理分析的能力。

素质目标：正确审视社会现状，关心国家大事，了解社会变化，理解人类命运共同体理念，培养健康的心理，树立一定的人生理想，做自强、自信、自立的人。

🔑 案例导入

某预制菜加工公司的主要客户是本地超市及其他店铺，也有网店，但销量一般。某日上午9点左右，总经理接到质检部主任电话，说昨天生产晚间配送出去的一批预制菜运输途中可能遭到了污染，数量暂时不详，有害物已初步确认为剧毒，请示处理办法。总经理心里一惊：近些年可没少听说食品污染事件，怎么自己也碰上了？略一思考，打电话给销售部，要求库房停止发货，立即通知所有客户下架昨天生产的预制菜。总经理叫来兼职负责公关事务的小刘，并让办公室主任通知各部门经理5分钟后开会，不能到场的参加视频会议。配送部主任这时已在总经理室门口，简单解释了事件缘由。昨晚一辆车出事故，临时租车，配送员送完一大半，发现车上有一破碎的瓶子，残留液体虽然没有异味，担心有问题，还是带回来交给质检部。

这一消息立即传遍了全公司，有人认为小题大做：运输中出的问题，怎么能牵涉整个批次的产品？有人私下叹气：不就是疑似吗！预制菜都有包装，哪有那么容易被污染，弄这么大动静得损失多少啊！今年奖金悬了。

会议中，销售部传来消息，数家超市、早市店铺已经销售出去一部分，会议室一片沉默。与会的人还不知道，当地已经流传某公司预制菜有毒的消息，还有了多种版本的谣言。

会议很快做出了决定：第一，销售部继续联系客户下架预制菜，召回后销毁，如顾客退货，请商家不限定批次，全部接受；第二，质检部立即向质检机构上报此事，并安排在库产品全部复检；第三，宣传部联系本地电视台，请其插播新闻，说明情况并请已经购买本公司某月某日生产预制菜的顾客不要食用，到原店铺退货，如顾客不放心其他批次，也可退货；第四，奖励发现问题的配送员；第五，由小刘拟写声明，写好后由与会人员共同审议，通过后立即上传至公司官方微博，同时发在客户群，并号召员工转发到自己的微信朋友圈。

上午10点左右，声明发出。临近中午，社会上的谣言已基本消失。最后，除了该批次，其他批次退货很少。公司销售短暂受挫，销量很快恢复并有了大幅度增长，网店的增长更加明显。

请问：本事件中该公司遇到了哪些公众，公众在知道事件真相前后可能会有什么反应？

第一节　公众的特征及分类

　　"公众"是由"public"一词翻译而来的。public 泛指公众、民众，但公共关系学中所讨论的公众，并不是广泛意义上的公众、民众或群众，而特指组织面对的公众，是指与某一特定组织相联系的，所处地位相似或相同，具有共同的目的、共同面临的问题、共同的利益、共同的兴趣、共同的意识、共同的文化心态等，并相互影响、相互作用的有"合群意识"的社会群体，是组织公关工作对象的总称。可见，公众是一个集合概念，是个体、群体或组织的总和，它表现为与组织相互联系、相互影响，以特定组织为中心集聚而成的人的群体或组织的集合。

　　任何组织的生存和发展都离不开一定的公众环境。公众环境是指组织运行过程中面对的社会关系和社会舆论的总和。公众构成了组织的环境，而公众又是可变的，他们受自己所处的环境影响和制约，这种影响和制约表现在公众的意向中，或多或少会影响组织的发展。公关人员应在公共关系活动中努力把握公众的特征，处理好组织与公众的关系，充分适应环境，以实现组织的目标。

一、公众的特征

　　任何组织的生存和发展都是在一定的公众环境中实现的。组织在开展公共关系活动时，应该把组织面对的公众视为一个整体，要用全面、系统的观点来分析组织面对的所有公众，不能忽略其中任何一部分公众。如果忽略了其中某一部分公众，就可能会导致整个组织公众环境的恶化，从而影响组织的生存和发展。公众具有以下几个特征。

　　（1）共同性。公众是具有某种内在共同性的群体。当某一群人、某一社会阶层、某些社会团体因某种共同性而发生内在联系时，便成为一类公众。某种共同性就是群体成员相互之间的某种共同点，如共同的利益、共同的需求、共同的问题、共同的背景等。这些共同点，使一群人或一些团体对组织具有相同或类似的态度和行为，构成组织所面临的一类特定的公众。界定公众首先要归纳出公众的共同点，再通过相应的共同点（如共同的问题）去了解和分析其内在的联系，这样才能从公众整体中区分出不同的对象。因此，只有了解了公众的共同性，组织才能对相应的公众做出正确、具体的划分，才能对这些公众进行定性、量化的分析。

　　（2）相关性。所谓相关性是指因某一共同问题而聚集的公众和与该问题有牵连的特定组织之间相互影响、相互制约的关系。若无此性质，则不形成公众与组织的关系。公众因某一特定的问题而聚集，这一问题直接、间接地与组织的目标和发展相联系，从而使组织与公众之间产生利益相关性。一个组织面对的公众是具体的，也是有限的。公众的意见、观点、态度和行动对组织的目标实现和组织的发展具有影响力、制约力，制约着组织目标的实现、需求的满足等。公共关系是一种组织与公众间的利益互动关系。

　　（3）多元性。首先，公众属于社会群体，由于社会群体具有多元性，因此公众存在的形式不是单一的，而是多样的。从表现形式上看，公众可以是相互没有联系的一类人，也可以是社会团体或社会组织。其次，公众目标和需求具有多元性。即便是同一类公众，每个成员的需求也不一定完全相同，这就导致公众的存在形式和公众层次的多样性。最后，公众的多样性决定了沟通方式和传播媒介的多样性。正因为公众及其组成成员的多样性，所以针对公众的传播和沟通必须采取不同的方式和方法。正因为公众的多元性，才要求组织必须用灵活机动的工作方法应对不同的公众。

（4）**变化性**。社会公众不是固定封闭、一成不变的对象。作为一个社会群体，公众所处的社会环境处于不断变化的过程中，所以公众的构成、数量、观念、态度、行为和作用都是在不断变化的。组织面对的公众群体随着问题的产生而形成，随着问题的解决而消散。例如，营利性企业所面对的公众，对企业产品的要求在某一段时间内以产品质量为主；当产品进入成熟期后，公众对产品的要求会转向更高的层次，如追求产品的款式新颖、售后服务及时等。公众环境的变化，也会导致组织公共关系目标、方针、策略、手段发生变化。组织应针对不断变化的公众开展相应的公共关系活动。

（5）**心理性**。公众的心理状态会影响其判断与行为。公众良好、愉快的心理状态可以促进其与组织的合作，有利于组织实现目标；而公众不满的心理将会拖延，甚至阻碍组织完成目标。因此，组织在开展公共关系活动时，必须注意对公众心理的把握、分析，有针对性地开展公共关系活动。

（6）**可诱导性**。组织借助对环境因素的改变可以达到逐渐影响公众的态度和行为的目的，引导有利于组织的公众行为，预防和消除不利于组织的公众行为。公众的态度、动机和行为可能受到个体和环境因素的影响而发生改变。如果没有公众的可诱导性，公关工作就失去了存在的前提，策划、信息传播、危机处理、举办公共关系专题活动等公关工作和公关技巧都利用了公众的可诱导性这一特点。

二、公众的分类

公众由各种各样的人或组织构成，具有广泛性和复杂性，他们对组织的作用、影响和重要性也是有差异的。一个组织要开展公关工作，就必须认清本组织所面对的公众。所以，对公众的分类是公共关系理论的重要内容。公共关系政策的制定和公共关系方法的运用，都有赖于科学地区分不同的公众。只有确定了组织面对的公众，组织才能有针对性地做好公关工作，编制有效的公共关系计划，正确地与组织面对的公众建立联系，选择对应的媒介向这些公众传递信息，利用有限的公关资源开展公共关系活动。这些与组织生存和发展密切相关的问题，都和公众的分类有关。因此，只有对组织面对的公众进行科学的分类，才能准确把握公众的属性，有的放矢地做好公关工作，这也是开展公共关系调查的基础。按照以下不同的标准，可以对组织面对的公众类型进行划分。

（一）按公众的组织结构划分

公众按其组织结构的不同可分为个体公众和组织公众。

（1）**个体公众**，即形式上分散，以个人作为意见、态度和行为的表达者，以个体形式与公共关系主体发生联系的公众对象，如酒店或商场中的某个客人或顾客。

（2）**组织公众**，即以一定的组织或团体形式出现，以组织或团体作为意见、态度和行为的表达者，并与公共关系主体相互交往的公众对象团体，如竞选过程中出现的各种助选团体。

在公共关系传播过程中，组织要根据个体公众和组织公众的不同特点采取不同的传播方式，如对个体公众可以采取直接的、面对面的个体传播方式，对组织公众可采取间接的、传播范围较大的大众传播方式。

（二）按公众在组织中所处的位置划分

公众按其在组织中所处位置的不同可分为内部公众和外部公众。

1. 内部公众

内部公众即组织的全体成员，包括组织的股东（投资者）和员工。内部公众是组织生存和发展的核心力量，与组织的关系最为密切，是组织运行和发展必不可少的中坚力量。组织针对内部公众开展的公共关系活动，是全部公共关系活动的基础。很难想象，一个组织在内部公共关系活动都无法取得成功的情况下，对外的公共关系活动能取得成功。维持组织内部的良好氛围，促进内部公众对组织发展战略和目标的了解，是组织公共关系活动的首要任务。

对公司而言，公司员工就是公司的形象代表和化身。如果员工心境不佳，终日板着面孔，受损害的是公司。相反，如果员工以作为公司的一分子而骄傲，热爱工作、善待顾客，公司就会得到长远发展。

📚 案例分析

海底捞虽然是餐饮企业，但有不少人却认为它的核心业务不是餐饮而是服务。海底捞倡导亲情式的管理，在将员工的主观能动性发挥到极致的情况下，"海底捞特色"日益丰富。

海底捞的战略目标——保障顾客满意，以达到品牌建设的目的；海底捞的核心思想——用双手改变命运；海底捞的人员安排——轮岗，而不是一个萝卜一个坑，这样会使员工有更多的升迁机会。

早期，海底捞为了激励员工，每个月会给大堂经理、店长以上的领导和优秀员工的父母寄几百元钱，鉴于一些员工的父母没有养老保险，这笔钱就相当于给他们发放的养老保险。此外，公司还出资上千万元在四川简阳建了一所寄宿学校，让员工的孩子免费上学。公司还设立了专项基金，每年拨出一定的经费用于治疗员工及其直系亲属的重大疾病，尽最大努力解决员工的后顾之忧。

杭州万向集团公司的老总认为，对员工不能只让他们做贡献，还要给他们创造一个安居乐业的生活环境。为此，公司认真解决员工家属的就业问题，还专门组织妇女干部做"红娘"，为大龄青年择偶牵线搭桥。有些科技人员和市场人员每年几乎有一半以上的时间在外出差，其子女教育、家务劳动都落在妻子肩上，时间一久，她们难免会有怨言。公司工会曾组织40多位员工的妻子免费参加了一次"海陆空"旅游。让她们乘飞机去南京、坐火车去无锡、乘轮船回杭州，在旅游的同时也体会一下"出差"中的艰辛。旅游结束后，这些家属一致表示今后一定要当好"内当家"，全力支持丈夫的工作。

问题： 如果你是领导，在成本限制下，你会怎么对待你的下属？

2. 外部公众

外部公众是指在组织之外与组织潜在或现实发生相互影响、相互作用的个人、群体或组织，是影响组织发展的重要因素。外部公众的数量比内部公众要多得多，而且范围广，可以说它是由相互依赖、功能互补的各类组织和群体共同组成的一个庞大的环境系统，组织就在这个系统中生存和发展。外部公众是组织公共关系工作的重点方向，组织的声誉和良好形象最终需要由外部公众加以确认。因此，对外部公众要保持长期的、畅通的信息传递通道，组织应尽可能多地获得外部公众的理解和支持。外部公众主要包括以下五类。

（1）<u>消费者（顾客）公众</u>。这里所说的消费者是个总体概念，既包括物质产品的消费者，也包括精神产品的消费者，是指组织的一切服务对象。消费者公众是组织面对的公众中最大的群体，通过公关活动争取潜在顾客是组织公关部门的重要任务。

（2）<u>政府公众</u>。政府，即握有国家权力的行政机关。具体地讲，政府公众是指组织所在地区的各级人民政府及其派出机构。政府公众通过各项法律、法令和政策对整个社会进行宏观调控和管理，这对组织的发展具有至关重要的作用，因此政府是组织的重要公众。

（3）<u>媒介公众</u>。媒介公众是指非人格化的报纸、广播、电视等大众传播媒介机构及其从业的记者、编辑等相关工作人员。在现代社会里，新闻媒介对社会的各个方面发挥着监督、导向、表扬、批评、提高知名度等重要作用。新闻媒介是一种特殊的公众，有着双重作用：一是新闻媒介是桥梁，组织可以通过这一桥梁与各种各样的公众取得联系，它是公关人员赖以实现公共关系目标的重要渠道；二是新闻媒介本身也是一种公众，组织只有与这种公众搞好关系，才能充分发挥新闻传播媒介作为信息传播工具的作用。

> **问与答**
>
> 问：公司应如何处理好与新闻界的关系？
> 答：尊重新闻界人士；保持长期接触，善交无冕之王；联合举办活动，全力支持新闻媒介；利用各种信息传播方式，加强信息传播。

> **问与答**
>
> 问：公司应如何处理好与社区公众的关系？
> 答：关键在于促使组织社区化，组织社区化具体包括信息社区化、活动社区化和利益社区化。

（4）<u>社区公众</u>。社区公众是指组织所在地区与组织有相互联系的其他组织或居民。对于一个组织来说，社区公众构成了其发展的重要"地利"环境。

（5）<u>国际公众</u>。凡是从事涉外工作的组织，在境外与该组织发生关系的组织与群体便构成了该组织的国际公众。随着对外开放的不断深化，提高我国产品的国际地位，获取国际贸易中的最佳效益，处理好组织与国际公众的关系显得十分重要。

（三）按公众对组织的重要性分类

由于不同类型的公众对组织的重要性不同，按照公众对组织的重要性可将公众分为首要公众、次要公众和边缘公众。

（1）<u>首要公众</u>，是指与组织关系最密切、联系最频繁，对组织有重要的制约力和影响力，甚至关系到组织的生死存亡，决定组织成败的那部分公众。首要公众包括两部分：一是组织的工作人员，即内部员工；二是决定组织生存和发展的公众，如一些企业的大客户和关键客户，此类公众的态度对组织影响甚大，是组织开展公共关系活动的主要对象。

（2）<u>次要公众</u>，是指对组织的生存和发展虽有影响，但并不起决定性作用的公众。对于一个组织来说，多数公众属于次要公众。一个组织在开展公关工作时，必须善于区分主次，将较多的时间、资金、人力用于首要公众。当然，并不是说次要公众可以忽略，在某些情况下，次要公众会转化为首要公众。各类公众对组织的影响力不是一成不变的，在组织发展的不同时期，处理不同问题时，公众的作用和地位也会发生相应的变化，所以组织也要重视针对次要公众的公关活动。

（3）边缘公众，是指没有和组织发生直接联系，但可以对组织施加影响的公众，是公关人员争取的对象。例如，生产型企业所在地周边的学校、医院等社会服务组织，对该企业而言属于边缘公众，它们和企业的经济活动一般不会发生直接的联系，但对企业的发展具有潜在的影响。在公关的作用下，边缘公众可能会转化为次要公众甚至是首要公众。

（四）按公众与组织之间相互关系的发展阶段分类

公共关系的发展一般有一个过程，在这个过程中，公众的性质、态度、行为都会发生一些变化。根据公众与组织之间相互关系的发展阶段，可以把公众分为非公众、潜在公众、知晓公众和行动公众。

（1）非公众，是指在组织所处的环境中，在一定时空条件下与组织之间没有任何关联也没有相互作用和相互影响的社会群体。非公众不是组织公共关系工作的对象，所以在公关工作中识别非公众非常重要，这样可以减少公关工作的盲目性，提高公关工作的准确性和针对性。但非公众不是一成不变的，随着组织自身和外部环境的变化，非公众也可能会成为组织的潜在公众或行动公众，所以在公关工作中还要注意观察其变化。

（2）潜在公众，也称为"隐蔽公众""未来公众"，是指在组织活动中，可能在未来对组织产生影响的个人、群体或其他组织，是未来组织公共关系活动要加以考虑的对象。由于某一事件的出现，某些人群和组织形成了某种利益关系，而其自身尚未认识到这种利益关系，暂时还没有对组织形成影响。随着时间的推移，这些影响最终会出现。针对潜在公众，组织需要制订相应的公共关系方案，积极引导事件向好的方向转化。发现和关注潜在公众的能力，也是体现组织公共关系活动水平的一个方面。例如，据美国一家百货商店调查，进入该商店的顾客，有明确购买欲望的占 28%，其余的都是潜在顾客。组织要密切注意潜在公众的态度和意向，通过有效沟通引起潜在公众注意、诱发其兴趣、激发其动机、促成其行动。

（3）知晓公众，是由潜在公众发展而来的，是指公众已经知道和自己利益相关的某组织某个问题的基本信息，且知晓自己的处境，意识到自己面临的问题，他们迫切地想进一步了解该问题的信息和解决的方法。一旦知晓公众形成，组织的公关人员应立即以积极主动的态度与知晓公众进行沟通，协调相关事项。

（4）行动公众，是由知晓公众进一步发展而来的。这类公众已经明确知道问题的存在，对组织的相关信息进行了了解，开始表达意见，并准备或已经采取行动以求得问题的解决。行动公众是组织已无法回避的公关工作对象，他们的行动会对组织的声誉造成严重的威胁，也就是说已经或即将发生公关危机。组织必须迅速采取应对的措施，全力以赴地开展补救工作，使问题得到妥善解决。如果组织继续保持回避或置之不理的态度，行动公众可能会采取进一步的行动，这将给组织造成不可估量的损失。

组织应对不同公众类型发展阶段进行分析和了解，把握公众发展变化的动态，及时采取相应的公共关系行动，使组织正确地应对各阶段的公众，以顺利完成组织的目标。

（五）按公众对组织的态度分类

在组织所处的环境中，公众对组织的行为和政策所持的态度不会完全相同，因而可以将公众相应地分为顺意公众、逆意公众和中立型公众。

（1）顺意公众，是指组织与公众在互惠互利的基础上，双方互相理解、互相支持，公众对组织的政策、行动持认同、赞赏的态度。顺意公众是推动组织发展的基本工作对象。同时组织也应尽量满足此类公众的要求，以使双方处于良好、友善的状态。

（2）逆意公众，是指组织单方面愿意与之建立公共关系，但其不理解、不支持组织，对组织的政策、行动持批评、反对态度的公众。这部分公众是公关工作中的重要对象，组织的公关人员要通过公关活动改变逆意公众的态度，并主动与他们进行适时有效的沟通以消除误解，争取得到他们的理解和支持，同时应尽量满足他们的要求，以使双方逐渐走向和谐的状态。

（3）中立型公众是指尚未表明对组织的态度，对组织的行为和政策持中间立场或观望态度的公众。如果组织对中立型公众开展合适的公关活动，这类公众就可能转化为顺意公众，如对其忽略，则更容易转化为逆意公众。所以，中立型公众是公关人员应争取的对象。

（六）按组织对公众的态度分类

公众按组织对其态度可分为受欢迎的公众、不受欢迎的公众和被追求的公众三类。

（1）受欢迎的公众，是指与组织目标、利益一致，愿意与组织合作，并且能给组织带来利益和促进组织发展的公众，如投资者、企业股东、为组织做正面报道的新闻工作者等。他们都会受到组织的重视。

（2）不受欢迎的公众，是指违背组织的利益或意愿，对组织构成潜在威胁或阻碍组织发展的公众。对不受欢迎的公众，组织应慎重对待，讲究策略，以免树敌。

（3）被追求的公众，是指符合组织的利益和需要，但对组织很陌生或不感兴趣、缺乏交往的公众，这类公众可能会对组织的发展有益，是组织追求的公众。组织要制订有针对性的传播对策，通过切实有效的公共关系活动同他们建立起联系。

（七）按公众对组织的稳定性分类

按照公众对组织的稳定性，公众可分为临时性公众、周期性公众和稳定性公众三类。

（1）临时性公众，是指因为某一事件而临时聚集起来的公众。在大多数情况下，临时性公众的组织性较差，因为是临时聚集的，很多公众互相之间并不认识，但容易发生群体性的冲动。在媒体较为发达的今天，临时性公众聚集的地方，很容易引起媒体记者的注意。因此，在临时性公众出现以后，组织一定要考虑到各种可能会出现的情况，及时做好宣传、组织和协调工作。

（2）周期性公众，是指那些按照一定的时间和周期，定期出现的、聚集在一起的公众。周期性公众出现的时间具有一定的规律性，对组织而言相对比较容易预测和掌握，组织在开展公共关系活动的时候，也比较容易进行活动的计划和安排。有条件的情况下，组织应该了解分析周期性公众的需求和目的，有针对性地开展公共关系活动，使其发展成为组织的长期支持者。

（3）稳定性公众，是指与组织具有长期稳定联系的公众。稳定性公众对组织的情况比较了解，是组织公众的主要构成基础。例如，企业的老顾客、组织所在的社区公众等。组织的稳定性公众相对其他公众而言，对组织的信任度较高，能够容忍组织的一些缺陷或者不足，是组织的宝贵资源。就组织的公共关系活动来说，与稳定性公众保持定期的信息交流和沟通是非常有必要的，特别是组织试图从稳定性公众那里获取其对组织的一些意见和建议时，他们的参与性更高，提供的信息也更加可信。

（八）其他的公众划分方法

对公众的划分，还有其他的一些方法。例如，格鲁尼戈划分的四类公众是：爱管闲事的公众（对所有的事情都很积极）、漠然的公众（对任何事情都不在意和不积极）、单一问题公众（只对一个或者有限数目的相关问题积极）和热门问题公众（问题经媒体披露，变成社会热点后，才予以关注）。在具体的公共关系实践中，公关人员应该在了解和把握公众分类的基础上，总结出适合本组织特点的公众分类，以使组织的公共关系活动更加具有针对性，使公共关系活动的效率和效果得以优化，从而有利于组织形象的树立和维护。

总体而言，如何对公众进行分类应根据组织的实际情况而定，几种分类方法可以单独使用，也可以交叉使用，应遵循的原则就是具体问题具体分析。

案例分析

分析本章导入案例中涉及的公众，把你想到的填入表3.1并分析他们在该事件中的可能心态。

表3.1 公众类型分析

公众类型	公众及其可能心态	公众类型	公众及其可能心态
个体公众		行动公众	
组织公众		顺意公众	
内部公众		逆意公众	
外部公众		中立型公众	
首要公众		受欢迎的公众	
次要公众		不受欢迎的公众	
边缘公众		被追求的公众	
非公众		临时性公众	
潜在公众		周期性公众	
知晓公众		稳定性公众	

第二节　公众心理分析

一、公众心理概述

公众心理是指公共关系情境中公众受组织行为的影响和大众影响方式的作用所形成的心理现象和心理变化规律，是日常生活中普遍存在的一种团体心理现象。人们共同的心理现象不是先天就有的，它是在一定的条件下，经过人们相互作用以后，由个人的社会经验积累总结而形成的。把握公众心理及其基本特征是组织与公众建立良好关系的必要前提。

公众心理对人们的心理活动既可能起积极的推动作用，促使人们快速反应，直接达到一种行为结果；也可能对人们的行为起反作用，使人们以一种先入为主的观念、知觉和情绪来判断问题，从而给人们正确认识事物造成障碍，产生消极影响。例如，人们看到曝光某种商品质量问题的新闻后，就会对这种商品产生不良印象，从而对该商品产生不好的认知。这种认知一旦形成，往往很难改变。所以，组织必须顺应公众心理的指向并因势利导，才能使公关活动顺利开展，并收到良好效果。

一般而言，公众心理的特征有以下几点。

（1）潜伏性。公众心理是一种内在的心理倾向。心理倾向由人们对某一对象的评价、情感体验与意向三个因素组成，是外界环境与人们行为的中间环节。公众心理不仅有其产生的社会环境因素，而且还有其外在行为上的具体表现。因此，它不仅是可观察的，而且人们还能通过运用各种现代科学手段（记录、统计、实验、分析等），把它转化为某种外显的经验，从而使公关人员去认识和驾驭它。

（2）动力性。公众心理不只是存在于大众心里的一种状态，它还具有干预现实生活的主动性，它会爆发出强大的力量，引起人们的一致性行为。

（3）自发性。公众心理是对特定情境的适应性反应，是公众经过相互作用后自发产生的，其中公众的无意识心理具有重要的作用。

（4）规范性。公众心理带有一定程度的规范性。这种心理定势具有普遍的制约力，规范着人们的行为。

（5）综合性。公众心理是人们多种心理成分的综合，是人们的认知、情感、意志等综合作用的结果，并不是认知领域独有的现象。

公众心理的特征决定了公众心理不只是一种个体心理现象，也是一种群体心理现象；它不仅表现为人们的社会认知，而且还表现为人们的情感、意志、行为的综合统一。

二、公众的角色心理

公众的角色心理即个体心理，是指公众在社会生活中，由于扮演不同的社会角色而在行为上表现出稳定的、经常的心理特点。任何公众在社会中都扮演着一定的角色。这些角色又有自然角色和社会角色之分，自然角色和社会角色的区分是相对的。公众角色心理可以分为性别角色心理、年龄角色心理、职业角色心理、文化心理等。公众的这些角色心理因性别、年龄、职业、文化的不同而表现出不同的特点。

1. 性别角色心理

性别角色心理是指人们由于性别差异而具有不同的心理特点或行为模式。男性与女性在姿势、神态、声调、举止等许多方面都有不同的特点。在任何社会或民族中，人们对男性与女性各自扮演不同的角色、起的不同的作用都怀有一种普遍的期待。

2. 年龄角色心理

年龄角色心理是指社会对属于某一特定年龄的人群的心理期望，如：对于学龄儿童，他们一般会被期待为活泼可爱，并应该以学习为主要任务；对于成年人，他们在道德方面被赋予较高要求，人们对他们所做的社会贡献（如工作、家庭等方面）有所期待。

3. 职业角色心理

职业角色心理是指社会和职业规范对从事相应职业活动的人所形成的一种心理期望。随着社会的发展，职业角色作为一个最重要的社会角色越来越受到人们的关注。职业角色是以广泛的社会分工为基础而形成的一整套权利和义务的规范、模式。由于社会地位是社会角色的内在本质，因此社会地位的多样性也就决定了社会角色的多样性。职业角色作为社会角色的一种类型，除具有社会角色的一般特征外，还具有专门性、营利性、相对稳定性、合法性和社会性等特征。

4. 文化心理

文化心理指在一个特定社会环境中的群体所共有或特有的以价值观、情感、需要动机等为主的心理要素，如在我国封建社会时，决定男女婚姻的是"父母之命，媒妁之言"，这就是当时社会的一种文化心理。

亚文化心理是指在一个特定社会环境中的部分人或局部地区的人，在心理上与其群体中其他的多数人存在的差异和同中有异之处，它是支配其中部分人或局部地区的人共同和特有的行为方式的最直接因素。

案例分析

2022年10月，L公司在时装周上发布秋冬新款，其中一款服装的颜色风格引起了网友的反感，绿色羽绒服和绿色帽子，让不少网友联想到了某服装。在一片谩骂声中，L公司某高管在朋友圈内回应该造型源自笠型盔（宋元时就存在的一类头盔），这本来没什么，但该高管还有一句"我们的消费者，对于中国文化的沉淀，教育知识的传承还是少了"引起了更多人的反感。

评析： 每种文化都有自己的偏好和禁忌，产品设计者应该多加了解，公关人员更应熟知。该款服装如果不是配色，应该不是很刺眼。本例用后续的逆反心理去分析，会更容易理解该高管的一句话为什么会引起更多人的反感。

三、公众的群体心理

公众的群体心理是指公众处在某一实际的社会群体中而在外部行为上表现出来的经常的和稳定的心理特点。群体的组成一般是基于共同的生存条件和共同的心理需要，因而，群体成员就有可能形成共同的心理倾向。这些心理倾向不可能完全雷同地表现在每一位成员身上，但对全体成员来说却具有一定的典型意义。影响公众群体心理的因素主要有民族文化、地域文化、社会刻板印象、社会习俗和礼仪等，以下仅简要介绍社会刻板印象、社会习俗和礼仪。

1. 社会刻板印象

社会刻板印象是指社会上对某一类事物产生的一种比较固定的看法，这是一种概括而笼统的看法。人们常说，"物以类聚，人以群分"，这是有一定道理的。如果人们的社会生活、地理环境、经济条件、政治地位、文化水平等方面大致相同，就会具有很多共同点。例如，由于各方面条件的相似性，我国的中老年知识分子普遍具有以下特征——责任感强、刻苦、勤劳、俭朴等。基于此，社会上逐渐对中老年知识分子产生了一种比较固定的看法，这种看法发展下去往往就会导致一种对中老年知识分子刻板印象的产生。

在日常生活中，有些刻板印象与职业、地区、性别、年龄等方面有关，也就是说，职业、地区、性别、年龄等都可以成为各种刻板印象形成的基础。例如，一般认为，老年人总是思维不清晰的，山东人总是直爽而能吃苦的，上海人大都是机灵的等。可以说，社会刻板印象普遍地存在于人们的意识之中。人们不仅对曾经接触过的人具有刻板印象，即使是对从未见过面的人，也往往会根据间接的资料与信息产生刻板印象。

　　组织和人一样，公众对其也会有一些刻板印象，如奇瑞汽车曾经工程师文化较重，不少人认为奇瑞汽车丑、不会营销。刻板印象对组织来说是一柄双刃剑，公关人员不仅要善于利用好的刻板印象，还要想办法消除不好的刻板印象。

🔭 视野拓展

如何消除品牌形象中的刻板印象

　　在某种程度上，刻板印象其实是一种误解。消费者对品牌的评价却又往往就是由一些简单、片面的印象而形成的，一次愉快或不愉快的使用经历都可能构成消费者对某个品牌的评价，而消费者又往往充当了传播者的角色，把他个人的使用经历和感受告诉其他人，"以讹传讹"，最终形成了多数人对这一品牌的"刻板印象"。如何消除人们对品牌形象的刻板印象？请扫描二维码，思考企业还有什么更好的办法来消除公众对自身品牌的负面刻板印象。

> 如何消除品牌形象中的刻板印象

2. 社会习俗和礼仪

　　社会习俗和礼仪就是人们在长期的社会生活中逐渐形成的各种行为方式和规范。社会习俗和礼仪会直接影响公众的心理状态和行为方式，因而也是公众心理定势的又一具体表现形式。

　　社会习俗是人类社会最早出现的社会行为规范，是人们在生产活动中世代沿袭与传承的习惯性行为模式。社会习俗是社会文化的一项基本内容，它对人们的行为具有明显的约束作用，人们的一举一动、一言一行都会受到其所在社会习俗的约束和影响，所以说，"习俗移人，圣贤难免"。

　　社会习俗和礼仪是普遍性、地域性和特定性的统一。了解和把握社会习俗和礼仪的这些特征及其表现，对成功地运用公共关系心理策略，增强公关工作的针对性有重要作用。在公关工作中首先要尊重公众的习俗和礼仪，并采取相应的服务措施去满足公众的这种心理定势和心理需求。其次，还要注意社会习俗和礼仪的可变性，特别是在现代化的城市生活中，一些传统的社会习俗和礼仪对人们生活的影响在逐渐弱化，所以，组织应想方设法去适应这种变化。

四、公众的流行心理

　　公众的流行心理是指个体或群体在一定时期内由于相互影响而形成的一种短期持续的心理，它具有较大的可变性。流行心理存在的时间一般较短，但它往往能在一定时期内引起轰动，对人们的心理活动和行为活动具有较大的冲击力。

（一）流行心理

　　当社会上某些有影响力的特定的人物表现出某种新奇的行为，往往许多人就会竞相仿效，从而成为一种社会风尚——流行。

　　流行（或时尚）作为一种群众性的社会心理现象，是指社会上许多人都追求某种生活方式，使这种生活方式在较短的时期内到处可见，从而导致了人们彼此之间发生连锁性的"传染"，即"一窝蜂"现象。流行既体现在人们的物质生活（如衣、食、住、行等）方面，也体现在人们的精神生活（如文化、娱乐活动等）方面，平时所说的"××热""时髦"等都是流行的表现形式。流行是一种极为普遍的社会现象，从人们的追求中可以看到当时的社会风气或社会时尚，所以它总是带有时代的特点和风貌。

1. 流行的特点

流行一般具有以下特点。

（1）新奇性。新奇性是所有流行最显著的特点。新奇性不在于流行现象本身是否新奇，而主要取决于当时人们的认识。

（2）时效性。流行一般表现为扩展与蔓延极其迅速，又在较短的时间内消失。例如，流行歌曲就是这样的，一首优美动听的歌曲可以在几天之内传遍全国各地，但不用多久，就会出现新的流行歌曲。在现代社会，由于电影、电视、杂志、网络的普及，人们可以第一时间了解外界最时尚的东西，从而加速了流行的兴衰。

（3）周期性。流行的变化具有周期性。今天时髦的事物，几个月之后也许就变成陈旧的东西了；今天陈旧的事物，若干时间以后可能又会重新流行。有人曾研究过女性时装的变迁，发现其款式以5～25年的周期循环变化。

（4）两极性。流行现象的变化总是从一个极端到另一个极端。例如，服装长到极端必回到短，短到极端又必回到长；大到极端必回到小，小到极端又必回到大；松到极端必回到紧，紧到极端又必回到松。改革开放初期从"喇叭裤"到"健美裤"的变化就是这样的一个实例。

2. 追随流行的心理原因

流行并不具有社会强制力，它与风俗不同，违反风俗往往会遭到人们的指责，而不追随流行并不会遭到人们的指责，人们追求流行是基于心理上的种种需要，主要有以下几点原因。

（1）从众与模仿。对于有些人来说，被人视为乖僻、孤独是不能忍受的。于是，人们就要努力去适应周围的环境，以保持心理上的平衡。可供选择的最简便而又可靠的方法，就是模仿社会上流行的东西，如服装、发式、行为、语言等。

（2）求新欲望。社会生活的内容若缺乏变化则会变得陈旧，人们的精神面貌也就会缺乏生气。人们企图打破这种趋向的动机与对流行的追求有着密切的关系。人有一种基本欲望，即想要从自己周围环境中寻求新刺激来满足自己的好奇心。而流行之所以能够存在，正是其本身具有新奇性的缘故。人们的求新欲望与流行的新奇性、短暂性有关。人们即使精神生活与物质生活需求已得到满足，但若长期处于没有任何变化的社会环境当中，也会逐渐感到厌倦，甚至不堪忍受，产生摆脱陈旧生活模式的欲望，因此，人们需要创造新的流行方式，用不断变化的新方式来满足求新欲望。

（3）自我防御与自我展示。有些人认为自己社会地位不高，承受种种束缚，希望改变现状，避免受到心理上的伤害与压抑。他们往往为摆脱压抑的情感而追求流行，或者是为了克服自己的劣等感而追求华丽的流行项目，这是自我防御心理的具体表现。另外，有些人往往喜欢"标新立异"，他们会有意无意地向他人表现自己的与众不同，想以此来展示自己的地位与个性，表明自己的嗜好与欲望，他们追求流行是为了自我展示（或自我表现）。

思考讨论

公关人员小李向办公室主任反映，最近，很多员工在上班时炒股，对工作效率有一定的影响。主任一听，非常气愤，立刻让小李把这些员工的名单列出来，据此扣发这些员工的当月奖金。你认为主任的做法对吗？为什么？

3. 流行与公关宣传

由于流行具有影响大、范围广、传播速度快等特性，因而公关实务中常常利用流行现象来开展组织的宣传工作。如倡导或支持某种流行活动，选择某个有号召力的流行领袖作为组织的形象代表，等等。但利用流行现象是一着险棋，做得好可以起到"四两拨千斤"的作用，做得不好对组织的损害也是很大的，因此需要高超的技巧。具体地说，组织利用流行现象做公关工作应该注意这样几点：①要准确把握流行现象的性质、动态、规律等与组织的性质、特点、宣传目的等的关系，使组织的宣传能够与社会流行现象相协调、合拍、共振；②要认真做好调查研究，熟悉流行的趋势、热点、被感染人群等，做到知己知彼；③要慎重选择流行载体，如妥当的人、合适的事等，尽量避免、减少副作用。

案例分析

2020年，当时华为消费者业务首席执行官余承东，在Mate40系列发布会中十余次说到"遥遥领先"，对此无论认同还是不认同，不少人都拿"遥遥领先"来调侃。三年后，被美国无理制裁的华为手机历尽艰辛后"王者"归来，"遥遥领先"迅速成了流行语。2023年9月新产品发布会上，余承东可能不愿意再说这个有点出格的词，很克制，但现场的观众却彻底放飞，场馆里频繁地爆发出"遥遥领先"的欢呼，像是对余承东未说出口的补充，又像是一种集体宣泄和释放。有人评价：起初三分提气后来三分认真，如今又夹杂了四分热血。

评析："遥遥领先"成了流行语，有些商家也试图借机宣传，但很少有成功者。某一事件流行自有其原因，公关人员在考虑是否要借用流行事件增强自己组织的影响力时，要仔细分析自己组织是否与其"协调、合拍、共振"。

（二）流言心理

就字面意义而言，流言的"流"是相对于"源"而言的，指无根源，流言即无根之言。在社会学中，流言是指来路不明、无根据的言论。流言也是在言说事物，但与被言说的事物及其本质并无确定关系。流言的每个传播者都只是人云亦云地传播下去，并不关心流言是否有依据、可证实，也不关心流言从何处来、向何处去。出于恶意而捏造的流言又称谣言。

1. 流言传播的规律

（1）表达形式的通俗化。流言在传播中会被每一个传播者不断地重新编排，有意无意地去掉某些烦琐的细节，特别是复杂的理论基础和逻辑推理，从而越来越简明、通俗、更易于传播和为更多人接受。流言总是通俗的，形式上太复杂的东西必定曲高和寡，传播不远，不容易成为流言。

（2）重点情节的强化。每个流言传播者都不是一个客观的转述者，在听的时候，他们不可能接受全部信息，而是只将信息中自己认为关键、有价值的那一部分接受下来并形成较深印象。

在传播的时候，他们会在自己接受的那部分信息的基础上进一步强调、突出自己认为重要的部分。如关于重症急性呼吸综合征（SARS，俗称"非典"）的流言对其特征的传播到了后来就只剩下被夸大了的感染率与死亡率。

（3）内容的同化。同化是指传播者在传播的过程中，总是根据自己的知识、经验、地位、需要、价值观、生活品位等来接受、理解流言的内容，在流言中混入自己主观的东西，"添油加醋"，使之更符合自己的判断，与自己的观念同化，然后再传播出去，并"煞有介事"地说"这不是我说的""是我听说的""是××说的""是××熟人亲眼所见的""××机关已经内部传达了"等。

2. 流言传播的消极影响

流言一发生，传播非常迅猛，一传十，十传百，辗转相传，面目全非，越传越离奇荒诞，成为一种精神传染。故流言对个人和社会都会产生消极的影响。

3. 流言的制止

流言的破坏性很大，它可以摧毁一个人的精神，威胁一个企业的生存，甚至会引起社会的动荡，进而影响一个地区甚至国家的安定。因此，组织必须高度关注和自身相关的流言并及时、恰当地进行处理。

由于流言缺乏事实依据，一般情况下，只要组织的公关部门向公众提供真实的消息，就可以彻底制止流言的传播。在紧急情况下，组织必须有针对性地及时制止流言。人们通常希望了解事件的真实情况和得到可信赖人士的解释。例如，人们都会关注威胁自身安全的火山爆发、洪水、水坝决口或地震等发生的情况及可能性，此时如果政府能够及时利用互联网、广播、电视澄清事实真相并进行适当引导，往往就能避免或减少流言造成的恐慌。

视野拓展

企业应如何避免流言和处理流言

关于企业的流言蜚语，单单从企业的经营管理角度来说，危害不大的流言或多或少也会影响员工工作的积极性及企业形象，严重的可能会导致企业破产。企业怎么做才能防止流言的兴起呢？请扫描二维码了解相关内容。

（三）舆论心理

舆论是公众的意见与看法，是社会全体成员或大多数人的共同信念，是人们彼此间信息沟通后的一种共鸣。

舆论是大众社会中一种普遍存在的心理现象，它会对个人或群体产生一定的影响。舆论既可以约束个人或群体的行为，同样也可以鼓励个人或群体的行为。

1. 舆论的特征

舆论主要有以下几个特征。

（1）舆论作为一种公众的意见，是被多数人赞成和支持的；反之，若社会上某种意见，即使有人大力宣传和提倡，但未能取得公众的赞成和支持，那么这种意见也不能称为舆论。

（2）舆论本身具有合理性。由于舆论的形成往往经过了一个时期的酝酿与讨论，逐渐使人们看到其合理的部分，人们才会接受它、赞同它、支持它。

（3）舆论是有效的。能使某种意见成为舆论，最主要的在于它的有效性，即这种意见能够产生社会影响。如果某种意见能推动或阻碍社会上的某种行为，那么这种意见就是舆论。

（4）舆论一般不是政府的意见。政府的意见一般会以政府的公告、宣言、政策等形式出现，而不是以舆论的形式出现。舆论是社会公众的呼声。但开明的政府推出的政策等往往是在充分研究了社会上流行的舆论之后制定的；推出这些政策之后，政府也会密切关注社会公众关于政策的舆论，并将其作为反馈信息，以便必要时及时修订。

2. 舆论的结构

舆论有三个基本构成要素：一是作为舆论对象的人或事件；二是作为舆论主体的公众；三是作为舆论现象本身的意见。一个完整的舆论必须具备这三个要素，缺一不可。

舆论对象是指与人们的现实利益密切相关，能够引起大家共同兴趣，得到公众关注的人或者社会事件。舆论对象有两个显著特点：一是功利性，对社会有重要意义；二是新奇性，对公众有强烈的刺激和吸引力。舆论对象的功利性、新奇性越强，越容易形成舆论。

作为舆论主体的公众与普通人群不同，他们的内聚力来自思想的沟通和平等的交流。作为舆论主体的公众，具有以下一些特点。

（1）有共同话题。共同话题能引起公众关注，并把他们联系起来。即使远隔天涯，只要谈论同一个话题，就已经进入了同一类公众的行列。

（2）参与议论过程。一个议论过程中，总有三种人存在，即说者（传播者）、既听又说者（接收并传播者）和听者（接收者）。前两种人传播信息，表达意见，推动了议论过程，参与了舆论的形成，是舆论的主体。后一种人即听者只是接收了信息，没有表达意见，终止了传播、议论过程，是沉默的多数。

（3）自发性与松散性。舆论主体靠话题激活，随话题而转移，话题兴则舆论主体有，话题灭则舆论主体无。舆论主体松散而无定型，范围模糊，迁移流转不定，既没有严格的组织体制和上下级关系，也没有指令与服从。舆论的流动没有确定的路线和预设的界限，无论是谁，只要有了共同兴趣，愿意参加社会议论过程，他就是舆论主体。

（4）有一定的层序性。舆论主体虽然在表面上各自分散和独存，但其数量达到一定程度时，运用科学手段对其进行分析，却能发现一些规律。例如，按照人口结构，可以将舆论主体分解为性别、年龄、职业、经济状况、文化水平、政治面貌、宗教信仰、种族和民族、地域文化背景等不同的类别，每一类别中又可以划分为不同的阶段。显然，对于同一个话题，不同类别的舆论主体，看法往往不一致甚至大相径庭。

3. 舆论的作用

舆论是公众的意见，它是一种巨大的精神力量，平时讲的"人心所向"以及"众望所归"就是一种无形的动力，而"众怒难犯"则是一种精神压力。古人曾言，"得民心者得天下，失民心者失天下""得道多助，失道寡助"。这里讲的"民心""道"，实质就是公众的意见，即舆论。舆论的作用包括以下三个方面。

（1）舆论的制约与监督作用。舆论对个人、社会群体乃至政府都有一定的制约与监督作用。舆论对社会的监督内容是多方面的。从范围来看，大至社会的经济基础和上层建筑，小至个人行为；上至政府的路线、方针、政策，下至社会的某一具体事件。从具体问题来看，决策方面的问题、工作方面的问题、法律方面的问题、道德方面的问题、伦理方面的问题等，都会受到舆论的制约和监督。

（2）舆论的鼓动作用。进步舆论往往成为社会运动的先导，只有舆论先行，才能形成伟大的社会革命运动。例如，没有资产阶级启蒙思想作为舆论准备，就不可能出现资产阶级民主革命。舆论所制造的社会心理气氛影响和制约着人们的行动。现实生活中的事件，经过许多人对其评论、发表意见，形成舆论，便形成一种社会风气，即社会心理气氛。这种社会心理气氛包围着人们的生活，形成了客观的社会环境，反过来又影响着人们的生活。人们的心理活动总是相互作用、相互影响的——或是受他人的心理影响或是对他人的心理产生影响。

（3）舆论的指导作用。舆论对人们的行动具有指导作用，例如，消费者在购买商品和欣赏电影、音乐时，舆论往往起着重要的作用。介绍某一商品或某一电影的人，称为舆论指导者——意见领袖。因为意见领袖总是某方面的专家，熟悉他所介绍的对象，并且和社会上各个阶层的人都有着广泛的接触。这些商品或电影、音乐通过意见领袖的宣传，就更具有说服力。在公关传播中运用"名流公关"的做法，正是利用了意见领袖的影响力。

正因为舆论有上述作用，所以每个国家都十分重视对舆论的控制与引导，利用广播、电视、报刊等宣传媒介进行舆论宣传，使宣传内容反映公众的呼声，传达政府的希望和要求。舆论不是一成不变的，它随着社会的发展在不断地变化着。因此，国家有关部门必须经常研究当前的舆论，并及时把握舆论的发展动向，给公众以正确的引导。

五、其他公众心理

以下一些公众心理也应引起公关人员的关注。

1. 首因效应

一般来说，陌生人与我们第一次见面时给我们留下的印象往往非常深刻，会长时间地影响我们对此人的认知，这就是首因效应。事物给人最先留下的印象往往有强烈的作用，影响着人们对该事物的整体判断，也影响着人们对该事物以后发展的长期看法。第一印象一旦形成就比较难以改变。因此，公关人员在公关工作中要十分注意传播中的首因效应。无论是人、产品、环境，还是组织行为，都要尽可能给公众留下良好的第一印象，避免因为第一印象不好而造成公众知觉的片面性。

2. 近因效应

与首因效应正好相反，近因效应是指最近或最后印象的强烈影响。事物给人留下的最后印象往往非常深刻，难以忘记。与一件事物或一个人接触的时间长了以后，该事物或人的最近的信息就会使人对其产生新的认知和看法，甚至会改变对其原来的印象。公关传播工作也要注意这种近因效应，注意用新信息去巩固、维持组织在公众心目中原有的良好印象，或改变组织在公众心目中原来的不良印象。

如果首次接触后和对方几乎没有再接触或者虽有接触但印象并不深刻，则首因效应在对其认知中起决定性作用；如果近期接触中对其有了"颠覆性"认知，就是和首次接触印象完全不同，则我们通常会否决首因效应，近因效应会起决定性作用，"颠覆性"程度越弱，近因效应的作用越差，非"颠覆性"认知会起到加强首因效应的作用。

3. 晕轮效应

晕轮效应是指公众从对象的某种特征推及对象的整体，"以偏概全"，从而产生美化或丑化对象的心理现象，这是一种心理定势，是一种片面的知觉。之所以把它称为"晕轮效应"，是说它像月晕一样，会在真实的现象之外产生一个放大的假象：人们隔着云雾看月亮时，有时还会看到在月亮外面还有一个光环，这个光环是虚幻的，这只是月亮反射的光通过云层中的冰晶时折射出的光现象，事实上并不存在这样一个光环。公共关系活动可以适当利用这种晕轮效应来扩大组织与产品的影响，美化组织或产品的形象，如请名人做广告就是对晕轮效应的具体应用。组织应避免滥用晕轮效应，否则可能会使公众反感甚至厌恶，更不能利用晕轮效应来蒙骗公众。

4. 定型效应

定型效应也叫"经验效应"，即固定的僵化印象对人的知觉的影响。人们往往自觉或不自觉地凭借自己以往形成的固有经验和固定的看法判断、评价某类人或事物的特征，并对该类人或事物中的个体加以类推，如认为教师都是文质彬彬的，商人都是唯利是图的，超市的商品质量一定可靠，个体户经常以次充好，等等。这种看法一旦在人的头脑中定了型，造成"先入为主"的成见，就容易在新的认知中产生偏差，妨碍人与人之间的正常交往或对事物的正确判断。公关工作一方面要研究和顺应公众的某些刻板印象，使组织的形象与公众的印象相吻合；另一方面也要努力传播新观点、新知识、新经验，以改变公众某些狭隘的成见和偏见，消除其原有的误解。

5. 移情效应

人们习惯于将对某一特定对象的情感迁移到与该对象相关的人或事物上去，心理学称这种心理现象为"移情效应"。消费者对商品广告的认知常常有"移情效应"的心理定势，很多消费者对广告产品的喜恶，往往取决于他们对广告形象的喜恶。组织可以利用消费者的移情效应，创造好的广告形象以树立良好的产品和组织形象。值得注意的是，组织在运用这种方法时应该实事求是，如果弄虚作假，最终必会自食其果，影响组织的发展。

6. 价值观

价值观是人们对是非、善恶、好坏的评价标准，是对自由、幸福、荣辱、平等这些观念的理解和轻重主次之分，是影响个体行为的重要因素。

价值观是人生观的核心。不同的国家、民族和组织，不同的社会生活和文化传统，会形成不同的价值观，进而导致公众态度和行为上的差异。公共关系部门应该认真研究公众的价值观，根据公众的价值观来设计和调整传播和沟通的方法、策略和形式。

在组织内部，公关工作需要创造条件和气氛，促使组织成员形成积极向上的价值观，以增强组织的活力和动力。

7. 从众心理

从众心理是指在社会团体的压力下，个人不愿意因为与众不同而被孤立，从而放弃自己的意见，采取与团体中多数人相一致的行动，以获得安全感、认同感和归属感。这种现象称作社会从众行为，或叫团体压力下的顺从现象，俗称"随大流"。

从众行为的主观原因是个人不愿意被孤立。当个人的意见与众不同时，往往心理上就会紧张，有一种被孤立的感觉，从而使其不愿意标新立异，而愿意顺从多数人的意见。从众行为的客观原因是外来的影响和压力。当团体中出现不同意见时，团体为了保持行动的一致，使其能够达成目标以及免遭分裂，会对有异议的成员施加影响和压力。这种影响和压力是逐渐施加的，它的形式和强度也是逐渐改变的。开始是讨论、协商，进而是劝说、诱导，再而是批评、攻击，直到孤立、排斥。

视野拓展
经典从众心理实验

正是由于上述主、客观两方面的原因，通常团体成员都有顺从团体的倾向，但也会有例外。实际上有顺从的，也有不顺从的。顺从有口服心服的真顺从，也有口不服但心服的暗顺从，还有口服心不服的假顺从，或权宜顺从。

从众心理对某些公众态度和行为的产生具有明显的影响作用，值得公关人员分析研究。

8. 逆反心理

逆反心理是指作用于个体的同类事物，超过了个体所能接受的限度而产生的一种相反的体验，使个体有意识地脱离习惯的思维轨道，向相反的思维方向探索。逆反心理会造成逆反行为、抵触行为。

逆反心理的形成也可能是出于好奇心与好胜心（自我表现）。

无论如何，逆反心理的产生都是组织与其传播对象进行沟通的一种障碍。因此，要防止公众产生逆反心理，公关人员应当认真研究公众对"自由"的看法与认识，充分尊重和顺应他们的"自由"，不能让他们感觉到自己的自由被"剥夺"了。另外，从信息传播的角度来看，还要注意传播的信息量和刺激度要合适，信息量过大、刺激过度就容易使传播对象产生厌烦情绪，甚至会使其产生逆反心理。

本 章 小 结

本章主要介绍了公众的概念、特征及分类，公众心理的概念、特征及基本形态。主要有以下几个重要的知识点。

（1）公共关系学中所讨论的公众特指组织面对的公众，是指与某一特定组织相联系的，所处地位相似或相同，具有共同的目的、共同面临的问题、共同的利益、共同的兴趣、共同的意识、共同的文化心态等，并相互影响、相互作用的有"合群意识"的社会群体，是公关工作对象的总称。公众具有共同性、相关性、多元性、变化性、心理性和可诱导性等特征。

（2）按不同的标准，公众可分为个体公众和组织公众，内部公众和外部公众，消费者公众、政府公众、媒介公众、社区公众和国际公众，首要公众、次要公众和边缘公众，非公众、潜在公众、知晓公众和行动公众，顺意公众、逆意公众和中立型公众，受欢迎的公众、不受欢迎的公众和被追求的公众，临时性公众、周期性公众和稳定性公众。

（3）公众心理是公共关系情境中公众受组织行为的影响和大众影响方式的作用所形成的心

理现象和心理变化规律，是日常生活中普遍存在的一种团体心理现象。公众心理的特征有：潜伏性、动力性、自发性、规范性和综合性。

（4）公众的角色心理包括性别角色心理、年龄角色心理、职业角色心理、文化心理，公众的群体心理包括社会刻板印象、社会习俗和礼仪，公众的流行心理包括流行心理、流言心理和舆论心理，其他公众心理还有首因效应、近因效应、晕轮效应、定型效应、移情效应、价值观、从众心理和逆反心理等。

练 习 题

一、名词解释

公众　公众心理　舆论

二、单项选择题

1. 公众的意见、观点、态度和行动对组织的目标实现和发展具有影响力、制约力，影响和制约着其利益的实现、需求的满足等。这反映了公众的（　　）特征。

　　A. 共同性　　　　　B. 相关性　　　　　C. 变化性　　　　　D. 心理性

2. 公众良好、愉快的心理状态可以促进公众与组织的合作，使组织尽快达到目标；而公众的不满心理将会延缓，甚至阻碍组织完成目标。这反映了公众的（　　）特征。

　　A. 共同性　　　　　B. 相关性　　　　　C. 变化性　　　　　D. 心理性

3. 竞选过程中出现的各种助选团体属于（　　）公众。

　　A. 个体　　　　　B. 组织　　　　　C. 内部　　　　　D. 外部

4. （　　）是指能符合组织的利益和需要，但对组织很陌生或不感兴趣、缺乏交往的公众，这类公众可能会刈组织的发展有益，是组织求之不得的公众。

　　A. 受欢迎的公众　　B. 不受欢迎的公众　C. 被追求的公众　　D. 顺意公众

5. 古人曾言，"得民心者得天下，失民心者失天下""得道多助，失道寡助"。这里讲的"民心""道"，实质就是公众的意见，即（　　）。

　　A. 流言　　　　　B. 舆论　　　　　C. 流行心理　　　　D. 顺意公众

6. 人们听说有很多商品涨价了，就纷纷抢购，造成人为的紧张，于是市场上小至油盐酱醋，大至金银首饰，统统被抢购一空。这种现象反映了公众的（　　）心理。

　　A. 流言　　　　　B. 社会刻板印象　　C. 社会文化和习俗　D. 舆论

三、多项选择题

1. （　　）属于公众的特征。

　　A. 共同性　　　　　B. 相关性　　　　　C. 变化性　　　　　D. 心理性

2. （　　）属于外部公众。

　　A. 消费者公众　　　B. 政府公众　　　　C. 媒介公众　　　　D. 公司员工

3. 按公众对组织态度的不同对公众进行分类，公众可以分为（　　）。

　　　　A. 顺意公众　　　　　B. 逆意公众　　　　　C. 受欢迎的公众　　　　D. 中立型公众
　4. 根据公众与组织之间相互关系的发展阶段，可把公众分为（　　）。
　　　　A. 非公众　　　　　　B. 潜在公众　　　　　C. 知晓公众　　　　　　D. 行动公众
　5. （　　）属于公众心理的特征。
　　　　A. 潜伏性　　　　　　B. 动力性　　　　　　C. 自发性　　　　　　　D. 规范性
　6. 公众群体心理主要包括（　　）。
　　　　A. 民族文化心理　　B. 地域文化心理　　C. 社会习俗和礼仪　　D. 社会刻板印象

四、简答题

　1. 简述公众的分类。
　2. 简述公众心理的特征。
　3. 简述流言传播的规律。
　4. 简述舆论的结构。
　5. 简述舆论的作用。

五、案例分析

　　早在先秦时期，秦国宰相吕不韦投入重金，主持编撰了《吕氏春秋》。

　　新书编成，如何做推广呢？

　　吕不韦做了一个广告，他把《吕氏春秋》挂在城门口，这是一则典型的产品展示型户外广告，和今天汽车厂商把汽车摆在航站楼候机厅如出一辙。

　　不同的是，吕不韦让这个广告具备了话题性，他在旁边加了一句话："能改动一字者，赏赐千金。"

　　问题：试运用公共关系学中的相关知识分析点评这一案例。

综 合 实 训

一、实训内容

　1. 请为你所熟悉的组织列举出三种不同类型的公众。
　2. 根据自己的身份、经历，列出你曾经是哪些组织的哪几种类别的公众。

二、方法和步骤

　1. 以8～10人为一组对上述实训内容进行讨论。
　2. 每个小组派一名代表在课堂上用两三分钟时间对讨论的结果进行交流发言。

三、实训考核

　　教师对小组讨论交流的结果进行点评。

第四章

公共关系传播

🚀 学习目标

知识目标： 掌握公共关系传播的含义及目的，了解公共关系传播的模式及媒介，掌握网络公共关系的理论与方法。

能力目标： 掌握公共关系传播的方法，能够利用合适的方式和途径进行公共关系传播。

素质目标： 明了公共关系传播时符合公众利益的政策和措施，学会充分利用科学的传播手段开展公关活动，通过传播正能量来赢得公众的好感和舆论的支持，并帮助企业获得良好的经济效益和社会效益。

🔑 案例导入

牛仔裤被穿走了吗？

曾有媒体报道，上海蓓英百货服装店是一家特约经销牛仔裤的商店，店主想出了颇具公关意识的一招：定做了一条裤长近 2 米、腰围 1.3 米的特大牛仔裤并将其悬挂在店堂中，上面别着一张纸条，纸条上写着"合适者赠送留念"，以此来招揽顾客。这一别出心裁的做法，引来了不少高个子和大块头儿，他们苦于无处购买合适的牛仔裤而想到此碰碰运气。然而，这条牛仔裤实在太肥大了，他们只能望"裤"兴叹，但这家商店却因此名声大振。这种奇妙的宣传逐渐引起了新闻媒体的注意，《新民晚报》《解放日报》等纷纷对此做了报道，使这家原本默默无闻的小店，竟一下子家喻户晓。人们普遍关心的是：那条牛仔裤被穿走了吗？没有！店主还在继续寻觅"合适者"。

请问： 这个案例给了你哪些启示？为什么说"制造新闻"是一种最有效、最主动、最经济的信息传播方式？公共关系传播的主要方式和作用有哪些呢？

第一节　公共关系传播概述

一、公共关系传播的含义

在公共关系中，传播就是组织利用各种媒介，有计划地与公众进行双向信息交流与沟通的过程。其基本含义包括以下三个方面的内容。

（1）传播是信息的交流。在信息传播过程中，传收双方是通过传递、反馈、交流等一系列过程来获取信息的。信息作为传播的内容，对传播十分重要，就像没有货物谈不上搬运和运输一样，没有信息就无法谈及传播。传播的过程既是人们之间信息交流的过程，也是人们之间相互影响、相互制约、相互作用的过程。

（2）传播是一个有计划的、完整的活动过程。"有计划"是指整个公共关系的传播活动都必须按照组织设定的目标有步骤地进行。"完整"是指传播过程必须完全符合传播学的"5W"模式。（详细内容见本章第二节）

（3）传播的基本环节是表达和理解。表达是传播者通过有意义的符号与媒介把自己的信息传递给受传者的过程。理解是受传者根据传播者提供的信息领会或把握对方意思的心理过程。正因为如此，有的社会学家认为，传播就是表达与理解某个事实、观点，传达某种态度或情感，输出与接收信息的社会互动过程。

二、公共关系传播的特征

公共关系传播是公共关系活动的基本内容与基本手段。公共关系传播，也就是信息的交流，即公关人员将组织的信息传递给公众，又将公众的反馈信息传递给组织。公共关系传播在整个社会系统的相互作用中，表现出双向性与动态平衡性的特征。

1. 双向性

双向性是公共关系传播的首要特征。公共关系传播过程中的信息交流不是传播者向受传者单向发送信息的过程，而是双方相互作用的循环过程。通常，受传者在收到信息后，根据自身的理解、接受能力对这些信息进行判断，然后将自己对这些信息的态度反馈给传播者。

需要强调的是，公共关系传播不是一方进行信息的发送和传输，另一方被动地接收信息，而是传播者（组织）与受传者（公众）之间的双向互动，构成和推动信息的环流。这种双向互动的信息传递与交流在公共关系活动中起中介作用。

2. 动态平衡性

传播过程其实就是传播者与受传者之间的信息移位和变化的动态过程。公共关系传播的信息内容不是一成不变的，它在传播过程中是会发生变化的。现代社会知识爆炸、信息瞬息万变，需要传播者（组织）及时发送信息，使公众及时知晓，并以此引发其态度和行为反应，以此来把握传播的最佳时机和了解公众需要的信息，最终达到信息传播的动态平衡。

三、公共关系传播的目的

公共关系传播的目的可分为三个层次：①协调关系，是指正确处理好组织内外的关系，增进组织与公众的和谐关系；②扩大影响，是指提高组织的知名度；③美化形象，是指提高组织的美誉度。公关工作所追求的便是这三者的最佳组合，即最佳的公共关系状态。换句话说，公共关系的根本目的就是在公众中塑造组织的良好形象。而对于作为公共关系活动手段的公共关系传播来说，其所追求的最终目的与整个公共关系活动的根本目的是一致的。所以，公共关系传播的目的可以表述为：组织运用恰当的传播手段和传播媒介，有计划地与公众进行信息交流与沟通，不断地提高组织的知名度和美誉度，塑造组织的良好形象。从这个意义上来说，公共关系传播本身就是一门为组织塑造形象的艺术。

案例分析

人们在休假中一般会更少关注商家的宣传。2023 年中秋国庆假期开始，鸿星尔克在官方微博上发起了"国货联盟　共贺中秋"活动，话题是"说说你的中秋和谁过"。该帖子相比前后其他帖子转发、点赞、评论数异常高，虽然其中不乏和相关商家的互动，但话题还是极具热度，应该说基本达到了协调关系、扩大影响、美化形象的目的。

评析： 公共关系传播的目的是协调关系、扩大影响、美化形象。对商家而言，要想实现这一目的并不容易，活动/事件本身不仅需要"美感"，还需要有可传播性，后者难度很大。因为商家和客户本质是买卖关系，没有天然的情感联系，想让客户帮商家"说话"不是很容易的事。这次活动，鸿星尔克拉上 60 家品牌，并且欢迎其他国货品牌"入盟"，各商家乐于参与，自然提高了活动的可传播性。

四、公共关系传播的实施要求

从组织和社会的关系考虑，对公共关系传播的基本要求是真实、及时和有效。

（1）真实。公共关系传播应以事实为基础。这就要求传播的基本内容必须客观、真实、全面和公正。任何失真、失实的报道，都会使公众产生认知上的障碍，最终损害组织的形象。所以，无论是把组织的情况向公众传播，还是把公众对某个问题的意见、看法向组织反馈，都要讲求信息的真实性。只有这样，公共关系传播才能达到预期的目的。

案例分析

功能性饮料的夸大性宣传

功能性饮料的历史可追溯到古代，20 世纪 60 年代开始引起广泛的关注。随着时代的变迁和经济的发展，消费者对饮料的要求越来越高。为了提升销售额，不少企业推出了许多"功能强大"的功能性饮料。

夸大性宣传并非急于扩大市场的小公司独有，世界知名企业也常犯类似错误。2006 年，可口可乐公司与雀巢公司合作推出了一种绿茶饮料，声称能消耗热量，有减肥的效果，这遭到了质疑。这两家企业随后停止了类似产品有减肥功效的宣传，承认减肥只能采取节食和运动的方式。

而今，夸大性宣传在舆论的压力及法规的制约下被相对抑制，但不可能绝迹，作为消费者我们还需要仔细辨别。作为厂商，不应图一时之利进行夸大性宣传，以免损害自己的长期利益。

编者提示： 一般认为，功能性饮料虽然不是毒物，长期饮用不但起不到保健功效，还可能适得其反。

问题： 夸大性宣传对企业有什么危害？

（2）及时。无论是向外界传递信息还是向内部反馈信息，公共关系传播都必须保持高灵敏度，即及时性。如果延误时机，再有价值的信息也会失去作用。公共关系传播需要把握最佳时机。

（3）有效。有效就是指有的放矢，有针对性地传播。从心理学的角度出发，根据公众的文化背景、个人偏好、生活方式、思维模式等影响因素，可把公众划分为若干群体，不同的公众群体对信息的需求各有不同。针对这一情况，传播者要研究信息与公众的关联性和变化规律，对信息进行必要的加工、整理和筛选，使信息具有更强的针对性，力求达到最佳的传播和沟通效果。

第二节　公共关系传播理论及类型

一、公共关系传播模式

1. 拉斯韦尔的"5W"模式

1932 年，在美国芝加哥大学任教的哈罗德·拉斯韦尔提出了一个传播模式："who（谁传播），say what（传播什么），to whom（向谁传播），with what effects（效果分析）。"1948 年，他在题为《社会传播的结构与功能》的论文中又增加了一项"in which channel（通过什么渠道，即媒介分析）"，正式提出了"5W"模式。

下面，我们对"5W"模式进行详细分析。

"谁传播"，主要是指对新闻机构、人员、制度的分析，拉斯韦尔也称之为"控制分析"；"传播什么"即内容分析，亦称"信息研究"，主要是分析研究新闻、传播的内容，旨在了解传播者的意图、传播对象同信息之间的关系；"媒介分析"的任务是分析各种传播媒介的特点、方式；"向谁传播"，即传播对象分析，是专门针对传播对象——接收者的研究，分析千差万别的接收者是怎样选择性接收信息的；效果分析，主要是研究接收者对传播信息的反应。

研究人员发现，为增强传播的效果，必须做到信息目标明确、信息内容引人注目、信息传播及时准确等。

2. 传播过程的模式

所谓传播过程是指传播活动的具体程序，其模式多种多样，大致可分为单向传播和双向传播两大类。

所谓"单向传播"，亦称线性传播。它是指以传播者为信息传递起点，以接收者为信息接收终点的单向直线传播活动。这是传统的传播过程理论，单向传播只注重信息的传递，而不注重信息的"反馈"。上面提到的拉斯韦尔的"5W"模式就是一种典型的单向传播模式。这里介绍另外一种比较著名的单向传播模式——香农-韦弗模式。

20 世纪中叶，克劳德·香农和沃伦·韦弗提出了一种著名的单向传播模式——香农-韦弗模式，如图 4.1 所示。

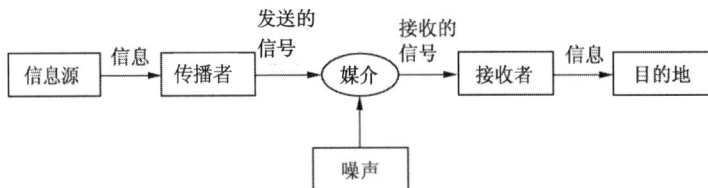

图 4.1　香农-韦弗模式

上述两种传播模式虽然都是单向传播模式中的经典模式，但将其运用于公共关系传播中，显然是不合适的。公共关系传播具备双向性的特征，传播学中的另一种传播模式——双向传播模式更符合公共关系传播的特点。

所谓"双向传播模式"，是指在信息传播过程中，既有从传播者至接收者的信息传递，也有从接收者至传播者的"信息反馈"。双向传播不仅将信息传递给接收者，还将接收者的反馈信息传递回来，因此双向传播有助于传播者及时调整传播行为。

二、公共关系传播的基本类型

根据公共关系传播的发展过程，一般可将公共关系传播分为人际传播、组织传播和大众传播三种基本类型。当前，自媒体传播是一股不可忽视的传播力量，公关从业者应加以重视。

（一）人际传播

人际传播是最典型的公共关系传播活动。

1. 人际传播的特点

（1）人际传播双向性强，反馈及时，互动频率高。人际传播在人与人之间进行，一个人本身不能构成人际传播，必须有信息传播者与接收者。随着传播过程的进行，传播者与接收者可能相互交换位置，但双方的身份始终是明确的，彼此都知道对方是谁，信息反馈一般比较及时。因此，人际传播是一种高质量的公关传播活动，尤其在说服和沟通感情方面，其效果要好于其他形式的传播。

（2）人际传播传递和接收信息的渠道多、方法灵活。换句话说，传播者不仅可以使用语言、文字和图像，而且能够运用表情、动作、姿态、服饰、特定的物品，以及交往的时间、空间环境等多种渠道和手段来传递信息。同样，接收者也可以通过多种渠道来接收信息。

（3）人际传播受时空限制较大，信息传播的范围小、速度慢，在较短的时间内很难将信息传播给更多的社会公众。网络时代来临后，人际传播的时空有所扩大，速度也快了很多。

（4）人际传播有利于交流情感。人际传播是传、收双方心理上相互影响的过程，尤其是面对面的人际沟通，有利于双方在轻松和谐的气氛下促膝谈心，充分交流感情。因此，在所有的传播方式中，人际传播的人情味最浓，最有利于达到以情感人的效果。

📡 视野拓展

赠送纪念品

纪念品一般是在各种专题活动中发放的实物，如书籍、画册、工艺品等。作为人际传播中的宣传性媒介，纪念品能起到宣传、介绍专题活动主办者意图的作用，它有利于组织加强与公众和其他组织之间的关系，增强相互间的联系。

展　览

展览是一种自我宣传的方式，它的特点是针对性强，内容集中。展览可以综合使用实物、模型、图表、照片、幻灯片、录音、录像等手段，以更好地吸引公众的注意力。展览中的信息反馈及时，组织可以直接了解公众的态度和意见并及时做出回复，因而常能收到良好的效果。展览的形式多种多样，但一般都需要一定的准备时间和较多的经费，故不能经常使用。

2. 人际传播的作用

（1）人际传播对组织的意义。人际传播对提升组织形象和增强组织内部的凝聚力都有重要的意义，前者毋庸置疑，后者主要体现在以下几方面。首先，有效的人际传播是增强组织凝聚力和向心力的重要因素。一个组织的凝聚力和向心力通常是评价组织形象的重要指标。组织可以通过有效的人际传播营造和谐、融洽的人际关系，从而使员工的心理需求得到满足。员工心情愉快，群体宽松和谐，组织的凝聚力和向心力就会增强。其次，有效的人际传播是培养组织内部"家庭式氛围"的必备条件。如果组织的人际传播和沟通工作做得好，在组织内部就能形成和谐、融洽的人际关系环境，就会使员工感到置身于组织集体之中犹如置身于自己的家庭之中一样，从而形成良好的"家庭式氛围"。最后，有效的人际传播也是提高工作效率、完成组织目标、实现人生价值的内在要求。人的工作是一种社会劳动，它的效率、效果既与许多人的分工协作有关，也和人的工作情绪有关，而这两点都与人际传播活动密不可分。

（2）人际传播对个人的意义。首先，人际传播是个人的一种基本需要。人不仅有生理需要和安全需要，还有社交需要、被人尊重和理解的需要，以及自我价值实现的需要。由此看来，人的生存与发展都离不开人际传播与沟通。其次，人际传播使个人建立与他人的社会协作关系。世界上没有纯粹属于一个人从事的活动，许多看起来似乎是独立完成的工作，实际上也是建立在多人合作和配合的基础之上的。要实现与他人的合作，就必须积极地进行说明、解释、协商等各种各样的人际传播和沟通活动。再次，有效的人际传播和沟通，有助于提高个人在认知、规范和评价方面的能力，从而有助于人的个性成长和发展。美国社会学家查尔斯·霍顿·库利在《社会组织》一书中提出了"镜中我"的理论，他认为：一个人的行为在很大程度上取决于其对自我的认识，而这种认识主要是通过与他人的社会互动形成的，他人对自己的评价、态度等是反映自我的一面"镜子"，个人可以通过这面"镜子"来认识和把握自己。一般来说，这种以"镜中我"为核心的自我认知状况和与他人信息交流的程度相关。

（二）组织传播

组织是人们依照一定的规范和目的所进行的社会组合。公共关系主要将组织作为传播主体来进行研究。所谓组织传播是指组织和成员、组织和其所处的环境之间的信息沟通与交流。公共关系最基本的一项职能是信息沟通与交流，实际上，信息的沟通与交流就是传播的同义词，由此看来，传播是组织的基本职能。

1. 组织传播的形式

组织传播的形式有两种：组织内传播与组织外传播。

组织内传播是指组织通过书面文件、会议、电话、组织内公共媒体、网络系统等形式与其员工进行沟通交流。按照管理学原理，一个组织内部有上行、下行和平行三种信息传播方式。上行传播是指一个组织中下级向上级表达意见和态度的过程，即"下情上传"，如工作汇报、情况反映等。下行传播指的是组织中上级将信息往下传达的过程，即"上情下达"，如管理层布置任务、公布奖惩制度等。平行传播则是指组织内部各部门之间的横向信息沟通和交流，如部门与部门之间、科室与科室之间的业务联系。

组织外传播是组织和其所处环境之间的信息沟通交流，即组织和其外部公众的沟通交流。任何组织的发展都离不开社会各界的配合与支持。首先，组织必须通过传播活动协调好各类直接的业务往来关系，像客户关系、产品的销售网络关系、银行信贷与投资人的关系等；其次，组织必须通过传播活动妥善处理好组织与各种权力制约部门之间的关系，如组织与政府各职能部门之间的关系等；最后，组织还要通过必要的公共关系传播活动，主动建立各种非业务性的社会关系，如社区关系、名流关系、媒介关系和某些社团关系等。

🐻 问与答

问：为什么有时候企业内部的非正式传播比正式传播更有力？

答：因为在一个企业中通常有这几种人的存在：一是"包打听"和"小广播"；二是"元老"和"老师傅"；三是非正式集团的"小头头儿"；四是领导的"红人"或朋友；五是经常接触领导的秘书等。一般情况下，企业的普通员工都认为非正式传播的"小道消息"更真实可靠。

2．组织传播的功能

（1）内部协调功能。组织中的各部门、各岗位都由一定的信息渠道相连接，每个部门和岗位同时也都执行着一定的信息处理职能，都是组织传播的环节。这些环节通过信息的传递和反馈相互衔接，使各部门、各岗位既能各司其职，又能在统一的目标下成为协同作业的整体。

（2）决策应变功能。组织是一个处于运动和变化之中的有机体，它不断面临组织内部和外部的新情况和新问题。事实上，适应新情况、解决新问题的过程就是决策应变的过程。这个过程本身就是建立在信息的收集、整理、分析和判断的基础上的。

（3）指挥管理功能。组织目标和组织任务的实施需要进行指挥管理。在组织中，从具体任务指令的下达、实施、监督、检查和总结到日常管理，都体现为一定的信息活动，都是在一定的信息互动机制下进行的。

（4）形成共识功能。组织要保持高度的凝聚力和战斗力，必须让组织成员在组织目标和使命、组织规则和方针、政策等方面形成普遍的共识。

3．提高组织传播技巧及营造组织良好传播氛围的途径

在组织传播中，管理者经常要运用对话、开会和访谈等传播方法，这就需要管理者掌握足够的有效沟通的技巧。以对话为例，在组织的公共关系传播活动中，有效的对话必具有一定的条件并辅以相应的技巧：双方都有解决矛盾的诚意；双方都能把问题摊到桌面上来，并找出真正的分歧所在；双方都能冷静理智地陈述问题的性质、起因和解决办法；双方都能充分认识继续对抗的结果；邀请合适的人作为第三方参与对话，充当调停人的角色。

除了组织的公共关系传播的技巧，还有一个重要因素就是组织的公共关系传播的氛围。美国学者J.古布提出了两种传播氛围，一种是开放性的，另一种是封闭性的，这两种传播氛围具有完全相反的六个特点。

（1）客观描述与主观评价。管理者多做客观描述，少做主观评价，就容易形成开放性氛围；反之，则容易形成封闭性氛围。

（2）解决问题与控制别人。如果管理者以解决问题为宗旨，则容易形成开放性氛围；若以控制别人为目的，就难以形成开放性氛围。

（3）平等待人与麻木不仁。如果管理者不以领导自居，与群众同甘苦、共患难，则会形成开放性氛围；反之，如果管理者有意无意地显示自己的地位和权力，不关心群众的疾苦痛痒，则会形成封闭性氛围。

（4）坦率耿直与阴险狡猾。坦率耿直的人大多数是受欢迎的，他们不会对别人构成较大的威胁，如果管理者坦率耿直，则容易形成开放性氛围；阴险狡猾的人总叫人敬而远之，不敢接近，如果管理者是阴险狡猾的人，则容易形成封闭性氛围。

（5）灵活多变与顽固不化。如果管理者审时度势、善于应变，则组织易形成开放性氛围；如果管理者教条、思想僵化则容易形成封闭性氛围。

（6）尊重他人与自以为是。如果管理者尊重群众，则组织内部容易形成开放性氛围；如果管理者以圣贤自居，不尊重群众，自以为是，则组织内部的封闭性氛围会迅速发展。

综上所述，在组织的公共关系传播活动中，管理者必须做到以下几点：对人对事多做客观描述，少做主观评价；时时以解决问题为宗旨，努力克服控制别人的意向；不忘平等待人，克服麻木不仁；待人坦率耿直，切忌暗中计算；思想开放，防止僵化；尊重他人价值，不自以为是。这样才有利于组织建立开放性的传播氛围。

📖 案例分析

2021 年 1 月 3 日，网传 P 电商平台一名 1998 年出生的员工因加班猝死，知乎上"员工加班猝死公司需要承担哪些责任"的帖子下出现了 P 电商平台一条很不恰当的回帖，该帖子出现 28 秒后即被删除，但有网友截图保存了下来。后来，P 电商平台回应了员工猝死的问题，并表示已经慰问死者家属了，并称之前的回复为谣言（后来，知乎明确否认该说法）。P 电商平台"查明"该帖子是品牌营销合作公司某员工发的后，把自己官微简称改成"我就是那个被黑得最惨的官方"。

问题： 请在表 4.1 内利用 J.古布提出的两种传播氛围的六个特点点评该帖，并讨论该事件带来的启示。

表 4.1　案例分析表

特点	点评
客观描述与主观评价	
解决问题与控制别人	
平等待人与麻木不仁	
坦率耿直与阴险狡猾	
灵活多变与顽固不化	
尊重他人与自以为是	

（三）大众传播

大众传播是指职业传播者通过大众传播媒介（报纸、杂志、电视、广播和网络等），把信息大量复制传递给公众的一种传播活动。从媒介角度看，它有两大类型：印刷类的大众传播媒介与电子类的大众传播媒介。

大众传播主要有以下几个特点。

（1）公众的广泛性和异质性。大众传播拥有人际传播无法比拟的广大的社会公众，接收大众传播内容的人数可以从几百到成千上万乃至数以亿计，具有广泛性。同时，因为大众传播的接收者量多面广，且他们处于不同的社会群体内，故具有异质性。

（2）大众传播速度快、范围广、影响力大。大众传播可以将信息进行大规模、大范围的传播，能在短时间内使大范围的社会层面获得传播的信息。无论是从时间效果还是从空间效果来看，大众传播都是影响力最大的一种传播方式。信息通过大众传播可以很快地传播到一个地区、一个国家，甚至全球范围，从而产生巨大的影响。

（3）大众传播中的传播者都是从事信息生产和传播的专业化媒介组织。这些媒介包括报纸、广播、电视、杂志和网络等，它们的职业水准比较高。同时，现代大众传播必须借助各种技术手段才能实现，如印刷、摄影、无线电、电视、通信卫星和网络等，其技术程度越来越高。因此，组织在进行大众传播时，不能对传播机构的工作横加干涉，而只能提供协助和配合。组织平时要注意与新闻单位建立紧密联系，经常提供信息给新闻媒介，增进相互之间的了解，以争取对自己有利的报道。

（4）大众传播往往赋予所传播的信息某种特殊的意义。任何组织活动，只要得到大众传媒的广泛报道，都会成为社会公众瞩目的焦点。因此，大众传播对社会舆论有着巨大的引导作用。

（5）信息反馈困难。由于大众传播的受众广泛而分散，受传者数量巨大，针对性较差，和传播者之间又没有直接的联系，因此，信息反馈间接而缓慢，传播者难以及时、准确、充分地把握受传者的信息反馈，评价传播效果的工作量较大。

（四）自媒体传播

自媒体传播是指个人或组织机构通过自媒体平台向外发布、收集信息的传播方式，它兼具人际传播和大众传播的特点。自媒体传播是不是一种独立的传播类型尚无定论，本书对此不进行探讨。鉴于其影响力巨大，公关从业者必须深入研究这种传播类型、形式或媒介，以有效展开工作。

自媒体人可以是个人也可以是组织机构；自媒体平台包括图文平台、音频平台、视频平台、直播平台等，现实中很多平台除了擅长的媒体形式也会有其他形式，如新浪微博原为图文平台，后来增加了视频功能；自媒体人可针对特定个人或群体传递信息，也可针对不特定人群（公众）发布信息。

自媒体传播兼具人际传播和大众传播的特点，一般而言有以下几个特点。

（1）个性化传播。粉丝众多的自媒体人一般都有较强的个人（组织）特点，这是其增强、维持影响力的重要因素。但个性化是一把双刃剑，很容易带来不利影响。

（2）高度互动。自媒体传播中，自媒体人和受众之间的互动非常频繁和密切，这和大众传播有明显的不同。

（3）实时性强、内容更新快。自媒体传播具有较强的实时性，信息的发布和传播可以在第一时间内完成，自媒体人主动更新内容有利于维持受众的关注和兴趣。

（4）传播渠道多样。自媒体传播可以通过多种渠道进行，如微博、微信公众号、抖音、今日头条等。

（5）用户参与度高。自媒体传播中，用户可以通过评论、点赞、分享等方式参与到信息的传播和交流中去，参与度比较高。

🔭 视野拓展

新闻传播

新闻传播是大众传播媒介最主要的传播形式。组织进行新闻传播，通常使用三种方式：撰写新闻资料或新闻稿，送交新闻媒介单位进行发表；策划具有新闻价值的事件，吸引新闻单位进行报道；召开新闻发布会，向新闻界公布有关情况。

1. 撰写新闻资料或新闻稿

新闻资料是指提供给报社、电台、电视台和新闻网站用于编写新闻消息的文字材料，它不直接同公众见面，要经过记者的加工。因此，新闻资料的撰写要求不高，只要把新闻五要素（即"5W"）表达完整即可。"5W"，即何时（when）、何地（where）、何事（what）、何因（why）、何人（who）。

新闻稿是指直接提供给报社、电台、电视台和新闻网站用于对外发布的文字材料。

2. 策划具有新闻价值的事件

策划具有新闻价值的事件需要公关人员具备"新闻脑"，富于创造力和想象力。

3. 召开新闻发布会

新闻发布会是一种两级传播模式：组织先将消息告知记者，再通过记者所属的大众媒介告知公众。新闻发布会可用于树立或维护组织形象，协调公共关系，引导舆论倾向。召开新闻发布会的工作环节包括确定主题、邀请记者、会前准备、主持会议、收集反馈信息。

三、公共关系传播的媒介

媒介一词源于英文"media"的中文译名。作为实物，大众传播媒介早已出现。作为一个名词，媒介是在 20 世纪 20 年代随着广播的出现而产生的。

（一）印刷类媒介

印刷类媒介是指将文字、图像等书面语言符号印在纸张上以传播信息的大众传播媒介，有传播速度快、传播覆盖面广、信息内容公开等特点。

1. 报纸

报纸是一种重要的印刷信息载体，在电子类媒介、网络迅速发展的今天，其在大众传播中的地位和作用仍不可忽视，而且传统的报业机构早已成为拥有纸质报纸、自有新闻网站、微博账号、公众号等众多传播手段的综合性新闻机构。按发行范围的不同，报纸可分为全国性报纸、地方性报纸和内部报纸。报纸的优点是信息容量大，便于储存和查阅，获取信息价格便宜，读者对信息拥有较大的阅读主动权。

在公共关系传播活动中，如果组织希望传播有一定的深度，传播的信息能够让公众查阅和检索，就应该利用报纸这一传播媒介。公关人员应重视和加强与报界的联系。

案例分析

20 世纪 50 年代，好莱坞影片《后窗》曾风靡中国香港。影片上映后，香港人竞相观看，形成了"后窗热"。这时，香港一家生产百叶窗的企业成功地抓住了这一机会。他们在报纸上连续刊登了题目为《请留心你家的后窗》的销售广告，其生意一下子兴隆起来。

评析：在本案例中，这家企业充分利用了大众传播媒介多次、大量地报道"后窗热"这一事件，从而吸引了社会公众关注其广告。在这次公关活动中，该企业通过大众传播媒介——报纸，让这个话题直接或间接地与其产品挂钩，从而达到良好的公关效果。最终企业在公众中轻而易举地掀起了"百叶窗热"，并从中获得了良好的市场效益。此案例说明，大众传播对某些话题的强调程度和这些话题在公众中受关注的程度正相关。

2. 杂志

杂志和报纸有许多共同点，只是出版周期较长，新闻性不如报纸，但杂志也有其独特的优点。

（1）种类繁多，形式多样。从内容上看，杂志有通俗的，有专业的，有娱乐性的，有理论性的，也有科学普及的；从形式上看，有以文字为主的，有以图片为主的，也有图文并茂的。而且杂志封面各异，千姿百态，容易吸引公众注意。

（2）内容丰富，针对性强。杂志的篇幅比报纸多，刊载内容受版面限制较小，而且出版周期较长，编辑时间充裕。因此，可以对某些事件进行详细报道，使读者对其内容有一个系统的了解。在必要时，杂志还可配以图片或图表，这样能给读者留下强烈而完整的印象。

（3）印刷精良，吸引力大。由于杂志出版时间没有报纸那样紧迫，所以在封面和插图的色彩及图案方面更为考究，而且色彩艳丽，有较强的感染力，更能吸引专业性读者。

杂志的缺点是：对读者文化水平的要求比报纸高；出版周期较长，时效性较差；杂志虽然比报纸的宣传更生动活泼，但与电视、网络相比较，仍显死板。

组织在利用杂志这一传播媒介时，应首先了解杂志的读者群，并应注意所需传播的信息与杂志的特点和性质是否相符。

3. 其他各类印刷品

组织用于宣传的其他各类印刷品，包括企业报纸、职工动态、内部通讯、单位介绍、情况简报、新产品介绍、行业信息、部门动态、工作小结、参考资料、股东年报等，它们有共同的优点：成本低、效果明显；针对性强，发放范围易于控制；自主权大，内容可以自由选择；对象明确，收效显著；易于掌握，能较好地体现组织的精神和宗旨；传播范围既定，能较快地获得反馈信息。不过，印刷品的内容必须真实可信，任何不真实的内容，都可能对组织产生负面影响。

（二）传统电子媒介

传统电子媒介是指使用电子技术发出信息，受传者要借助收音机、电视等接收装置接收信息的大众传播媒介。20 世纪后半叶，传统电子媒介的社会地位不断提升，作用不断增强，受众越来越多。

1. 广播

广播以声音作为传播媒介，虽然在 20 世纪末广播在传播媒介中的重要性逐渐让位于电视，但其普及程度和覆盖范围仍旧有一定优势。相对而言，广播有以下几个优点。

（1）信息传播快，覆盖面广。广播的消息播出后可立即传到听众耳中，信息传播速度远比报纸快。而且可以通过现场播放广播，使听众感受到现场气氛，从而增加真实感。

（2）制作简单，成本低廉。收音机的购置费用远比电视低廉，而且不少手机都有收音机功能。广播可无限制地收听，不用额外支付费用。从某种意义上说，广播比报纸、杂志更经济、实惠。

（3）不受听众时间、地点和文化程度的限制。与报纸、杂志、电视乃至网络相比，广播能把信息传达到以上媒介不能到达的地方，它一般不受地理环境和气候条件的限制。另外，广播不依赖文字做媒介，不识字的人和无阅读习惯者均可接受。

（4）鼓动性强，能使人产生亲切感。广播的感染力和影响力比报纸、杂志大得多。广播用声音来表达传播内容，感情能够较好地表现出来，能使人产生亲近感，说服力较强，易于在公众中引起共鸣，所以具有很强的鼓动性。

与这些优点相对应，广播也有其缺点，主要表现在以下几个方面：广播的信息稍纵即逝，不便保存检索；听众选择性差，收听某一节目有严格的时间限制；只有声音，没有文字和图像；等等。

在公共关系传播活动中，如果希望传播简单、明了的信息，可以借助广播进行传播，这样既能迅速传播而且成本又低，并可进行重复多次的传播。

2. 电视

电视是大众传播媒介中较普遍的传播方式之一。电视和广播有许多共同点，但它也有一些独特的优点。

（1）真实感强，老幼皆宜。电视既有声音，又有图像，可以使观众的听觉和视觉同时接收信息，给人以真实和亲切的感觉，接近面对面的人际传播，使人有身临其境之感，增强了传播的可信性和权威性，能给观众留下深刻的印象。

（2）娱乐性强。电视在传播信息时声音和画面并存，所以可以使人们在轻松愉快的氛围中接收信息。另外，由于电视在家庭中基本普及，观众大多在业余时间里与家人一同收看，视听情绪比较轻松，干扰因素较少，更容易受到感染，引起共鸣。

（3）表现手法和节目内容丰富。电视将多种艺术手法熔于一炉，博采各种新闻媒介之所长，综合地运用文字、画面、音响等各种技巧，还可采用定格、重播、插播、特写等多种特技，使各种信息得以直观形象地展现在观众面前，加深观众的印象，便于其理解。

相对其他媒体，电视也有其缺点：制作成本较高；制作时间较长；信息瞬间即逝，观众的选择余地较小，时间和空间限制较大；需购买接收设备并支付接收费用；等等。

在公共关系传播活动中，是否选择电视作为媒介，首先应考虑经费问题，其次应考虑效果问题。

（三）网络类媒介

进入21世纪后，互联网的兴起极大地冲击了传统传播媒介。新闻网站冲击了报纸的地位，电子邮件和QQ、微信等即时通信工具在颠覆传统远程沟通方式的同时还成为新的传播媒介，网络带宽提升后，网络视频颠覆了电视的"霸主"地位，自有网站、微博、公众号、短视频、直播等渠道大大拓宽了组织的传播渠道……

网络类媒介之所以给传统传播媒介带来极大的冲击，是因为其拥有传统传播媒介无法比拟的优点：信息传播范围广、超越时空、高度开放；具有信息双向互动、个性化、多媒体化的特色；传播成本更低、传播速度更快。

当然，网络类媒介对传统传播媒介的冲击力度虽然大，但网络类媒介也有其弱点，传统传播媒介也有其优势。进入21世纪之后，网络类媒介也在与传统传播媒介加强合作，如新闻网站有偿使用传统传播媒介提供的新闻信息，中央电视台也开通了央视网。网络类媒介与传统传播媒介优势互补形成了多媒体传播形式。

（四）大众传播媒介的选择

在选择大众传播媒介时，除了要考虑媒介本身的优劣之外，公关人员还必须认真考虑以下三个问题。

（1）实施对象问题。由于每一个组织面对的公众不同，所以其公关工作的实施对象也不相同。对于公关人员来说，在选择大众传播媒介之前，首先要认真分析组织与实施对象之间的关系，分清实施对象的类别，知晓组织的传播对象对各类大众传播媒介信息的接受程度。例如，组织的传播对象是否具备看报纸、杂志的能力，他们喜不喜欢看手机短视频，他们都喜欢看什么类型的节目，他们最常访问哪个或哪类网站，等等。只有摸清了这些情况，才能选择合适的大众传播媒介，收到事半功倍的传播效果。

（2）实施内容问题。在分析了实施对象以后，组织就可以确定实施内容的性质和形式。在确定实施内容的性质和形式时，组织应重点考虑两个因素。一是实施对象对实施内容的可能反应，要了解实施内容是否能引起实施对象的兴趣。只有实施内容引起实施对象的兴趣，才有可能产生良好的传播效果。二是大众传播媒介对实施内容的适应情况。考虑这一因素的目的是考虑实施内容的实际传播效果。因为大众传播媒介各自的特点不同，所以实施内容只有根据具体大众传播媒介的特点做出相应的调整，才有可能产生更好的传播效果。

（3）实施经费问题。选择大众传播媒介时，组织不但要考虑内容与形式的统一，还应考虑经济的可行性。要在组织经费允许的范围内进行选择，精打细算，充分利用现有的各种条件，以最少的费用来争取最好的传播效果。

四、公共关系传播的原则

（1）目标明确原则。公共关系传播是针对具体公关问题及明确的公关对象所进行的信息交流活动。公共关系传播是围绕公关目标展开的。一方面，组织要按照自己的准则和目标引导公众舆论；另一方面，对与组织目标相悖的舆论，组织应采取相应的措施，引导公众免受负面舆论的影响，从而使公众与组织达成共识。公共关系传播也会针对公关的特定对象而展开。例如，组织召开新闻发布会，其特定的对象就是被邀请参加发布会的记者。

（2）双向沟通原则，是指组织与公众双方相互传递信息、相互反馈、相互理解的原则。它强调公共关系的信息传播是双向的、循环的。组织一方面要及时、准确、有效地将本组织的观念和信息向公众传递，争取公众的了解和好感；另一方面又要尽量迅速、准确、及时地收集来自公众的反馈信息，调整自己的行动，改善自己的形象。这种双向的信息传播，是实现公共关系内外信息交流的重要方式，也是公共关系传播的首要原则。

（3）真实性原则，是指公关人员在传播组织信息和收集公众反馈信息的过程中，必须始终坚持传播信息的内容要真实，对待公众要真诚、守信，信息交流必须实事求是、客观公正。

（4）情感性原则。公共关系传播不像一般的政策传播那样带有行政命令的意味，而是立足于长远的信息交流，包括思想、情感、意见和态度的交流。公共关系传播的出发点是温暖公众的心，使公众喜欢、接受组织的产品或服务。公共关系传播以诚动人、以情感人，使公众接受组织或愿意同组织合作。

（5）系统性原则，是指现代公共关系传播的全过程，包括传播对象的调查研究、传播目标及传播计划的制订，以及具体传播策略的实施等，都要以组织的整体目标为出发点，使公共关系传播的各环节相互衔接、密切配合，形成一个有机的统一体。

第三节　网络公共关系

随着互联网的崛起，网络俨然已成为最受关注的大众传媒，网络生态环境也深刻影响着各种组织的生存环境，网络公共关系（简称"网络公关"）已经成为公共关系传播中最受关注的一环。

一、网络公关概述

复旦大学的姚凯把网络公关定义为："网络公关（public relations on net）是指组织为了塑造组织形象，借助互联网，为组织收集和传播信息，在电子空间中实现组织和公众之间双向互动式的全球沟通来实现公关目标、影响公众的科学与艺术。"

网络营销学者刘向晖给出的定义是："网络公关（internet PR）又叫在线公关（online PR）或者电子公关（electronic PR），是利用互联网上的工具和资源开展的公关活动。"

我们把网络公关定义为：组织为达到特定目标，借助互联网，在组织与公众之间开展各种有计划的传播与沟通活动，以达到传播信息、协调关系和塑造组织形象的目的。

需要说明的是，网络公关虽然越来越重要，但它仍旧是组织公关工作的一个组成部分，网络公关需和传统公关手段相互配合、优势互补才能将公关工作做得更好。

网络公关与网络营销有很多相似之处，它们最主要的区别是网络公关不以直接销售为目的，侧重于通过互联网进行传播与沟通工作，对组织有影响的个人和群体都是其工作对象。

二、网络公关常用的媒介

随着科技的进步，网络公关可用的网络类媒介越来越丰富，如组织自建的官方网站、官方论坛、App、公众号、小程序、微信群、QQ群，在平台型微博网站、视频网站、新闻网站、虚拟社区等注册的官方账号，在百度百科、互动百科、维基百科等网络百科上建立的相关词条，各类网店中的留言区……

不同的信息可选择不同的网络媒介进行发布，如官方声明之类的应优先在官方网站、官方微博上发布，有一定娱乐性的公关视频可以选择在短视频网站上发布。当然，同一内容也可以选择在多个网络媒介上发布，但要根据媒介的特点调整内容的表达方式，以增强传播效果。

编写各种网络宣传材料时，应针对主要搜索引擎进行一定程度的"优化"，也就是说应使其更容易被搜索引擎收录并提高其在查询结果中的排名。

三、网络公关的常规工作

一般而言，网络公关的常规工作有以下几项。

1. 信息监控与收集

监控互联网上和本组织相关的舆情并收集有用的公关信息是网络公关人员的日常性工作，由此可及时发现问题、防范危机。这项工作主要涉及以下三个方面的内容。

（1）建立日常监测机制。及时登记并向上级反馈网络上出现的各种和本组织有关的有用信息（主要指负面信息，也包括极有价值的正面信息），对涉及组织业务或者管理方面的投诉，应及时将这些信息反馈给组织内部的相关部门。

（2）建立常用资料库。对常见问题、组织的各种荣誉和活动信息等整理归类，统一对外应答口径，以备使用。

（3）建立热点网民的数据库。对网上本组织的反对者、抱怨者和"铁粉"级的支持者应加以记录，留意其动态。

2. 日常信息传播

日常信息传播主要是指回答公众的各类问题，及时将组织的各种动态消息予以公布，传播能够提高组织形象的正面信息是日常信息传播的工作重点。

3. 特别宣传

特别宣传主要是指专题性公关消息传播和配合新产品、新服务或某次营销活动所做的公关活动的消息传播，它目的明确（直接为某一具体的宣传目标服务）、见效快，通常是短期发力，便于组织的监测、控制和调整。这种活动对网络媒介的选择、信息内容的撰写、常见问题的回复等都有专业性要求，是组织能够"看得见"的活动。

4. 配合好危机处理工作

网络传播的特点是"快"，能够形成病毒性传播，这对组织正面信息传播的益处是显而易见的，但对组织负面信息的扩散和放大效果也是十分可怕的。

对于公关危机，危机公关小组应首先评估危机级别，做好危机处理准备工作，利用线上（网络）、线下渠道主动与公众进行信息沟通。特别是负责线上工作的公关人员，应充分利用网络传播快的特点，及时将危机公关小组确定发布的信息传播出去。

问与答

问：企业公关部在进行网络公关时，容易出现什么问题或不足？

答：缺乏系统的操作体系，往往顾此失彼，难以开展有效的立体式网络公关活动，从而使企业公关宣传的效果大打折扣。

案例分析

以下内容整理自上海某新能源公司市场公关专员的招聘启事。

（1）负责对外公共关系建立、协调、处理、维护，与广告咨询公司、杂志等媒体、客户、供应商等建立良好的关系，承担重大媒体及舆论事件的处理。

（2）负责策划、组织、执行公共关系活动，提升企业形象和声誉，确保项目及时、优质地落地。

（3）关注光伏市场相关上下游行业热点信息，开拓、发展并适当参与营销公关活动，能够撰写原创的专业文章，进行专业内容的采访编写。

（4）完成上级领导交办的其他工作。

评析：公关专员是公关部的基层岗位。从这则招聘启事中可以看到掌握公共关系传播相关知识的重要性，另外还能看到人际沟通能力、写作能力是该公司比较强调的，其实这也是对公关人员的基本要求。

本 章 小 结

本章主要介绍了公共关系传播的含义、公共关系传播的类型以及网络公共关系，比较重要的有以下几点内容。

（1）公共关系传播是指在公共关系中，组织利用各种媒介，有计划地与公众进行双向信息交流与沟通的过程。其基本含义包括三个方面的内容：第一，传播是信息的交流；第二，传播是一个有计划的、完整的活动过程；第三，传播的基本环节是表达和理解。公共关系传播的目的是协调关系、扩大影响和美化形象。

（2）公共关系的传播可分为人际传播、组织传播和大众传播等三种基本类型，自媒体传播也需公关从业者重视。人际传播是最典型的公共关系传播活动。组织传播是指组织和成员、组织和其所处的环境之间的信息沟通和交流。大众传播是指职业传播者通过大众传播媒介（报纸、杂志、电视、广播和网络等），将信息大量复制传递给公众的一种传播活动。自媒体传播是指个人或组织机构通过自媒体平台向外发布、收集信息的传播方式，它兼具人际传播和大众传播的特点。

（3）公共关系传播的原则有目标明确原则、双向沟通原则、真实性原则、情感性原则和系统性原则。

（4）网络公关是组织为达到特定目标，借助互联网，在组织与公众之间开展各种有计划的传播与沟通活动，以达到传播信息、协调关系和塑造组织形象的目的。

练 习 题

一、名词解释

公共关系传播　人际传播　组织内传播　大众传播　网络公关　博客公关

二、单项选择题

1. 1932 年，在美国芝加哥大学任教的（　　）提出了一个传播模式——"who, say what, to whom, with what effects"。

    A. 克劳德·香农　　　　　　　　　B. 沃伦·韦弗

    C. 保尔·拉扎斯费尔德　　　　　　 D. 哈罗德·拉斯韦尔

2. （　　）受时空限制较大，信息传播的范围小、速度慢，在较短的时间内很难让更多的社会公众了解组织。

    A. 人际传播　　　　 B. 组织传播　　　 C. 大众传播　　　 D. 媒体传播

3. 组织公布奖惩制度属于（　　）。

    A. 组织内传播　　　 B. 组织外传播　　 C. 人际传播　　　 D. 大众传播

4. （　　）是大众传播媒介中最早的传播方式。

    A. 报纸　　　　　　 B. 广播　　　　　 C. 电视　　　　　 D. 杂志

5. （　　）是公众人物、媒体机构、企业品牌与粉丝的沟通平台，其实也就是组织的公共博客；它区别于个人主页好友间一对一交流的方式，可以将信息传递给所有的关注者，实现一对多及多对多的传播。

    A. 网络社区　　　　 B. 公众主页　　　 C. 搜索引擎　　　 D. 百度百科

三、多项选择题

1. 属于公共关系传播特征的有（　　）。

A. 双向性　　　　　B. 动态平衡性　　C. 单向传播性　　D. 静态平衡性

2. 公共关系传播的实施要求包括（　　　）等方面。

A. 真实　　　　　　B. 及时　　　　　C. 有效　　　　　D. 超快速

3. 公共关系的传播分为（　　　）类型。

A. 网络传播　　　　B. 人际传播　　　C. 组织传播　　　D. 大众传播

4. 博客公关的特点有（　　　）。

A. 可信性　　　　　B. 社会性　　　　C. 领导性　　　　D. 扩散性

四、简答题

1. 简述拉斯韦尔的"5W"模式。

2. 简述人际传播的特点。

3. 简述组织传播的功能。

4. 简述大众传播的主要特点。

5. 简述公共关系传播的原则。

6. 简述网络公关的特点。

五、案例分析

10 万美元寻找主人

某公司为宣传其新型保险柜的卓越功能，登出这样一则广告："10 万美元寻找主人！本公司展厅保险柜里存放有 10 万美元，在不弄响警报器的前提下，各路豪杰可用任何手段拿出享用！"

广告一出，轰动全城。前往一试身手的人形形色色，有工人、学生、工程师、警察和侦探，甚至还有不露声色的小偷，但没有人能够成功。各大报纸连续几天都为此事做免费报道，影响极大。这家公司保险柜的声誉随之大增。

问题：试运用公共关系学中的相关知识分析点评这一案例。

综 合 实 训

一、实训内容

1. 联系一个企业或组织，针对其要进行的一项公共关系活动，拟订媒体选择方案并说明理由。

2. 分析某一企业的一次公共关系传播活动，指出其符合哪些传播要求，运用了哪些传播技巧。

二、方法和步骤

1. 以 8～10 人为一组针对上述实训内容开展实训。

2. 每个小组派一名代表在课堂上用两三分钟时间对讨论的结果进行交流发言。

三、实训考核

教师对小组讨论交流的结果进行点评。

第五章

公共关系工作程序

🚀 学习目标

知识目标：掌握公共关系的基本工作程序及公共关系调查、策划、实施及评估的基础知识。

能力目标：具备公共关系调查和策划的能力。

素质目标：善于借助公共关系工作程序建立与公众的和谐信任关系，帮助组织树立良好的社会形象。

🔑 案例导入

长城饭店之所以能在当今激烈的市场竞争中立于不败之地，成为北京饭店的佼佼者之一，除了出色的推销工作和优质服务外，饭店管理者认为公共关系工作在塑造饭店形象上发挥了重要的作用。

一提到长城饭店的公关工作，熟悉它的人们立刻会想到那举世闻名的里根总统的答谢宴会、北京市副市长证婚的 95 对新人集体婚礼、颐和园的中秋赏月和十三陵的野外烧烤等一系列使长城饭店声名鹊起的专题公关活动。长城饭店的大量公关工作，尤其是围绕为客人服务的日常公关工作，源于它周密系统的调查研究。长城饭店日常的调查研究通常由以下几个方面组成：①日常调查（包括问卷调查和接待投诉）；②月调查（包括顾客态度调查和市场调查）；③半年调查（每半年召开一次世界范围内的全球旅游情况会）。

评析：这种系统的全方位调研制度，宏观上可以使饭店决策者高瞻远瞩地了解全世界旅游业的形势，进而可以了解本地区的行情；微观上可以了解本店每个岗位、每项服务及每个员工工作的情况，从而使他们的决策有的放矢。

公共关系是一门理论和实践并重的实用性学科，尽管公关工作内容是复杂的、灵活的、多变的，但公共关系的运作过程依然是有章可循的。美国公共关系学权威斯科特·M.卡特利普等人在《实用公共关系》一书中，<u>把公共关系程序分为"四步工作法"，即公共关系调查研究、策划、传播实施、反馈评估。</u>

第一节　公共关系调查①

美国公共关系专家 R. 西蒙曾经说过："不论人们如何表达公共关系活动的流程，调查研究

---

① 有关调查的知识详见《市场调查》等相关教材，本节只简要讲述和公共关系活动紧密相关的调查知识。

都是举足轻重的。如果把公共关系活动视为'车轮'，调查研究便是车轮的'轴'。"车轴论"形象地说明了公共关系调查在公共关系活动中的地位和作用。

公共关系调查是组织开展公共关系活动的开端和基础。公共关系方案的策划、实施以及公共关系的评估都必须建立在调查研究的前提和基础上，只有这样才能保证公关活动的科学性和可预测性。

一、公共关系调查的含义和特点

所谓公共关系调查，就是指公关人员运用一定的理论方法和技巧，以组织内部成员、外部公众为对象，通过收集资料和分析资料，了解组织的公共关系状态，揭示其发展规律并提出改进措施或意见的活动。因此，公共关系调查既是获取公众意见、希望和要求的过程，也是调查人员向公众介绍组织情况，使公众进一步了解组织的过程。可以说，它本身就是一项沟通组织与公众关系、塑造组织形象的重要公关工作。

公共关系调查的主要特点是双向信息交流，即组织在传播信息的同时，还要收集公众对这些信息的反馈。为了准确、及时、有效地传递和收集信息，公关人员必须掌握和运用公共关系调查的方法，预测未来；采取恰当的对策，防患于未然，使组织保持良好的信誉和形象。

二、公共关系调查的功能

公共关系调查主要有以下几项功能。

（1）提供有关组织形象的信息。公共关系调查的基本任务，就是了解公众对组织的意见、态度及反应，对组织形象及其社会信誉做到心中有数，其目的在于找出组织形象的自我评价与公众评价之间的差距，以根据这些差距采取美化组织形象及提高组织信誉的措施。

（2）为公共关系策划提供科学依据。公共关系策划是一项复杂的系统工程，它的每一个步骤都必须以可靠、充分的信息为依据。例如，策划中对目标进行确定，必须掌握组织自身的信息、社会环境信息以及相关的各种公众信息，这样才可能为组织进行形象定位，进而确定组织的总体目标和具体目标。又如，策划中对主题创意的确定，必须在掌握上述信息的基础上，参考种种相关的、可激发创意的信息，才能策划出新颖、贴切、可行的公共关系主题创意。总而言之，公共关系调查为公共关系策划提供了科学依据，为公共关系活动方案提供了成功的保证。

（3）为公共关系策划方案的审定提供参考标准。当公共关系方案策划完成之后，一般还须由以组织领导人为首的权威人士进行审定。相关人员审定时既要理解与把握策划者的思路与用心，更要以客观的态度，实事求是地对策划方案进行评判、优化、决策，这就需要有一定的参考标准。而最可靠、客观的审定标准不是策划方案本身或方案说明，也不是审定人主观的经验与好恶态度，而是公共关系调查中所获得的客观信息。审定者只有通过对这些客观信息的分析研究，并对照策划方案，才能得出科学的评判结果。

> **问与答**
>
> **问**：①公共关系调查对公共关系活动有何意义？②公共关系调查的原则有哪些？
>
> **答**：①没有科学的公共关系调查，公共关系活动将成为无源之水、无本之木。②公共关系调查的原则有客观原则、全面原则和时效原则。

视野拓展
公共关系调查

（4）公共关系调查具有一定的公共关系效应。公共关系调查活动的开展，离不开调查人员与调查对象的广泛接触。这种接触本身就在向公众传播组织的信息，有助于塑造组织可亲可敬的形象。而调查所得到的信息，无论好坏，均具有一定的公共关系效应。理想的信息，对组织内部员工有激励作用，对外部公众有树立组织良好形象的作用；欠理想的信息，对组织有早期预警作用，是激发组织上下通过公关工作扭转形象的动力，对外部公众来说，能体会组织积极开展公共关系活动的良好态度和用心，变坏事为好事。

三、公共关系调查的基本步骤

公共关系调查是一项有组织、有计划的活动，要经过一定的程序和步骤才能达到预期的目的。公共关系调查活动总体方案的设计对整个调查活动有指导和规划的意义，贯穿于整个调查活动的始终。公共关系的调查活动具有很强的专业性和技巧性，因此，在公共关系调查实践开展之前，组织有必要制订一个总体的调查方案，以利于具体调查活动的实施。制订详细科学的总体调查方案，是公共关系调查活动成功的重要保证。一般说来，总体调查方案的制订包括以下几个步骤。

1. 明确调查目的，确立调查选题

明确调查目的是调查工作的开端，确立调查选题，实际上就是确定调查任务的方向，对于公关人员而言，要调查的情况通常都比较繁杂。但是，在一次具体的调查活动中，由于时间、人力以及调查容量的限制，不可能，也没有必要进行全方位、大规模的调查，公关人员通常只能展开有针对性的、专题性的、围绕某一方面内容的调查活动。

2. 确定具体调查项目，选择调查方法

确定公共关系调查选题后，即进入调查指标的设计阶段，即确定公共关系调查的具体内容。通常一个调查选题中包含多项调查内容，公关人员要根据调查主题的具体要求来确定公共关系调查的具体项目以及调查的手段。究竟以哪个目标命题作为具体调查活动的工作项目，需要总体调查方案的设计人员根据实际情况进行判断，制订出恰当的调查项目实施计划。

同时，调查目标确定后，公关人员就要确定公共关系调查的方法，即明确采取什么手段、用什么方式去收集资料。在调查方法确定之后，公关人员还要设计必要的调查表格或调查问卷，以使调查工作有步骤地进行。

3. 具体安排调查工作

调查计划的具体安排包括调查的组织、领导和人员配备、调查经费的估算、调查日程的安排等。对于调查的规模、范围多大才合适，组织的人力、物力、财力能否承受，时间安排是否恰当，经费估算、工作进度、日程安排是否合理，公关人员都要进行充分的可行性论证，以确保调查总体方案的科学性和可操作性。

4. 实施调查方案，收集调查资料

实施调查方案，实际上就是调查者根据调查方案的既定计划，在既定范围和时间内，利用既定的调查方式，向既定的调查对象收集信息资料的过程。这是整个公共关系调查过程中最重要的环节，也是最难把握和操作的环节。

5. 研究调查数据，撰写调查报告

研究调查数据，撰写调查报告就是指公关人员对原始的调查资料进行科学的分类、归纳、整理和分析，得出正确结论，写出符合实际的调查报告。一般通过调查得到的资料都比较凌乱、分散，不能系统地说明问题，公关人员必须去粗取精，去伪存真，分析整理，严谨筛选，并合理地进行推断，只有这样，才能得出正确而令人信服的调查结论。公共关系调查报告的撰写在本节最后进行介绍。

四、公共关系调查的基本方法

公共关系调查不仅对信息的数量有要求，而且对信息的质量也有要求。要使调查所得的信息能客观、公正地反映事实，就必须运用科学的调查方法。所谓公共关系调查方法，是指保证公共关系调查目的顺利实现的途径、方式、手段、措施等。总的来说，公共关系调查方法可分为间接调查法和直接调查法两大类。

📚 案例分析

美国亨氏集团的母亲座谈会

美国亨氏集团的核心产品是婴幼儿食品及营养品、调味品、正餐和零食等。20世纪80年代初，美国亨氏集团曾与国内某企业在广州合资建立了一家婴幼儿食品厂（亨氏联合有限公司，1984年成立）。但是，生产什么样的食品来开拓广阔的中国市场呢？筹建这个食品厂的初期，美国亨氏集团做了大量的调查工作，多次召开母亲座谈会，充分听取公众的意见，广泛了解消费者的需求，征求母亲们对婴儿产品的建议，摸清各类食品在婴儿哺养中的利弊之后，进行综合比较，分析研究，根据母亲们提出的意见，试制了一些样品，并免费提供给一些托幼单位试用。该公司征求收集了社会各界对产品的意见、要求，相应地调整了原料配比，在食品中添加了一定量的微量元素，如锌、钙和铁等，使这些婴幼儿食品的营养更趋合理，使产品具有极大的吸引力。量产后，亨氏婴儿营养米粉等系列产品顺利打开了市场。

问题： 试运用公共关系学中的相关知识分析点评这一案例。

（一）间接调查法

间接调查法，又称非正式调查方式，是指调查人员不直接与公众接触，而通过中间环节，如调查公司、案头资料、媒介信息、公用信息等获得数据资料，进而根据组织的需要进行提炼、总结、推理，以完成调查目的的方法，即第二手资料收集和调查法。它包括查阅组织内部资料、新闻报道、期刊、有关图书等资料；分析客户或其他公众的来信或来函。间接调查法由于简便易行，不需耗费太多的人力和财力，在公共关系调查中被大量采用，已成为一种重要的调查方式。间接调查法主要有文献法和网络利用法。

1. 文献法

文献法是一种收集、保存、检索、分析资料的方法，即调查人员通过对各种出版物，新闻资料，政府或行业公报，组织内各部门的工作报告、报表、销售记录等书面信息资料进行研究和分析，获取有关信息。文献法可分为收集资料、整理资料、保存资料和分析资料四个步骤。

2. 网络利用法

现代社会，市场经济已步入全球贸易时代，一个组织的产品及其形象往往传播于世界各地。在这样广阔的区域，组织人员进行大范围的访谈调查或观察调查，几乎是不可能的。但现代的市场竞争，又要求某些企业必须掌握世界各地的信息。因此，利用网络检索、收集、传输各种信息资料，已成为公共关系调查的新方式。如利用网页浏览国内、国际信息，通过其他组织主页中的形象宣传和广告了解其有关信息等。

网络利用法有两种途径：一是利用互联网检索网上信息，充分利用庞大的公用知识资源；二是在各地建立办事处、信息站、分公司等，通过计算机联网或现代的通信设备实时反馈信息。当然，对于大量的中小企业来说，依靠自己的力量建设信息网络是不现实的，但信息的社会化、职业化却弥补了这一不足。通过搜索引擎，任何组织和个人都可以利用网络获得所需要的信息。

其实，网络利用法是介于间接调查法和直接调查法之间的一种调查方法，调查人员可以在网上直接发放调查问卷，获得第一手资料。但由于网络利用法主要是用来检索、收集信息资料的，故将其划归为间接调查法。

（二）直接调查法

直接调查法也称为正式调查法，是指公共关系调查人员通过实地调查获得第一手调查资料的方法。非正式调查法虽然简便易行，但对收集精确度较高的信息却无能为力。因此，在现实的公共关系调查活动中，直接调查法非常重要。

直接调查法主要有访谈法、观察法、问卷法、追踪调查法、公开联系方式法和奖励建议法。

1. 访谈法

访谈可分为个别访谈和集体座谈两大类，可分别用于组织接待来访者、上门专访以及日常服务时的访谈三种情况。访谈法不仅适用于组织听取公众的意见，还可以通过对社会名流、专家学者、权威人士、各界代表、新闻工作者、协作单位的个别访谈和集体座谈，收集其他组织的有关信息。

电话普及后，访谈法已不再局限于传统的调查模式，产生了"电话访谈"，即通过电话向被调查者询问有关调查内容、征求意见的一种访谈调查方式。当前，QQ、微信等即时通信工具也可用于访谈法，效率较电话访谈更高。

2. 观察法

观察法是指调查者深入工作现场、生活社区、事件发生地等场所，以观察为主要手段收集信息资料的调查方法。观察法可分为参与观察和非参与观察两种。参与观察是指调查者和被调查者一起活动，如和公众一起劳动、一起就餐、一同游玩等，调查者从亲身参与的活动中了解和调查有关信息。非参与观察是调查者作为旁观者进行观察。观察法往往与访谈法结合起来使用，均是调查者直接与调查对象接触，获得的是第一手信息资料。

3. 问卷法

问卷可分为开放式问卷和封闭式问卷两种。开放式问卷又叫无结构型问卷，是由问卷设计者提供问题，由被调查者自行构思、自由发挥，按自己的意愿自由表达自己的感受和建议的问卷。封闭式问卷是由调查者对所提出的问题给出几个可能的答案，由被调查者在限定的答案内进行选择的一种问卷。

4. 追踪调查法

追踪调查法是指调查者选择一些特定对象，进行连续性的深入调查，调查时间短则数月，长则数年。其优点是能使调查者更深入地了解特定对象的思想、态度变化的轨迹，摸索和总结工作经验，掌握调查对象的心理特点，此外还可以联络感情，形成固定的信息网点，提高组织的知名度和美誉度。

> **视野拓展**
>
> 读者可通过互联网查阅常州市公安局网站首页左下方"在线调查"模块中的公共关系调查问卷。

5. 公开联系方式法

公开联系方式法是指组织设立公开电话、电子邮箱、QQ 号、微信号等联系方式，愿意与组织联系的公众，可以随时通过这些公开的联系方式和组织取得联系，方便其反映产品和服务存在的问题。

6. 奖励建议法

奖励建议法是指组织通过建立有奖建议和批评制度，广泛征询社会公众的建议和批评，了解公众的心态和需要，汲取对组织有用的信息。

需要指出的是，调查方法与具体形式是相互交叉的，各种调查方法均可在具体形式的调查中运用，多种具体调查形式可以运用多种调查方法。同时，各种调查方法与调查形式都有自己的特点，既有各自的长处，也有各自的不足。因此，在具体调查时，要灵活运用，相互补充。

五、调查报告的撰写

调查报告是调查的最后结果，即公关人员用事实材料对所调查的问题做出系统的分析说明，提出结论式的意见。撰写出一份有说服力的调查报告，是公共关系调查最后阶段的主要工作。公共关系调查报告的价值在于以事实说话，将组织的社会环境、组织状况和变化如实地反映。客观地撰写调查报告，可为组织制订公共关系计划打下扎实的基础，也可为指导后续公关活动提供保证。与其他的调查报告类似，公共关系调查报告的文字应简洁明了，语言准确易懂，推理要讲究逻辑，判断、结论要在有充分材料论据的前提下得出，结论要建立在对事实进行分析的基础上，要阐明结论性的意见或建议。调查报告是在调查研究的基础上，把调查结论反映出来的书面形式。一般而言，公共关系调查报告的写作内容主要包括以下五个方面。

1. 标题

调查报告的标题一般为"关于××××的调查报告"，可以是由组织名称、调查内容、文种三部分组成的单行标题，也可以在单行标题上方拟出引题，以突出调查报告的中心论点。标题下方要有署名，署上调查委托单位的名称、调查实施单位的名称及调查主持人的姓名。

2. 前言

前言一般以概括性的语言文字交代说明调查的相关内容，主要包括公共关系调查的背景和目的、公共关系调查的目标公众、公共关系调查的区域范围、公共关系调查的时间进度、公共关系调查的结论。

3. 正文

调查报告的正文是调查报告的核心部分，主要是多角度地、有条理地展示出调查所得到的信息资料，并把调查结论有逻辑性地、有说服力地表述出来。调查报告的正文要注意做到认知度、美誉度和和谐度的有机统一。调查报告的正文一般包括以下内容。

（1）调查情况。概要引述主要事实、数据，介绍被调查的地区、市场、单位、目标公众的具体情况（重在介绍经营、开发、管理、销售等方面的效果和情况）。

（2）调查结论分析。引入定性、定量的分析研究内容，条分缕析地归纳出调查结论，并将调查结论和数据进行对比，验证调查结论的客观可靠性。

（3）建议。在已得出调查结论的基础之上，有针对性地提出若干建议，建议应简明扼要，无须展开。调查人员要按照问题的主次，并以问题的轻重缓急为序，有的放矢地对存在的问题提出解决的措施、建议。

问与答

问：撰写调查报告有哪些注意事项？

答：①要考虑阅读者的观点、阅历，尽量使调查报告适合阅读者阅读；②用自然体例写作，使用通用的名词和术语；③尽可能使调查报告简明扼要；④务必使调查报告所包括的全部项目都与调查报告的主旨有关；⑤仔细核对全部数据和统计资料；⑥充分利用统计图、统计表来说明和显示资料；⑦按照每一个调查项目的重要性来决定其篇幅的长短和强调的程度；⑧务必使调查报告打印工整、易于阅读。

4. 结尾

调查报告的结尾要对本次调查的事实及结论做出评价，并对未来趋势与补充调查指明方向。结尾是调查报告的结束部分，可以总结全文、提出希望。

5. 附件

附件是调查报告的选择项，可有可无，一般包括问卷样本、统计数据、背景资料等。

案例分析

以下内容截取自拱北海关2022年11月公共关系建设问卷调查的宣传材料。

您日常和海关有接触吗？

您对海关的总体印象如何？

您对海关有什么意见建议吗？

为了全面深入了解您对海关公共关系建设的看法，

恳请您百忙之中填写此问卷！

评析：调查为决策提供依据。相对而言，公共关系工作的模糊性、不确定性更强，更需要调查结论的支持，公关人员需要经常进行大的或小的、公开的或私下的、直接的或间接的公共关系调查。

第二节　公共关系策划

公共关系策划是公共关系四步工作法的第二步，探讨的是如何在调查研究的基础上进行运筹决策，制订方案，为公共关系方案的实施和评估提供依据。因此，公共关系策划是四步工作法的核心，是整个公关活动成败的关键。

公共关系策划的含义，简单地说，就是对公共关系实践活动的运筹、谋划和设计。具体地说，公共关系策划就是为了实现与公众建立和谐关系的目标，组织的管理人员或公关人员在充分掌握和利用公共关系信息的基础上，运用理性思维方法和科学的技术，对公共关系实践活动的行动方案所进行的构思、设计、制订以及确定如何进行传播沟通的智力活动。

一、公共关系策划的原则和方法

（一）公共关系策划的原则

公共关系策划的原则是对公共关系策划实质和规律的反映和表述，它是开展公共关系策划工作的指导思想。遵循公共关系策划原则，是公共关系策划得以成功的关键。

1. 利益性原则

策划人员在进行公共关系策划时必须遵循利益性原则。利益性原则是指公共关系策划必须将组织利益与公众利益结合起来。利益性原则的具体内容是组织利益和公众利益兼顾，社会效益和经济效益相结合。公共关系策划应优质高效。优质的意义在于策划要比不策划强，策划的效益要比不策划的效益好；高效在于真正实现事半功倍的效果，没有效益的策划或者负效益的策划是失败的策划。公共关系是一种协调组织和公众双方利益、最大限度地实现双方利益的管理艺术。兼顾组织和公众双方的利益是公共关系的根本原则，也是公共关系策划的根本原则。在现代社会，组织和公众彼此依存，任何有损公众利益的行为，都是在为组织的发展设置陷阱。因此，组织的公共关系策划必须在活动目标中考虑公众的利益，在策划方案上体现公众的利益，并将是否有助于维护公众的利益作为评价公共关系策划成败的重要标准。

2. 创新性原则

公共关系策划的灵魂是创新。所谓公共关系策划的创新性原则，就是组织在进行公共关系策划时，要锐意求新，打破传统的思维束缚，别出心裁、推陈出新，使新、奇、特的公共关系活动在公众心目中留下深刻、美好的印象。创新性原则要求公共关系策划富有新意、具有独到之处和突出的特点。由于公共关系活动带有浓厚的宣传性，在信息爆炸的社会里，没有新的创意，就很难引起公众的注意。因此，策划人员必须根据社会条件的变化、公众心理状况的变化、组织情况的变化，制订出与以往不同的新方案。这样才能提高执行者的积极性，而且也易于为公众所接受，激发公众的热情。

📖 **案例分析**
创新性原则应用实例

3. 可行性原则

可行性原则是指策划方案应该切实可行，方案的实施能够取得良好的效果。策划方案是策划活动最终的成果，方案是否切实可行必须经过实施以后才能得到验证。切实可行的策划方案有利于树立组织的良好形象，而不切实际的方案则可能适得其反。可行性原则的具体要求是对策划方案进行可行性分析、可行性实验和可行性评估。

4. 针对性原则

针对性原则是指公共关系策划必须针对某个具体的问题。针对性原则的具体内容是公共关系策划要针对公众的心理状态，针对组织的现状，针对公共关系活动的目标。

5. 灵活性原则

灵活性原则是指策划人员应该随着形势的变化，积极、主动、及时地调整公共关系策划活动。

6. 反馈性原则

组织的内外环境是不断变化的，为适应不断变化的内外环境，策划人员必须从动态的角度考虑策划方案的内容，使其能够得以不断调整、充实和完善。这有赖于及时、准确的信息反馈。信息反馈是保证公共关系策划方案中各项工作协调一致的基础，信息反馈保证了策划方案的进一步优化和最终方案的切实可行性。策划方案只是计划和蓝图，不能代替一切。计划赶不上变化，在实际操作中，往往会出现一些特殊情况和变化，这要求策划人员在实际操作过程中根据具体情况及时对策划方案进行调整和修正。

（二）公共关系策划的方法

公共关系策划的方法很多，下面简单介绍"制造新闻"法、头脑风暴法和专家意见法三种方法。

1. "制造新闻"法

制造新闻也叫策划新闻或新闻策划，是组织争取新闻宣传机会的一种技巧，是指在真实的、不损害公众利益的前提下，策划或举办具有新闻价值的事件或活动，吸引新闻界和公众的注意力，制造新闻热点，争取被报道的机会，使组织成为新闻的主角，以达到提高组织知名度、扩大社会影响的目的。

"制造新闻"法是组织借助新闻媒介向公众传递组织信息或产品信息的方法，但它不同于做广告，它经济实惠、影响广泛，是一种巧妙的传播手段。利用制造新闻的方法来引起公众注意，既新奇，又直接让"实物"展示在公众面前，能增强公众对组织的信任感，使公众对组织的印象更加深刻。因此，制造新闻已成为很多组织乐于采用的公共关系手段。但是，并不是每个策划都能引起轰动效应，收到满意的效果，其关键在于一方面要选择那些公众关心的或是与公众利益密切相关的话题，另一方面要看制造的新闻是否具有"新、奇、特"的特点。

🏛 案例分析

2023年9月26日，鸿星尔克官方微博发了个"严重声明"，大意是华为手机的芯片不是我们代工的，请广大网友不信谣、不传谣，当然我们也不怕被制裁，大家可去问问隔壁的蜜雪冰城，看看是不是他们干的。

当时，国内外都在猜测谁为华为代工芯片，也许是某网友写了个段子说可能是鸿星尔克，鸿星尔克借机发此声明，此声明引来新一轮转发及评论，还把一众网友喜欢的品牌"拉下水"。

评析： 我们无从查证此事件是自造还是借机，但鸿星尔克的声明充分体现了"新、奇、特"的特点。"新"自不必说，谁为华为代工芯片是当时极具热度的新话题；"奇"，鸿星尔克和芯片制造没有任何关系，还把一样没有任何关系的蜜雪冰城"拉下水"，"奇"而不"怪"，因为中国广大网民乐于此秘密继续保密；"特"，特色，这个声明，看似一本正经却十分幽默，很有特色。

2. 头脑风暴法

所谓头脑风暴法，是指讨论某个问题时与会者的发言不受约束，想说什么就说什么，或怎样想就怎样说，尽量地开阔眼界、拓宽思路，无拘无束地发表自己的看法。

头脑风暴法的具体操作如下所述。

（1）邀请 6~10 个不同领域的人参加。

（2）会场舒适，气氛轻松。

（3）主持人只提出题目，不讲做法及看法。

（4）每位与会者只管听，只管讲，但不许打断和批评别人的讲话，哪怕是非常荒唐的想法，或是异想天开的事，也要让别人讲下去。

（5）会议不要求产生统一的方案，由主持人在会后通过对与会者所提的每一种方案进行分析、比较后最终定夺。这一方法的最大优点就是与会者之间可以相互启发；缺点是比较费时，同时也容易产生一些不具有可操作性的方案。使用这种方法时最好选择身份地位相差不太大的人，否则参与者容易有心理障碍，也会影响参与者的情绪。

> **思考讨论**
>
> 中国有句俗语——"三个臭皮匠，顶个诸葛亮"，这句话反映的哲理与头脑风暴法有什么联系与区别？

3. 专家意见法

专家意见法是指借助专业人士的意见获得策划方案的方法，其具体做法如下。

（1）根据策划内容的需要，选择专家并成立一个专家小组。

（2）将组织策划活动的有关资料、策划目标等发送给专家小组的每一位专家。

（3）每位专家根据所收到的资料及策划要求，独立做出自己的策划方案后，发回给组织者。

（4）组织者将第一次收到的每位专家的策划方案加以整理、综合，然后将结果再发给各位专家。

（5）各位专家根据第二次收到的资料，重新做出新的策划方案并发回给组织者。经过多次反复，直至方案相对一致为止。

专家意见法具有以下优点。

（1）各位专家由组织者选定，不对外公开，各专家之间互不知晓，组织的策划活动完全是匿名进行的。

（2）各位专家独立思考，独自做出策划方案，互不交换意见。

（3）由于专家之间互不知晓，始终不见面，因此，无论各自的资历如何，相互关系如何，在策划活动中都互不影响。

（4）正是由于专家之间互不知晓，因此，每位专家在策划活动中除了可以充分发挥自己的想象力外，还可以毫无顾虑地参考、借鉴别人的方案，从而使自己的策划方案更加完善。

二、公共关系策划的程序

公共关系策划的程序，即公共关系活动策划的步骤和过程。本书把公共关系策划的程序归结为公共关系调查、确定公共关系目标、制订策划方案、经费预算、方案评估和优化五个步骤。

1. 公共关系调查

公共关系调查是公共关系策划的基础。准确、有效、及时的信息是公共关系策划的重要依据。公共关系策划必须建立在对事实材料的真实把握基础之上，并根据组织内外部环境的变化不断调整，以使组织的公关活动得以长期有效的开展。组织获取的信息包括外部信息和内部信息两类，外部信息主要指政府决策、立法信息、新闻媒介报道、竞争对手信息、公众信息等，内部信息则包括组织实力、员工素质、组织凝聚力等。

2. 确定公共关系目标

所谓公共关系目标，是指公共关系策划所追求和希望达到的结果。确定公共关系目标是公共关系策划工作的前提。公共关系目标可以根据不同的标准进行划分。按实现目标所需时间的不同划分，通常 5 年以上的目标为长期目标，1 ~ 4 年的为中期目标，1 年以下的为短期目标；按规模的不同划分，公共关系目标可分为宏观目标和微观目标；按效果的不同划分，公共关系目标可分为最优目标、满意目标；按过程的不同划分，公共关系目标可分为有效目标、备用目标、追踪目标。不管使用哪种公共关系目标作为公共关系策划的依据，都是为了达到传播信息、联络感情、改变公众不满态度、引起公众行为的目的。

3. 制订策划方案

制订策划方案是公共关系策划程序中的实质性阶段。公共关系具体行动方案是公共关系目标的具体化。

制订策划方案时一般要考虑以下四个问题。

（1）确定公共关系活动主题。

（2）确定活动项目，选择公共关系活动模式。公共关系活动项目多种多样，针对不同的需要、不同的公众对象、不同的组织都有相应的公共关系活动模式，没有哪一种模式可以解决所有的问题。究竟选择哪一种公共关系活动模式，要根据公共关系的具体目标、任务、对象而定。常见的公共关系活动模式有交际型公共关系活动模式、宣传型公共关系活动模式、征询型公共关系活动模式、社会型公共关系活动模式、服务型公共关系活动模式、进攻型公共关系活动模式、防御型公共关系活动模式和建设型公共关系活动模式。

（3）确定活动时间和地点。确定活动的时间是指制订一个科学、详尽的公共关系活动时间计划表。公共关系活动时间计划表的确定，应和组织的目标系统相配合，按照目标管理的方法，最终的总目标、项目目标、每一级目标所需的总时间、起止时间都应列出，以形成一个系统的时间计划表。在制订时间计划表时应注意避免时间上的冲突、避开"时间陷阱"、留有调整余地。对公共关系活动的起始时间，公关人员要独具匠心，抓住最有利的时机，以取得事半功倍的效果。确定活动地点是指安排好公共关系活动的地点。每次公共关系活动要用多大的场地，用什么样的场地，都要根据参加活动的人数多少、公共关系项目的具体内容，以及组织的财力预先确定好。

（4）确定传播媒介。公共关系传播媒介的种类很多，各种传播媒介各有所长，亦各有所短，只有选择恰当的传播媒介，才能取得良好的效果。对公共关系传播媒介的选择要考虑公共关系的目标、公共关系的对象、公共关系传播的信息内容和组织的经济实力四个因素。

4. 经费预算

经费预算是指组织按照公共关系活动的目标和实施方案，将公共关系活动分成若干项目，并编制出单项活动及全部活动的费用分配计划。公关人员在编制公共关系活动预算时，一般都将各项工作具体化为一张可以进行成本预算的清单或预算表。编制公共关系活动预算可以使策划具有可行性，统筹安排活动资金，为检查评估公共关系策划提供依据。为了少花钱、多办事，在有限的投入内，获取最大的社会效益和经济效益，就要编制科学的公共关系活动预算。编制公共关系活动预算，可以根据组织的经济承受能力，做到量体裁衣，还可以监督活动经费的使用情况，以及评价公共关系活动的成效。

公共关系活动的开支构成大体如下：①行政开支，包括劳动力成本、管理费用以及设施和材料费用；②项目支出，即每一个具体的项目所需的费用，如场地费、广告费、赞助费、咨询费、调研费等；③其他支出，公共关系策划不可能预料到公共关系活动具体实施时的方方面面，因此编制公共关系活动预算时要留有余地。

5. 方案评估和优化

公关人员在经过认真分析信息资料后制订的公共关系策划方案是否切实可行、尽善尽美，需要对其进行分析评估后才能得出结论。

对公共关系策划方案的评估标准一般有两个：一是看策划方案是否切实可行；二是看策划方案能否保证策划目标的实现。如果策划方案实施成功的可能性很大，而且又能保证策划目标的实现，那么便可通过；否则，便要加以修正和优化。

公共关系策划方案经过分析评估、优化组合后，形成书面报告，交由组织的领导决策层最终审定决断，准备实施。

三、公共关系策划文案

编写公共关系策划文案是公共关系策划人员的工作内容之一，除了危机型公关是事后策划而只能形成公共关系策划总结报告外，其他的公共关系策划均需要提前撰写公共关系策划文案。

公共关系策划文案的基本结构可分为下列十项。

1. 封面

公共关系策划文案的封面要大方、典雅；有涉外活动时，封面要在允许的情况下尽量美观，并与国际标准接轨；封面的格式一定要规范；封面的纸张要比内文的纸张略厚。封面上要注明以下内容。

（1）标题。文案的标题主要是策划项目的名称。如"20××年公共关系策划总结报告"（左上角编号）、"20××年环保公共关系策划方案"。

（2）密级。文案的密级可以分为秘密、机密、绝密或分为 A 级、AA 级、AAA 级。

（3）策划的主体（策划者及所属公司或部门）。

（4）日期。

2. 序文

把策划书的内容概要加以整理即可形成序文。序文要求简明扼要，策划活动的优点、创新的特色能让人通过序文一目了然。

3. 目录

公共关系策划文案的目录要使人看后就能了解策划的全貌，它具有与序文相同的作用，十分重要。

4. 宗旨

宗旨就是告诉读者组织到底要做什么事以及做这件事的意义是什么。

5. 内容

公共关系策划文案的内容因公共关系策划种类的不同而有所变化，但必须让读者能一目了然，切忌过分繁杂，层次一定要清楚、具体，一般来说包括策划项目的现状分析、公共关系目标、公众分析、活动主题、媒体策略、活动组织等方面。

6. 预算

公共关系策划必须进行科学的预算，预算包括的内容有：对策划活动项目进行分类；计算各分类项目所需费用；汇总全部费用；等等。在编制预算时公关人员最好绘出表格，列出总项目和分项目的支出明细，这样既方便核算，又便于以后核对。

7. 策划进度表

策划进度表就是指把策划活动的全过程拟成时间表，对各项具体活动所需的时间进行规划，也可以将其作为策划推行的检查表。如未能按进度表的计划开展活动，公关人员便需要重新制订进度表。

8. 有关人员任务分配表

公共关系策划要把所有任务落实到人，并制订人员任务分配表。此项工作非常重要，一旦公共关系活动中发生权责不分的情况或某个环节出现差错，就要依据这个人员任务分配表及时做出处理。

9. 公关活动所需的物品及场地

公关活动所需的物品在公共关系策划文案中需一一列明，场地布置方案也要在文案中予以明确。

10. 策划文案附件

公共关系策划文案所附的资料不能太多，只能择要点而附之，如对决策者无参考价值则应舍弃。

第三节 公共关系方案的实施与管理

策划阶段的工作结束后，公共关系活动便进入了方案实施阶段，这是用真正行动来解决组织的公共关系问题、调整组织同公众关系的实战阶段。公共关系方案实施是公共关系活动中最为关键的一个环节，决定着组织的公共关系目标最终能否实现。

公共关系方案实施阶段承担着四个方面的任务：第一，把公共关系策划方案按计划转化为现实的公共关系活动，使之接受目标公众和实践的检验，充分展示公关人员的实践操作能力和专业水平；第二，按预定计划向公众传播某些方面的信息，引起目标公众的关注，使之加深对组织的了解，形成组织所期望的公众态度与行为；第三，解决组织公共关系方面存在的具体问题，实现公关工作的既定目标；第四，收集实施阶段公众反馈的信息、展示取得的成效、总结出现的问题，这些工作可以用来监测、评估公共关系活动的效果以及组织的公共关系状态、环境变化和无形资产的价值，同时也为组织开展后续的公关工作创造新的条件，提供新的奋斗目标。

一、公共关系方案的实施

公共关系方案的实施就是以实现组织的公关目标与满足公众的需要为出发点，选择最佳的途径和手段，按照一定的程序将公共关系方案具体落实的过程。

1. 确定公共关系活动的项目

公关人员应按照公关目标与效果最佳的原则选择公关活动的项目。常见的公关活动项目有以下几类。

（1）宣传型活动项目，如举办产品与技术展览会、企业形象推介会，召开记者招待会、新闻发布会，制作公共关系宣传资料，策划新闻事件，组织竞赛活动，开放参观活动，等等。

（2）交际型活动项目，如举办联谊会、座谈会、交谊舞会、沙龙等。这些活动模式富有人情味，具有直接性、灵活性和较多的感情色彩，属于情感营销。

（3）服务型活动项目，如消费教育、消费指导、售后服务、商业或服务业的优质服务、公共事业的完善服务等。

📚 案例分析

一人乘坐某航空公司的飞机去长沙出差。飞机降落之后，他提着随身携带的一捆资料，走到了机舱门口。乘务员在向他微笑道别的同时，递给他两块小方布，说："先生，请用布裹着绳子，不要勒坏了您的手。"人非草木，孰能无情，这个人备受感动。从此，他每次出差或带家人出门，总是首选该航空公司。为了方便，他在该公司客服的提示和协助下办了会员卡。后来，在累积里程等达标时，该公司客服主动联系他并帮他升级了会员卡，他先后享受到了优先登机、远机位贵宾车、机舱升级等一系列服务。一句话，两块小方布，换来了客户频频光顾，真是划算。航空公司主动帮客户升级会员卡，客户享受到了更完善的服务，航空公司获得了一个忠实客户（其实还包括其亲朋好友），这是一种双赢。

评析：作为公关人员，一是要挖掘这种例子组织好宣传材料，二是要协助相关部门固化提升服务质量的流程、规则，三是要组织公共关系活动宣传本公司的优质服务（体验+故事）。

（4）社会性活动项目，如举办节日庆祝活动、公益事业或福利事业的赞助活动、开业庆典与周年纪念活动等。

2. 选择并加工公共关系活动的宣传信息

公共关系活动主要是通过媒体的传播实现的。而传播离不开信息的选择与加工。经过精心加工的宣传信息会大大提高传播的效果，有助于组织公共关系目标的实现。

视野拓展

公共关系活动宣传
视频

在公共关系活动宣传信息内容的选择上应注意以下几点。

（1）宣传信息的内容要紧扣公共关系活动的主题，使公众一目了然。公共关系活动宣传信息的内容是由公共关系目标所决定的，反映了公关人员的公关意图。只有紧扣公共关系活动的主题、使人一目了然的信息才能迅速对公众产生心理冲击，吸引他们的注意。

（2）宣传信息的内容应通俗易懂，便于公众记忆。开展公共关系活动的根本目的是树立良好的组织形象，并使组织在公众心目中留下深刻的印象。只有通俗易懂、便于记忆的信息才易于为广大公众所理解和接受。

（3）宣传信息的内容要生动活泼，不拘一格，富有创意。公共关系活动宣传信息内容不但要符合大多数公众的理想、信念和价值观，符合大多数公众的兴趣、爱好和要求，还要生动活泼，不拘一格，富有创意。比如，在宣传信息内容的选择上可以结合当前的时尚文化、流行文化，还可以适当运用一些脑筋急转弯的技巧，这可能会收到意想不到的公关效果。

在公共关系活动宣传信息的加工上应注意以下几点。

（1）宣传信息的加工应符合公众的心理特点。公共关系活动宣传信息的受众是组织的目标公众，他们对信息的接受程度将决定公关工作的成败，也会影响组织的发展。所以，在对宣传信息进行加工时一定要考虑到公众的心理特点，只有这样才能取得更好的传播效果。如果目标公众是时尚青年，那么制作的传播资料就应该充满朝气、富有激情。如果目标公众是老年人群，那么制作的传播资料就应该朴素、真实。此外，还要根据不同的地区、不同的风俗习惯、不同的文化背景制作相应的宣传资料。

（2）宣传信息的加工要符合媒体的特点。各种媒体具有不同的特点，其传播方式和传播效果不同，点击量、收视率或发行量也各不相同。公关人员在加工信息时一定要咨询专家的意见，选择最合适的传播媒介，以获得最佳的公关效果。

3. 选择最佳时机实施公共关系方案

时效观念在公共关系活动中具有重要意义。在适当的时机实施公共关系方案可以获得事半功倍的效果。一方面，组织在不同的发展时期要选择不同的公共关系方案，比如在组织初创时期需要选择对组织的经营理念、产品质量进行全方位宣传的宣传型活动方案；另一方面，组织在实施公共关系方案时，应注意利用或避开重大节日或重大事件。

视野拓展

正确选择公共关系方案实施时机是提高公共关系方案成功率的必要条件。那么，在实施公共关系策划方案时，应怎样选择正确的实施时机呢？

首先，要注意利用或避开国内外重大节日。凡同重大节日无关的公共关系活动应避开这些节日，以免被节日气氛冲淡公关活动的影响。相反，凡是同重大节日有直接或间接联系的公共关系活动，则可以考虑利用这些节日烘托气氛或扩大公关活动的影响。其次，要注意运用各种特殊时机（如周年店庆）。此外，还应注意不要在同一时间内进行两项不同的公共关系活动，以免其效果相互抵消。

二、公共关系方案的管理

公共关系方案实施阶段是实质性阶段，为了确保整个公共关系活动能够达到预期效果，实施过程中需要做好以下几个方面的管理工作。

1. 对公关人员的管理

做好对公关人员的管理，是确保公共关系活动成功最为关键的因素。

（1）激发和强化公关人员的职业道德与敬业精神，使公关人员自觉地用公关工作的标准来要求自己。

（2）制订系统、完善的工作制度，使公关人员在公关活动中有章可循、有据可依、相互配合、各尽其责，出色地完成公关活动中的各项任务。

（3）实行明确的小组、个人责任制，颁布具体的纪律和规定，加强对各小组及个人的管理和纪律约束。

（4）制订合理的工作考核指标，对每个公关人员在公关活动中的工作表现和绩效做出公正、客观的评价。

（5）采取奖优罚劣的措施，激发公关人员的竞争意识和荣誉感，形成激励机制，促使他们充分发挥主观能动性、创造性，积极主动地做好本职工作，提高效率，争当先进。

（6）各级负责人认真做好组织和领导工作，发挥身先士卒的模范作用；关心、爱护每一位公关人员，与他们形成良好的人际关系，及时帮助他们解决实际困难和具体问题，安排好他们在活动期间的交通和食宿，体谅他们工作的辛劳，加大感情投入，努力创造一种和谐、民主、平等相待的工作气氛，重视并积极采纳每个公关人员的合理化建议和意见，使大家都能心情舒畅，全身心地投入公关活动。

2. 对活动过程的管理

公共关系活动在实施过程中最显著的特点和难点，是它的动态性及对活动过程的有效控制。无论事先策划得多么周密，在公共关系活动中也会遇到一些始料不及的意外情况，对整个活动的过程与效果产生影响。对此，公关人员既不能按图索骥，也不能守株待兔，而应在实施策划方案的同时，紧紧抓住主要的可变性因素，创造性地开展工作，妥善采取应对措施，随机应变，使公共关系活动的进程与客观条件和具体情况的变化保持动态的适应与平衡。公关人员应努力克服活动中存在的目标障碍，及时、妥善地处理好各种突发事件，保证活动的正常进行。

3. 对信息的管理

在公共关系活动中从头至尾都存在着信息的双向流动。有效、及时、迅速、准确地传播组织信息、接收公众信息是每一个公关人员义不容辞的责任。因此，在活动中对公关人员工作的管理，在一定程度上也意味着对信息的间接管理。

首先，针对目标公众在认知、态度和心理承受能力上的变化，公关人员在活动的不同阶段，应逐步调整、改变所传递信息的内容、数量、形式，有区别、分层次地传播组织信息，使每天、每一项具体活动传递的信息既不脱离主题，又有适当的变化和差异，避免传递给公众雷同的信息。

其次，从活动一开始，每一个公关人员都应该密切关注公众的反应，有意识地主动收集公众反馈的各种信息，并将这些信息及时提供给活动的组织者，以便他们能够对活动的进度、节奏、内容等做相应的调整和进行有效的控制，同时为活动的宣传工作提供生动的新素材，为活动结束后的评估工作及后续的公共关系活动提供直接的依据。

🎓 案例分析

美国平等生活保险公司的公共关系活动

美国平等生活保险公司在策划保健教育宣传的公共关系活动时严格遵循统一性的策划要求，及时调整策划程序和步骤。曾经，该公司策划在全国范围内发行一种预防传染病的小册子，他们通过国家有关部门了解到，中下层人民存在着对疾病预防漠不关心的严重问题。这一阶层的人们生活范围狭窄，文化素质较低。于是，该保险公司决定改变原来的设想，将原先的长篇宣传文章改编成文字活泼通俗并附有详细图解的小册子，以更好地为新的目标公众服务。此后，他们先印刷了140份小册子，在一个居民区散发，进行摸底，以了解公众的反应。结果，多数公众表示对这一宣传手册没有能力接受。于是，他们又一次请专业作家将字数缩减到三五千字，使文字更通俗、更浅显易懂，从而符合这些中下层人民的文化水平，最终这次宣传策划获得了成功。

（佚名）

评析： 由本案例可见，一项精心策划的公共关系活动方案要经过实施过程的检验，并在实施过程中不断调整，才能取得预期效果。

4. 对活动现场的管理

对公共关系活动现场的管理：<u>首先，应做好各种接待工作，</u>使每个参加活动的人都受到热情、周到的礼遇，从而产生亲切、温暖和被尊重的感觉；<u>其次，要维持好活动现场的秩序，</u>使整个活动能始终井然有序地进行，避免出现混乱和失控的局面，或者造成不良的影响；最后，要有效地控制活动现场的气氛，防止出现太大的起伏和波动，影响活动的正常进行。

第四节　公共关系评估

🎓 案例分析

无形的公共关系效果

以下是一段对话。

"为什么不行呢？"

"它们看不见摸不着，你实际上看不到公共关系的结果。"

"我为什么要为了那些看不到的事情——你所说的'看不见摸不着'的结果而付钱给你呢？"

"因为公共关系与众不同，不能采取像其他工作一样的评价标准。"

"好吧，给你钱。"

"在哪？我没看到任何钱呀。"

"当然看不见啦，它是感觉不到的——这就是你所说的'看不见摸不着'。"

——摘自（美）斯科特·M.卡特利普《公共关系教程》中文第八版

评析： 你认为这段对话反映了什么问题？

其一，公共关系效果评估的难度很大，以致被有些公共关系人士作为一种借口（不可测定论）；其二，公共关系效果评估很重要，它影响公共关系服务对象对公共关系实务工作的"总体评估"。

公共关系评估是公共关系四步工作法中的最后一步。所谓公共关系评估，是根据特定的标准，对公共关系策划、方案实施及公关活动效果进行检查、评价，从中发现问题，判断公关活动优劣，进一步调整方案和完善组织形象的过程。它在整个公共关系活动过程中具有重要的作用。公共关系评估要求有关专家或机构依据科学的标准和方法，对公共关系的调查、整体策划、实施过程及公关活动效果进行测量、检查、判断和评价。

一、公共关系评估的目的

公共关系评估的目的就是获取关于公关工作过程、工作效益和工作效率的信息，以其作为开展、改进下一步公关工作和制订公共关系活动计划的依据。具体来说，公共关系评估的目的主要有以下两个。

（1）在公共关系活动的实施过程中发挥监督和反馈的作用，发现公共关系实施过程中的偏差。公共关系评估的信息获取一般包括对决策信息、人员情况、活动进度、预算等实施过程的信息的获取，以及对活动效果（如公众对组织的了解程度、公众是否改变观点和态度等）信息的获取。

（2）根据组织的不同需要提供不同的信息进行公共关系评估之所以重要，是因为公共关系评估对公共关系方案实施过程的监控作用，它通过对组织主客观环境的变化以及公共关系方案实施过程中偏差的分析，将反馈意见传递给决策层，从而纠正公共关系方案实施过程中的偏差，保证组织目标的实现。

二、公共关系评估的作用

公共关系评估的作用表现在以下五个方面。

（1）公共关系评估是改进公关工作的重要环节。公共关系评估对一个组织的公关工作具有"效果导向"作用。美国学者埃瓦茨·罗特扎思（Evarts Routzahn）曾经说过，当最后一次会议已经召开，最后一批宣传品已经散发，最后一项活动已经成为历史的记录时，就是你在头脑中将自己所采用的方法重新过滤一遍的时刻，这样你就会总结经验和教训，供下一次借鉴，这形象地说明了公共关系评估对改进公关工作的重要作用。

（2）公共关系评估是开展后续公关工作的必要前提。从公关工作的连续性来看，任何一项公关工作计划的制订与实施都不是凭空产生和孤立存在的，它总是以原来的公关工作及其效果为背景。制订新的公关工作计划，要对前一项公关工作从计划的制订到实施的过程及效果等进行系统评估和分析，即使前后两项公关工作所要解决的问题各不相同，也必须这么做。例如，前一项公关工作的目标是为新产品开拓市场，而后一项公关工作的目标是缓解不利舆论对组织的冲击，挽回组织声誉，但这两项工作不是完全独立的。因为要缓解不利舆论对组织的冲击，挽回组织的声誉，就必须了解这种不利舆论产生的原因、影响范围，这就不可避免地涉及组织的产品市场、消费公众、组织形象等问题，对前一项为新产品开拓市场的公关工作的评估将为后一项公关工作提供决策的依据。这就是公关工作连续性的一种表现。

（3）公共关系评估是鼓舞士气、激励内部员工的重要形式。公关工作既涉及公众利益的满足也涉及公众利益的调整，既涉及组织形象的改善又涉及组织策略、方案的改进和修正，一般来说，内部员工很难对它有全面深刻的了解和认识。所以，当一项公共关系方案实施之后，由有关人员将该项公共关系方案的目标、措施、实施的过程和效果向内部员工解释和说明，可以使他们认清本组织的利益和实现的途径，自觉将实现本组织的战略目标与自己的本职工作紧密地联系在一起。

（4）公共关系评估为有关人员提供信息。一项公共关系活动计划的实施涉及计划的制订人员和实施人员，这两方面人员对公共关系计划的实施有不同的期望和要求。一般来说，计划的制订人员希望得到计划是否合理，计划实施的程度、范围和效果如何，实施的方法和程序是否需要调整，实施计划的花费是否与计划相符等方面的信息；计划的实施人员则希望知道实施过程中的关键环节有哪些，哪些实施策略最为有效，实施活动对公众产生了哪些影响、影响程度如何，哪些方法能够有效地排除实施过程中的障碍，等等。通过公共关系评估可以对公共关系活动计划的制订和实施以及通过实施所取得的效果做出全面具体的评价，还可以根据各类人员对信息的不同需求，有针对性地向他们提供所需要的信息。这些信息是开展下一步公共关系活动、改进下一步公关工作、制订新的公共关系活动计划的依据。

（5）公共关系评估是有效提高公共关系部门效率的手段。加强公共关系部门的管理，使公共关系机构正常运转，各项工作都处于不断改进的优化状态，并使每个公关人员都有高度的积极性，要做到这一点，公关部门就要加强对公关人员的考核、奖惩，而这些都离不开公共关系评估。通过公共关系评估，可以促进公关人员提高工作效率，有利于实现组织目标。

三、公共关系评估的程序

一般来说，公共关系评估工作可以分为以下四个阶段。

（1）明确统一的评估目标和标准。只有明确统一的评估目标和标准，才能够对组织各项活动做出客观评估。统一的评估目标和标准是检验公关工作效果的参照物，有了这个参照物才能检验公共关系计划与实施的效果。即使这一评估目标更多的是定性的而非定量的，也需要制定一个统一的评估目标。这需要评估人员将有关问题，如评估重点、提问要点等形成书面材料，以保证评估工作的顺利进行。

（2）搜集信息和资料，对公关工作进行评估和分析。根据制定的评估目标和标准，公关人员可以运用本章介绍的调查方法，广泛搜集开展公共关系活动以来组织内部和社会公众方面发生变化的各种信息和资料，然后运用各种评估方法来比较和分析计划实施前后公关工作是否得到了改进，哪些公关活动达到甚至超过了预期的目标，哪些公关活动没有达到预期的效果，等等。

（3）向决策部门汇报评估结果。公关人员要如实地把评估结果以正式报告的形式提交给决策部门，在报告中应把对公关工作的评估和组织的总目标、总任务联系起来。在评估分析的基础上，指出公共关系计划和实施中存在的问题，分析原因并写出书面报告，及时、如实地向有关部门进行通报，以供下次决策参考。向决策部门汇报评估结果应该成为组织的一项固定制度。这样一方面可以保证组织的管理者能及时掌握情况，有利于进行全面的协调；另一方面也可以说明公共关系活动是否与组织目标持续地保持一致，在实现组织目标过程中的作用如何。

（4）把评估结果运用于决策，促进对公共关系的理性认识。公共关系评估的最终目的就是为了在下一步的公关工作中应用这些评估结果。公共关系评估结果将对下一步公关工作起定向作用，对公共关系评估结果可以进行抽象化分析，得出对公共关系活动有普遍指导意义的思想、方法与原则。公共关系评估结果可用于两方面的决策：一方面用于其他的将要制订的公共关系方案的决策；另一方面用于组织的总目标、总任务的决策。

案例分析

困 惑

公关部经理："我们这个月发了创纪录的 15 万字，超出××公司 1/3，这是传播剪报，系统上的网络传播资料库也已更新。"（等待总经理的夸奖）

总经理："哦，辛苦了！但××公司上月的销售势头很猛。销售部门反映，经销商和用户端反馈的信息是，他们的宣传力度好像比我们大。这是怎么回事？"（显得有些烦躁）

问题：如果你是公关部经理，你会如何解释？如何做呢？

四、公共关系评估的标准

公共关系活动实施过程的各阶段有不同的评估标准。

1. 准备阶段的评估标准

（1）背景材料是否充分。

（2）信息内容是否正确、充实。评估标准强调的是信息的合理性，整个评估过程要紧紧围绕"公共关系活动是否适应形势要求"而展开。

（3）信息的表现形式是否恰当。这一过程是准备阶段评估的最后一个环节，其重点是评估信息的表现形式是否合理、新颖，是否能达到引人注目、给人以深刻印象的要求。

2. 实施阶段的评估标准

（1）发送信息的数量。发送信息的数量是指组织所实施的公共关系活动在电视、广播、网络中的播出次数，发出信件、其他宣传资料以及新闻的数量。

（2）信息被传播媒介采用的数量。要特别注重信息被传播媒介所采用的数量，只有通过传播媒介才能有效地保证公众接收到信息，并受到这些信息的影响。

（3）接收信息的目标公众的数量。公关人员应对收到信息的公众进行分类统计，从中统计出目标公众的数量。

（4）注意到信息的公众数量。要清楚在接收到信息的目标公众中有多少人阅读了这些信息，他们读到了什么内容，读了多少内容。

3. 实施效果的评估标准

（1）了解信息内容的公众数量。可以在公共关系活动开展前后，对同一组公众重复进行调查，以了解开展公共关系活动前后这些公众对组织的认识、了解和理解的变化。

（2）改变态度的公众数量。这是评估实施效果的一个更高层次的标准。

（3）发生重复期望行为的公众数量。在掌握了发生期望行为的公众数量之后，还应该注意了解发生重复期望行为的公众数量。如对戒烟活动，不能单纯计算开展这一活动的第一天内戒烟者的总数，对此活动影响效果的评估要根据活动开展以后几个月甚至几年的持续观察数据来进行。

（4）达到的目标与解决的问题。这个评估标准是公共关系活动效果评估的最高标准。有时，公共关系活动产生的结果并非与目标完全一致，但是有些结果同样是积极的，如节约能源宣传活动，其目标是为了减少总的能源消耗，结果却表现为人们增加了对节约能源的兴趣，增长了这一方面的知识，甚至改变了他们使用电器的习惯。表面来看，这次活动的结果与既定的目标并不完全吻合，但是这些结果也可以间接表明这次宣传活动是成功的。

（5）对社会发展产生的影响。这个评估标准是公共关系活动社会效益的具体化，如是否有益于净化社会风气、是否有益于改善营商环境、是否促进了社会经济发展，这些标准具有较强的主观性，不过可从受益公众的微观角度加以观察。

五、公共关系评估的方法

在完成公共关系活动反馈信息的收集整理工作之后，公关人员需要使用恰当的方法对公共关系活动效果实施评估。

（一）选择公共关系评估方法的要求

选择的公共关系评估方法要具备以下四个基本特点。

（1）有效性。有效的公共关系评估方法是定性分析和定量分析的有机结合。定性分析侧重于从价值方面评估公共关系活动的效果，有助于组织了解公众环境的概括性或概貌性的特点，掌握组织公共关系活动和公共关系状态的基本要素和总体特征；定量分析侧重于从数据方面评估公共关系活动效果，通过具体事实和数据为组织公共关系活动效果和公共关系状态提供量的依据，并揭示公共关系活动各个要素之间量的关系。只有将定性分析和定量分析结合起来，才能准确地评估公共关系状态和公共关系活动效果。

（2）累积性。公共关系活动对公众的影响往往是潜移默化的，而不是立竿见影的，因此会为公共关系活动效果评估带来困难。在进行公共关系活动效果评估时，公关人员除了要考察组织近期效益变化之外，还要运用动态模式方法分析组织的长远效益。

（3）综合性。公共关系活动追求的是组织目标与社会的整体效益的统一、组织与社会的共同发展，因此不能对所有的公共关系活动都设定经济效益指标。

（4）权变性。公共关系评估方法和指标的确定要从实际出发。公共关系评估既要有评估标准和要求，也要根据特定的情况，适当地修正其中的测评项目和指标；评估人员既不能完全照搬他人的做法，也不能机械地按照计划的要求而忽略实施条件的变化对公共关系活动效果的影响来进行评估。

（二）公共关系评估方法的种类

公共关系评估方法有以下五种。

1. 组织自我评估法

组织自我评估法就是由本组织有关部门或主持和参与公共关系计划实施的人员来对公关工作效果进行评估。这种评估方法一般由组织的主要负责人主持，各部门负责人或有关人员参加。评估人员通过参加公共关系现场活动并观察和统计他人反应来进行效果评估，由于是公关活动当事人的自我评价，这种评估的结果往往不够客观。

2. 公众民意调查评估法

公众民意调查评估法是一种重要的公共关系评估方法，是指评估人员通过调查研究公众的反应，确认公关工作在影响特定公众的认知、态度、观点和行为等方面可度量的效果的一种评估方法。这种评估方法就是根据公众的反应来评估公关工作效果，而公众的反应一般要通过调查研究获知。因此这种评估方法要选取一定数量的调查对象，用问卷调查、访谈等方法获取相关信息，然后再加以统计、分析，进行效果评估。

3. 专家评估法

专家评估法就是聘请组织外的公共关系专家对组织的公关工作进行评估。一般由相关行业领域的专家会同组织的公关人员一起组成评议组，使用意见汇集法、德尔菲法等方法进行效果评估。外部专家通过调查访问和分析，可对组织的公关工作效果做出较为客观的评价，并能对组织今后的公关工作提出有价值的意见和建议。因此，这种方法很值得重视。

4. 新闻分析法

新闻分析法是指通过分析新闻媒介对公共关系活动的报道情况，评估公共关系活动效果。组织可以根据新闻媒介的受众情况评估公关活动效果。当一次公共关系活动结束后，组织可以通过统计、分析新闻媒介（如电视、电台、报纸、杂志及新闻网站等）对本次活动及组织情况（名称、事迹、广告、产品、商标、照片和评论等）的相关报道，在一定程度上了解组织在公众中的关注程度、组织在社会上的知名度和美誉度、组织与新闻界的联系状态，从而对公共关系活动的效果做出评价。

了解新闻媒介受众情况的具体手段有如下三种。①统计新闻报道的情况，主要统计新闻媒介报道组织公共关系活动的时间、频率和篇幅。②统计新闻媒介的自身情况，主要统计报道组织情况的新闻媒介本身的权威性、影响力和影响范围。③统计新闻报道所采用的形式，主要统计新闻媒介是如何对组织公共关系活动进行报道的，是正面报道还是负面报道，是全面报道还是部分报道，是重点报道还是一般报道，等等。

5. 组织活动记录法

全面而准确的数据是组织重要的效果评估资料，在组织实施公共关系活动前后，公关人员要坚持在组织的日常活动中记录有关指标的变化。例如，学校的报考人数、企业的产品销售额、宾馆的入住人数、机关的出勤率等都是组织活动的记录范围。组织进行公共关系评估时，要依据记录的资料，按照制定的标准进行衡量，得出评估结果。

　　在评估公关工作的效果时，上述几种方法是全部使用还是有选择地使用，应当根据实际需要而定。一般来说，如果是对多目标的中长期计划的实施效果进行评估，最好几种方法同时使用；如果是对单目标的短期计划的实施效果进行评估，一般选择一两种方法即可。

本 章 小 结

　　本章主要介绍了公共关系的工作程序，包括公共关系调查、策划、实施及评估，主要包括以下几个重要的知识点。

　　（1）公共关系调查是指公关人员运用一定的理论方法和技巧，以组织内部成员、外部公众为对象，通过收集资料和分析资料，了解组织的公共关系状态，揭示其发展规律并提出改进措施或意见的活动。公共关系调查的基础步骤：①明确调查目的，确立调查选题；②确定具体调查项目，选择调查方法；③具体安排调查工作；④实施调查方案，收集调查资料；⑤研究调查数据，撰写调查报告。

　　（2）公共关系策划是对公共关系实践活动的运筹、谋划和设计。公共关系策划的程序包括公共关系调查、确定公共关系目标、制订策划方案、经费预算、方案评估和优化。公共关系策划文案的基本结构包括：①封面；②序文；③目录；④宗旨；⑤内容；⑥预算；⑦策划进度表；⑧有关人员任务分配表；⑨公关活动所需的物品及场地；⑩策划文案附件。

　　（3）公共关系评估是根据特定的标准，对公共关系策划、方案实施及公关活动效果进行检查、评估，从中发现问题，判断公关活动优劣，进一步调整方案和完善组织形象的过程。公共关系评估的作用有：①公共关系评估是改进公关工作的重要环节；②公共关系评估是开展后续公关工作的必要前提；③公共关系评估是鼓舞士气、激励内部员工的重要形式；④公共关系评估为有关人员提供信息；⑤公共关系评估是有效提高公共关系部门效率的手段。公共关系评估的方法有：①组织自我评估法；②公众民意调查评估法；③专家评估法；④新闻分析法；⑤组织活动记录法。

练 习 题

一、名词解释

　　公共关系调查　间接调查法　直接调查法　公共关系策划　公共关系评估

二、单项选择题

　　1. 公共关系调查的主要特点是（　　）。

　　　　A. 单向信息交流　　B. 双向信息交流　　C. 利益性　　　　D. 可行性

　　2. 公关策划的灵魂是（　　）。

　　　　A. 创新　　　　　　B. 准确　　　　　　C. 及时　　　　　D. 灵活

　　3. （　　）是指人们的发言不受约束，想什么就说什么，或怎样想就怎样说，尽量地开阔思路、打开视野，无拘无束地发表自己的看法。

    A. 德尔菲法   B. 专家访谈法   C. 头脑风暴法   D. "制造新闻"法

三、多项选择题

1. 下列属于间接调查法的有（   ）。

    A. 文献法   B. 网络利用法   C. 电话回访法   D. 奖励建议法

2. 下列属于直接调查法的有（   ）。

    A. 访谈法   B. 观察法   C. 问卷法   D. 追踪调查法

3. 公共关系策划的原则包括（   ）。

    A. 利益性原则   B. 创新性原则   C. 可行性原则   D. 针对性原则

4. 属于公共关系策划方法的有（   ）。

    A. 问卷法   B. 专家意见法

    C. "制造新闻"法   D. 头脑风暴法

5. 公共关系方案实施的特点有（   ）。

    A. 原则性与灵活性相结合   B. 创新性与效益性相结合

    C. 精简性与广泛性相结合   D. 前瞻性与利益性相结合

6. 沟通障碍包括（   ）。

    A. 语言障碍、文化障碍   B. 观念障碍

    C. 心理障碍   D. 组织障碍

四、简答题

1. 公共关系调查主要有哪些功能？
2. 公共关系调查的基本步骤是什么？
3. 公共关系调查报告的写作内容主要包括哪些方面？
4. 简述公共关系策划的程序。
5. 简述公共关系策划文案的基本结构。
6. 简述公共关系评估的方法。

综 合 实 训

1. 以 8～10 人为一小组，以小组为单位为你所熟悉的学校或企业设计一项公共关系活动方案，并撰写公共关系活动策划书。

2. 假定你所在的学校近日有一次重要的公共关系活动，但由于天气恶劣，致使活动不能如期开展，请以 8～10 人为一小组，以小组为单位拟订一个应急方案，以消除取消本次公关活动对学校造成的不利影响。

3. 选择发生在身边的某项公关活动（如企业赞助学校某竞赛），以你周边全部同学为调查对象（目标受众），写一份公关活动评估报告。

提示：应说明该组及其公关活动在"目标受众"中的知晓状况、印象深浅程度。

第六章

企业标识与整合营销传播

🚀 学习目标

知识目标：掌握企业标识相关的概念；了解企业标识的定位、企业标识系统战略的构成和导入程序；了解整合营销传播的概念和步骤。

能力目标：掌握企业标识系统战略的构成和导入程序，掌握整合营销传播的方法。

素质目标：激发爱国情怀和民族自信，塑造由内而外的个人素养和职业修养，培养团队协作能力和合作精神。

🔑 案例导入

麦当劳公共关系形象的塑造

崛起于第二次世界大战后的麦当劳，已成为美国文化的象征。麦当劳已经遍布全球六大洲100多个国家和地区，在 2022 年全球十大餐饮品牌评比中排名第二。

麦当劳在全球的成功得益于它的管理和统一的品牌形象，具体来讲，取决于它在全世界产品和服务品质的始终如一。另外，设计简洁但非常有效的麦当劳标识（黄色的字母"M"以及穿着黄色衣服、袖子有红白相间条纹的"小丑"打扮的麦当劳叔叔）和统一的店面装修共同构成了麦当劳一个独特的外在形象；而服务对象集中于家庭和孩子，大众化的装修成为麦当劳品牌独特的标识。诞生于美国的麦当劳已经完全国际化，它跨越了地理空间和文化的界限，创造了连锁快餐品牌成功的神话。麦当劳在总结经验时得出这样一个结论：麦当劳不是产品，它是一种文化。

评析：从上面的案例可以看出，麦当劳善于从细节中发掘和品牌相关的内容，在全球使用统一的品牌形象和规范的管理方式，独特的黄色字母"M"和麦当劳叔叔这些视觉要素成为其突出的品牌标志。

第一节 企业标识

一、企业标识的概念

企业标识（Corporate Identification，CI）是指通过造型简单、意义明确的统一标准的视觉元素，将企业的经营理念、企业文化、经营内容、企业规模、产品特性等要素传递给社会公众，使之识别和认同企业的图案和文字。企业标识是企业视觉形象的核心，它构成了企业形象的基本特征，体现了企业内在素质。因此，企业标识设计在整个视觉识别系统设计中具有重要的意义。

二、企业标识定位

企业标识是现代经济的产物，它不同于古代的招牌，现代企业标识承载着企业的无形资产，是企业综合信息传递的媒介。企业标识作为企业标识系统战略的主要部分，在企业形象传递过程中，是应用最广泛、出现频率最高，同时也是最关键的元素。企业强大的整体实力、完善的管理机制、优质的产品和服务，都隐含在企业标识中，企业标识通过不断的刺激和反复刻画，深深地留在受众心中。

企业将具体的事物、事件、场景和抽象的精神、理念、方向通过特殊的图形、文字、符号、色彩表达在不同载体上，使人们在看到企业标识的同时，自然地产生联想，从而对企业产生认同。在企业品牌建设当中，好的企业标识设计无疑是无形资产积累的重要载体，但如果企业标识没能客观反映企业精神、定位、产业特点，或者制作不科学、造型外观不够优美的话，都将对企业形象产生不利的影响。

三、企业标识设计

企业标识设计不只是一个图案设计，而是一个具有商业价值和艺术欣赏价值的图案设计。企业标识图案是形象化的艺术概括。设计师须以自己的审美方式，用生动具体的感性图形去描述它、表现它，深化企业标识主题思想，从而达到准确传递企业信息的目的。

企业标识设计的难点是如何准确地把企业的形象概念转化为视觉形象。企业标识既要有新颖独特的创意，表现企业个性特征，还要用形象化的艺术形式表达出来。

优秀的企业标识的设计，应该注入企业深刻的思想与理念内涵，塑造出鲜明独特的优良企业形象，达成差异化战略之目的。

随着商业信息传播与科技文化交流速度的加快，一切传播行为都极其讲求效率。视觉传播的文字和商业符号一样，都朝着一个共同方向发展，既要求简洁、统一，同时还讲求造型美观、大方、具有个性。企业标识设计也不例外。

🔭 视野拓展

英国著名快餐连锁店小厨师的新形象设计

小厨师（Little Chef）是英国著名的快餐连锁店，成立于 1958 年。在 20 世纪 80 年代，小厨师曾经在英国拥有 435 家连锁店。2000 年以后，因为业务萎缩，只剩下 162 家连锁店。作为一家英国家喻户晓的快餐连锁店，它在很多英国人的心目中留下很深刻的印象，特别是它的棒棒糖，给很多英国人留下了温馨的回忆。但在竞争日益激烈的快餐市场中，它已经处于下风。时代在变，小厨师几十年如一日的形象已经显得过时，R Capital 收购了小厨师的业务后，希望重振小厨师昔日的雄风。2013 年，他们委托英国设计公司 Venturethree 为小厨师设计新的标识（见图 6.1）。

旧标识　　　　　　　　　新标识

图6.1　小厨师的新旧标识

Venturethree 设计团队谈到这个设计时说："小厨师历史悠久，且知名度非常高，93％的英国人都知道这个品牌。所以，重新塑造其视觉形象，不仅是一次改革，更是一次进化。一方面，设计师要让小厨师变得更生动、更新颖、更有活力。另一方面，设计师又必须尊重其传统，考虑千万老顾客的感受。为了平衡这两者，原设计中的 Charlie 形象被保留了下来。最后，新设计的小厨师形象变得更友好、更精练，充满活力，但仍然可以轻易被老顾客辨认出来。Charlie 是联系新老标识的桥梁，是服务英雄的代表，是把老客户带进新标识的纽带。Charlie 的形象代表着尊重和品质。""我喜欢进化，尤其是当公司发展得很好的时候。Charlie 的形象很简单，将它加入新设计，能保持原来品牌的灵魂。另外，新的标识中字体好看且饱含精神。""我们提出了一系列英国式想法来强化品牌理念。比如，我们将小厨师的标识做到广告牌上，举着广告牌在英国大街上游走。除了产品创意，我们也希望能在用户体验上想出有趣的创意。"

四、企业标识系统战略的导入

企业标识在发展的过程中不断得以完善，从而形成了企业标识系统。企业标识系统战略比企业标识战略更系统、更完善。

企业标识系统（Corporate Identity System，CIS）又称企业识别系统，或者企业形象战略。所谓的企业标识系统是指企业将其经营理念、经营行为、视觉形象、听觉形象以及一切可感受的形象实行统一化、标准化与规范化的科学管理体系。

企业标识系统是一种高级的管理系统。在公众面前和国际交往中，企业标识系统代表了企业现代文明的现代化程度，凸显了企业规范的管理和值得信赖的经营作风。所以，企业标识系统是企业的一种"身份牌"。当今企业界普遍把是否导入企业标识系统作为一家企业是否进入高级管理层次的判定标准之一。

（一）企业标识系统战略的构成

企业标识系统（CIS）是由三个识别系统组合而成的，它们分别是理念识别系统（Mind Identity System，MIS）、行为识别系统（Behavior Identity System，BIS）、视觉识别系统（Visual Identity System，VIS），这三者之间各有其特定的内容，相互联系，逐级制约，共同作用，相互配合。

企业标识系统战略是企业形象策划、设计、传播和管理的战略，其实质是企业形象个性的一体化。

1. 组织之"心"——理念识别系统

理念识别系统，亦称理念统一化，是组织长期发展过程中形成的，具有独特个性的价值观体系，是组织宝贵的精神资产，是组织不断成长的根本动力。企业标识系统战略中的灵魂是企业理念，它包括企业的经营观念、精神标语、方针策略、企业口号、企业文化等。其中企业口号是它的具体表现形式之一。

例如，华为公司通过对行业的认真分析和对市场的反复研究认识到，作为电信网络解决方案供应商，应该把客户放在最重要的位置，始终保持竞争力是企业生存与发展的关键，优秀的员工队伍是企业成功的必备要素。经过探索积累，华为把企业愿景确定为"丰富人们的沟通和生活"，把企业使命确定为"聚焦客户关注的挑战和压力，提供有竞争力的通信解决方案和服务，持续为客户创造最大价值"，提出企业核心价值是"成就客户、艰苦奋斗、自我批判、开放进取、至诚守信、团队合作"。华为公司的理念识别系统使企业形象的水平和层次得到提高，产生了巨大的企业凝聚力，也使得社会公众对其产生了认同感和归属感，为企业的发展创造了良好的社会环境。

2. 组织之"手"——行为识别系统

行为识别系统，亦称行为统一化，它是组织存在的基础和发展的原动力，它规划着组织内部的管理、教育以及组织对社会的一切活动。对内行为活动包括干部教育、员工教育（这里又包括服务态度、服务技巧、礼貌用语和工作态度等）、工作环境、生产设备等；对外行为活动包括市场调查、产品销售与开发、公共关系、广告宣传、促销活动等。组织积极参与社会事务和公益活动，其目的主要在于获得参与活动的社会公众的认同。

一切行为识别系统的活动，都应该从人出发，再回到人，使活动充满人情味，使人感到亲切。这对组织的公共关系、促销等活动是非常重要的。同时，行为识别系统还应当让组织的宗旨、精神及形象设计渗入生活领域，因为生活领域比销售领域更宽广，更有潜在影响力。企业行为识别系统渗入生活领域应该不是强制性的，而是让人们在不知不觉中接受组织，默默地体会到组织的关怀，在人们心中树立起良好的组织形象。例如，福特汽车对人们的关怀是这样表达的：在斑马线上，一位白发苍苍的老人正准备过马路，但车水马龙，没有一辆车停下，这时传来了画外音——"人人都有老时"。这是一则成功的广告，虽未直接推销自己的产品，却给人们留下了深刻的印象，留下了福特汽车关心他人的组织形象。

企业在行为识别系统中对内部员工进行的教育训练等活动一定要通过媒体传播出去，才能起到积极的效果。例如，某商场为适应商品市场的竞争，在本商场员工中，推出了岗前教育计划，主要内容包括：①店史及未来发展规划教育；②商场员工仪容、仪表和道德规范教育；③销售技术（接待顾客，提示、介绍商品，包装、捆扎商品，欢送顾客）教育；④商品知识；⑤商品管理，商品分类，商品补充，商品整理，盘点，等等；⑥商品陈列；⑦收付款方法；⑧采购业务；⑨票据的使用和填写等。商场将此岗前教育计划通过广播、报刊宣传了出去，为该商场树立起良好服务形象打下基础。

视野拓展
企业标识实例

3. 组织之"脸"——视觉识别系统

视觉识别系统亦称视觉统一化，它是组织所独有的一整套识别标志，是组织理念外在的、形象化的表现。视觉识别系统是企业标识系统的具体化、视觉化，它包括企业标识、企业名称、企业商标、标准字、标准色、象征图案、宣传口语等，这些视觉元素被应用于企业的产品、包装、办公场所、交通工具等。所有这些视觉元素，一方面组成了企业视觉识别系统，另一方面又直接影响人们从视觉角度认识企业的形象。

🧘 问与答

问1：什么是"著名商标"？

答1：地方省级政府部门认定的"地方名牌"称为"著名商标"，这个概念是中国特有的。2019年起，停止了"著名商标"的认定。

问2：什么是"驰名商标"？

答2：通常把国家政府部门认定的"国家名牌"称为"驰名商标""驰名商标"是众多商标中的佼佼者。一个企业使用的商标，如果它所标识的商品和服务一贯良好，而且这个商标的信誉度高、知名度高，且企业经营好、规模大，或者历史悠久，有经营特色，这样的商标经过政府主管部门的认定，即可成为驰名商标。

优秀的企业视觉识别系统设计对企业有着重要作用，主要包括以下几点。

（1）企业视觉识别系统设计在明显地将该企业与其他企业区分开来的同时又表现出该企业明显的行业特征或其他重要特征，体现出该企业在经济活动当中的独立性和不可替代性，明确该企业的市场定位，是企业无形资产的一个重要组成部分。

（2）传递该企业的经营理念和企业文化，以形象的视觉形式宣传企业。

（3）以企业特有的视觉识别系统吸引公众的注意力并使公众产生记忆，使消费者对该企业所提供的产品或服务保持品牌忠诚度。

（4）增强该企业员工对企业的认同感，提高企业员工的士气。

没有视觉识别系统。对一个现代企业来说就意味着它的形象将消失在茫茫的商海之中，让人不易识别；它的产品与服务毫无个性，难以吸引消费者；团队涣散、士气低落。

英国的维珍（Virgin）公司的业务范围包括航空、旅游、音像制品、零售、饮料、金融保险等，跨度极大，但是由于该公司很成功地在其各个商业领域里严格地实行了统一的视觉识别系统（见图6.2），其品牌形象得到了很好的延伸。

英国维珍公司的标识　　　　英国维珍传媒公司的标识

英国维珍澳洲航空公司的标识　　英国维珍大西洋航空公司的标识

图6.2　英国的维珍公司的标识

视觉识别系统设计对企业运作的作用的最好例子也许在运动时装行业。在很多情形下，一位消费者决定购买哪个品牌的运动衣，在无法判定品质优劣的前提下，往往仅仅取决于他（她）喜欢哪个视觉标识。

企业标识系统这三个方面的内容是一个整体，相互联系，相辅相成，具有不可分割性。其中，理念识别系统是企业精神所在；行为识别系统是企业行为活动的动态形式，可直接展示理念识别系统的内涵；视觉识别系统能将企业的基本精神、差异性等充分表现出来，让公众一目了然地识别企业。它们三者共同组成完整的企业标识系统，有人还将这三者的关系形象地比喻为一棵树。理念识别系统是"树根"，行为识别系统是"枝叶"，视觉识别系统是"果实"。理念识别系统是基础和源泉，行为识别系统是保证和行动，视觉识别系统是外在表现，这三者融为一体，才能使企业形象统一而强大有力。它们之间相辅相成，使得企业标识系统成为一个整体。

（二）企业标识系统战略的导入程序

1. 组建机构

当组织决定实施企业标识系统战略时，首先必须给予组织保证。

（1）组建企业标识系统战略委员会。企业标识系统战略委员会是在正式实施组织形象塑造之前成立的企业标识系统战略的决策机构，由企业标识系统战略的高级主管、专家组成。

（2）组建企业标识系统战略执行委员会。企业标识系统战略执行委员会是企业标识系统战略委员会下属一个从事企业标识系统战略导入与推广工作的机构。企业标识系统战略委员会负责企业标识系统战略的大政方针、信息提供和后勤保证，而企业标识系统战略执行委员会则专职负责具体的企业标识系统战略的导入工作。

2. 企业现状分析

当企业决定导入企业标识系统战略，并成立了企业标识系统战略委员会和企业标识系统战略执行委员会之后，要做的第二件事就是开展对企业现状的调查和分析，以了解企业运行的全面情况，并对企业内外环境进行全面诊断，明确企业当前的优势和劣势、在同行业中的地位、在社会上的形象状态，为下一步的企业标识系统战略指明方向。

企业现状分析主要包括以下内容。

（1）企业形象调查。企业形象调查包括企业有形形象与无形形象的调查，比如企业知名度与美誉度的调查。

（2）企业形象定位。企业形象定位就是要在调查、诊断的基础上，确定企业所预期达到的企业形象的社会地位。企业形象定位以提高企业效能为原则，以满足社会公众对企业的期望和要求为准则，基于企业本身的性质、经营战略目标、企业结构功能等实际要素而设定。

3. 企业理念和事业发展领域的确立

根据调查研究和现状分析的结果，企业应重新确立企业理念和事业发展领域。企业理念是企业标识系统战略的灵魂，它决定着企业标识系统战略的成败，所以不仅要给予其高度的重视，而且应当非常慎重。新确立的企业理念不仅要反映企业新的追求和风格，还应被公众接受和认可。同时，还要根据企业的背景、条件进行环境预测，确定 10 年或 20 年后企业的事业发展领域，以及企业今后的发展方向。

4. 企业行为设计

当企业确定了新的企业形象定位后，必然要求有相应的企业行为进行配合，如新的企业机构、新的管理手段、新的规章制度、新的信息传递系统等。企业行为设计不仅要改变企业旧的行为模式，还要建立企业新的行为模式。因此，企业行为设计必须高度科学化、规范化和可操作化，而且必须有管理专家的参与才能很好地完成。

5. 企业视觉设计

企业视觉设计是对企业所有可能的视觉形象进行标准化、系统化的设计，通过企业统一的视觉识别系统，把企业的理念有效地传递给外界。就整体而言，任何一个企业要一次性地完成所有的企业标识系统战略并使之统一化，都不是轻而易举的事。它不仅需要投入大量的资金，也需要投入大量的人力和时间。因此，企业应根据自身状况和需要，有计划地逐步进行企业视觉设计。

6. 编制企业标识系统手册

企业标识系统手册是企业重要的无形资产之一。企业标识系统手册是企业在企业标识系统策划、企业标识设计完成后，为了便于公众理解企业标识系统战略的内容，便于向公众进行推广、树立企业形象而编制的文本。

具体来说，企业标识系统手册是阐述企业标识系统战略精神、要领、基本内容与具体操作规程的指导书，是运用企业标识系统塑造企业形象的集中体现。编制企业标识系统手册的目的在于统一企业的整体形象，贯彻企业形象塑造的意图，使承载着企业精神、规划理念的每个规划设计要素都能够简明扼要地、正确地表达企业形象特征和内涵，塑造优秀的企业形象。

塑造企业形象的公共关系活动是一种只有起点而没有终点的活动。因此，企业必须在第一次导入企业标识系统战略的基础上，不断进行反思，持续开展多次公共关系活动，使企业形象不断得到提升。同时，在企业标识系统战略实施过程中，还必须建立企业形象监测系统，定期进行观测与矫正，及时调整企业标识系统中不合理的部分，以确保企业标识系统战略实施前后的关联性和对企业经营发展的指导作用。

视野拓展

阿里巴巴集团标识的寓意

阿里巴巴的企业标识（见图6.3）有以下几种寓意。①这是一个英文字母"a"，是"alibaba"开头和结束的字母，还代表第一、优秀和卓越。②这是一个笑脸，代表人人开心，生意顺利。③这是一个笑得很开心的人，寓意让员工每天都笑着工作，也笑着面对他们的客户。④这表明阿里巴巴是一家网络公司。这是一个"@"符号，也就是大家邮箱地址中常用的那个符号，象征阿里巴巴是一家网络公司。⑤这寓意阿里巴巴的文化就是微笑文化。这是一个满意的笑容，表明阿里巴巴的努力将让客户满意、让员工满意、让股东满意。

当年，一个小男孩对某品牌的产品很满意，就在调查表里打了一个钩，这个无意之举却促成了该品牌的经典标识。"某品牌的标志是从顾客的角度，而不是从商家展示自己的角度出发。"盛一飞（阿里巴巴集团标志设计人）说，"设计要以用户为第一。"于是他想到了人脸，在很多设计中，人脸是最能让人接受并留下深刻印象的。"我渐渐地有了现在这个标识的雏形。"盛一飞首先画了一个a，在阿里巴巴的英文名中，a是开始，也是结束，象征着阿里巴巴能够有始有终；在西方，a代表着第一、优秀和卓越。而在他看来，a还有一层含义，就是用户满意的笑脸，他希望用这个标识来传递用户用过产品之后满意的感觉。

图6.3 阿里巴巴的企业标识

第二节 企业整合营销传播

一、整合营销传播的概念

整合营销传播（Integrated Marketing Communication，IMC），又称整合营销、统合营销传播，是指以消费者为中心，根据企业发展需要，把分散的营销工具和传播手段统筹协调使用，传播基本一致的营销信息，与消费者双向沟通，使企业的产品和服务达到明确、连续、一致的传播效果。整合营销传播一方面把广告、促销、公关、直销、企业标识、包装、新闻媒体等一切传播活动都纳入营销活动的范围，另一方面又使企业能够将统一的形象传递给顾客。其中心思想是通过企业与顾客的沟通满足顾客的需要，确定企业统一的营销策略，协调使用各种不同的传播手段，发挥不同传播工具的优势，从而使企业实现营销宣传的低成本化，以强大的冲击力形成营销高潮，即营销传播一元化策略。

整合营销传播有两个明显特征：一是战术连续性；二是战略导向性。"战术连续性"是指所有通过不同营销传播工具在不同媒体传播的信息都应该彼此关联、相互呼应。战术连续性强调在一个营销传播战术中所有物理和心理的要素都应保持一贯性，与此相对应战术连续性划分为"物理连续性"与"心理连续性"。"物理连续性"是指在所有营销传播中的创意要素要有一贯性。比如在一个营销传播战术中要使用相同的口号、标签说明，以及在所有广告和其他形式的营销传播中都表现相同的行业特性等。"心理连续性"也同样重要，它是指对企业与品牌的一贯态度。它是消费者对企业的"声音"与"性格"的知觉。这可以通过贯穿所有广告和其他形式的营销传播的一贯主题、形象或语言等来达成。

整合营销传播的第二个特征是"战略导向性"。整合营销传播是用来完成战略性的企业目标的，其重点不是以创意广告吸引受众注意。许多营销传播专家虽然能够制作出超凡的创意广告作品，打动受众，甚至获得广告或传播大奖，但是未必有助于完成企业的战略目标，如销售量、市场份额以及利润目标等。传播信息的设计必须以达成特殊的战略目标为目的，而媒体的选择则要以有利于达成这个战略目标为前提。

> 📡 **视野拓展**
>
> 企业整合营销传播案例

二、企业整合营销传播的作用

为了对整合营销传播的概念有更深层次的了解，我们来分析一下整合营销传播对企业的作用。企业整合营销传播的作用主要有以下几点。

（1）整合感。许多企业把整合营销传播当作战术运用。因为整合营销传播可以让例如广告、促销、直销、公共关系等所有的传播活动具有整合感。这种整合营销传播能让利益关系者更容易理解企业传播的相关信息。进行企业整合营销传播的目的正在于此。

📚 案例分析

低成本电影的大整合

《谁说我们不会爱》是 2014 年上映的一部低成本电影，在 2014 年情人节档期以 2 500 万元总票房成为爱情片亚军，远远超出业内预期。该片是一则经典的整合营销传播成功案例，商业化运作从影片开拍前一年就开始准备，靠植入广告、跨界营销等让影片在上映之前就已经收回大半成本，上映前后的营销策略更让它取得了不错的票房收入。下面简单总结该片整合营销传播的要点。

目标人群及主打卖点："80后"和"90后"的爱情态度。

品牌联合（植入广告+借用渠道+捆绑销售）：联合的品牌包括多家数码产品、家电产品、快销产品、珠宝产品、连锁酒吧、移动视讯新媒体平台等的品牌，联合的内容不仅包括植入广告，还充分借用品牌渠道进行宣传甚至开展捆绑销售。

宣传渠道：除了综合利用广播电视、新媒体/自媒体及其他互联网平台、大城市地面推广等多种宣传渠道外，还包括上述已提到的合作品牌渠道等。

一致的营销信息：营销信息围绕"80后"和"90后"的爱情态度，如在微博上制造"谁说我们不会爱"的热门话题，配合多个微信公众号、广播电视等渠道及时推送信息，让使用计算机、手机或看电视的目标群体都容易接收到相关信息。

评析：《谁说我们不会爱》营销团队的策略是"有效策略与精准投放"。目标人群精准，选择卖点恰当；主演阵容较弱，则充分放大影片的话题性；渠道选择上，抓住一切能利用的资源，将各方的优势最大化。在竞争越来越激烈的今天，公关人员也需要有整合营销思维，充分利用各种传播渠道针对特定目标"用一个声音表达同类的信息"，为组织塑造一致的形象并降低成本、规避风险、提高收益。

（2）传播效果的最大化。有些企业认为整合营销传播就是合理运用各种营销传播方式进行营销。这些企业相信适当地减少或整合几种传播活动，企业的组织成员、业务活动和组织能力都会有所改善。

（3）交易费用的减少。整合营销传播效果最明显之处是减少企业在生产或流通中的交易费用，这对处于激烈竞争市场中的企业而言，有强大的吸引力。企业以往降低成本的方法主要有以下两类：通过规模效益或经验曲线降低制造成本，运用全面质量管理（Total Quality Management，TQM）提高企业运行效率；通过信息化等方法降低商品流通费用。这两类降低企业成本的方法因可持续性不强、竞争对手容易快速模仿而失去优势。整合营销传播是企业从系统上着手考虑降低交易费用的办法，竞争对手很难模仿。

（4）目标导向观念的实现。简单地说，整合就是通过市场活动使企业与公众的沟通更好、更有效率。这意味着把包括广告在内的所有营销活动和其他传播活动的焦点尽可能移向目标导向的观念。

可以说，整合就是从覆盖范围向传播的转换。当销售者和消费者能够互相理解时，就可以说营销和营销传播完全整合了。如果信息变得更加准确、商品变得更加优质和个性化的话，那么消费者寻找、购买商品的费用和接受服务的费用会大幅度地减少。最重要的是，在满足顾客的同时，企业的营销费用也会减少。比起用其他促销组合方式争取新顾客，或反复进行争取一次性顾客的市场活动来说，对已有满足感的现有顾客展开市场活动会更有效率。今后，企业的营销传播会更加需要这样的方式和理念。

三、企业整合营销传播的目的

整合营销传播不仅把消费者，而且还把从业人员、投资者、社区、大众媒体、政府、同行业者等作为整合对象，不是进行一次性整合，而是分阶段有步骤地进行整合。目前，不仅在发达国家的市场，即使在发展中国家的市场，一部分商品也逐渐趋向饱和及均衡状态。企业以产品力为基础的产品差别化变得很困难；开发创造性的新技术或新产品也变得很难，即使企业开发出新产品，仿制品也会很快出现，产品的先发优势也很难保持；至于价格战略，降价固然很重要，但也很难与低价的无商标产品竞争，而且通过合理的流通渠道节约费用从而降低单价的方法也有其限度。综合上述观点，通过整合营销传播战略追求战略传播的整合创造价值才是企业增强以后竞争优势的唯一方法。

企业通过实施整合营销传播要达到以下三个目的。

1. 建立服务于消费者的一体化理念

以消费者为中心，研究和实施如何抓住消费者、打动消费者的战略，与消费者建立一种"一对一"的互动式的营销关系，不断了解消费者的需求，不断改进产品和服务，满足他们的需要。

2. 建立消费者对品牌的忠诚度

市场营销是什么？市场营销包括市场调查、定价、产品企划、售后服务等活动。这些活动都是市场营销的一部分，但市场营销不仅仅包括这些要素，美国市场营销协会对市场营销的定义为：计划和实施观念、产品和服务的形象建立、定价、营销和分销策略的过程，以实现满足个体和组织目标的交换。有效的市场营销要求管理人员认识到销售额与营销等活动之间互相依赖的关系，并懂得如何协调它们来进行营销管理。

从整合营销传播的角度来看，市场营销从某种意义上说，就是传播和沟通，营销就是传播，因为营销的最高层次是建立品牌忠诚度，而品牌忠诚度要通过有效的传播和与消费者良好的双向沟通才能建立。

3. 整合各种营销手段

曾经，企业习惯使用广告这种单一的手段来促进产品的销售，今天已处于信息时代，传播手段越来越多，传播本身也开始分化和组合。这就要求企业在营销传播过程中，注意整合使用各种载体，使传播影响力达到最佳。

中国市场是一个拥有14亿人口的巨大市场，是世界产品的市场，这个市场的竞争是非常激烈的。企业的产品、价格、营销的手段同质化的程度很高，企业之间互相模仿的现象比较严重，聪明的企业会去创造产品、价格、营销手段的差异化，但是创造差异化又谈何容易？在这个时候，企业之间在市场上真正较量的东西是什么？就是品牌。

从理论上和实践上讲，拥有市场比拥有生产线更重要，而拥有市场首先要拥有一个知名的品牌。市场或行业追随者们可以模仿一种技术、一种产品，或模仿别人的营销手段，但不能模仿品牌给消费者带来的特殊感受和影响。世界上许多企业取得巨大成功，是因为其品牌对市场、对消费者产生了影响。中国的企业和市场正在走向成熟，主要的标志之一就是正在从产品时代逐步迈向品牌时代，品牌形象的塑造和提升已成为中国企业市场营销活动的中心工作。塑造和提升品牌形象靠什么手段？除了产品、质量、价格、服务都要上佳外，其他就要靠各种传播工具了。

媒体整合策略无疑是从消费者出发，以消费者为中心制订的，它充分考虑到消费者在一天的工作、学习、生活、休闲中可能接触到的媒体及时间段，对消费者连续性地进行品牌塑造及宣传，目的在于通过整合营销传播取得事半功倍的效果。

问与答

问：制订整合营销的广告策略必须注意什么？

答：①要仔细研究产品；②锁定目标消费者；③比较竞争品牌；④树立自己品牌的个性；⑤明确消费者的购买诱因；⑥强化说服力；⑦要有旗帜鲜明的广告语；⑧要对各种形式的广告进行整合；⑨研究广告与消费者的接触形式并确定广告投放方式；⑩对广告效果进行评估。

四、整合营销传播的步骤

整合营销传播可分为以下几个步骤。

1. 建立消费者资料库

建立消费者资料库的起点是建立消费者和潜在消费者的资料库。消费者资料库至少包括人员统计资料、心理统计、消费者态度和以往购买记录等信息。整合营销传播和传播营销沟通的最大不同在于整合营销传播将整个焦点置于消费者、潜在消费者身上。因为所有的厂商、营销组织，无论是在销售量还是在利润上的业绩，最终都依赖于消费者的购买行为。

视野拓展

宝洁公司的消费者资料库

宝洁公司曾与某网站健康频道合作，创建了一个针对女性消费者的社区 Capessa，旨在使其成为女人们讨论诸如减肥、怀孕与育儿等话题的论坛。该社区不仅成为宝洁公司及其产品的品牌营销平台，而且成为顾客对某种产品或品牌发表看法的平台，也成为宝洁公司建立数据库继而研究消费者行为的信息来源。

（佚名）

2. 研究消费者

研究消费者是为了尽可能使消费者及潜在消费者的行为方面的资料作为市场划分的依据。因为比起其他资料，消费者"行为"信息如"态度与意向"的测量结果更能够准确地反映消费者在未来将会做出什么行为，用过去的行为推论未来的行为更为直接有效。在整合营销传播中，可以将消费者分为三类：对本品牌忠诚的消费者、对其他品牌忠诚的消费者、游离不定的消费者。很明显，这三类消费者有着各自不同的"品牌网络"，而想要了解消费者的"品牌网络"，就必须借助消费者的行为信息。

3. 接触管理

所谓接触管理就是企业选择在某一时间、某一地点或某一场合如何与消费者进行沟通，这是 20 世纪 90 年代市场营销中一个非常重要的课题。在以往消费者会主动找寻产品信息的年代里，决定"说什么"要比"什么时候与消费者接触"重要；在现在的市场环境中，由于信息超载、媒体繁多，干扰的"噪声"增大，目前，最重要的是如何、何时与消费者接触。

4. 发展传播沟通策略

发展传播沟通策略意味着明确在什么样的接触管理之下该传播什么样的信息，而后，为整合营销传播计划制定明确的营销目标。对大多数的企业来说，营销目标必须正确，同时也必须是数字化的目标。例如，对一个具有竞争力的品牌来说，其营销目标应包括以下三个方面的内容：激发消费者试用本品牌产品的欲望；积极鼓励消费者试用过本品牌产品后继续使用并增加使用量；促使其他品牌的忠诚消费者转向本品牌并建立起对本品牌的忠诚度。

5. 创新营销工具

一旦确定营销目标之后，就要决定用什么营销工具来完成此目标。显而易见，如果我们将产品、价格、渠道都视为和消费者沟通的要素，整合营销传播人员将拥有更多样、广泛的营销工具来完成任务，其关键在于企业使用哪些营销工具、采用哪种结合方式最容易达成营销目标。

📚 案例分析

北京冬奥会：数字技术赋能云上奥运

2022 年 2 月 4 日，北京冬奥会开幕，此次冬奥会除传统的电视转播外，更依托 5G+8K 超高清远程传输、云转播平台、Press+网络专线传输服务等新技术的全面应用，使本次冬奥会的转播时长创下新纪录，并成为首次实现全面"云转播"的奥运赛事，使得北京冬奥会成为第一届"云上奥运"。云技术的应用使得媒体工作者能够在线上进行远程报道工作，打破时空限制，全球有超过 2 万名记者参与报道，这也使得本次北京冬奥会的线上互动量不断攀升。

社交媒体上有关北京冬奥会的话题极具热度，如：X（原推特）推出了 20 个北京冬奥会的表情符号；赛事期间，具有强大号召力的体育明星在 TikTok 上分享有关冬奥村的生活日常，为无法参加冬奥会的观众们提供了身临其境的参与感，与冬奥会相关的视频浏览量超过 21 亿次，如此热烈的奥运气氛，还带动了拉丁美洲等传统"冬奥收视盲区"的民众对冬奥会的关注；冰墩墩的火爆更为本次冬奥会前所未有的火热程度锦上添花，微博上有关冰墩墩的话题点击量达到惊人的 60 亿次。

评析： 本次北京冬奥会凭借数字技术，使网民参与度空前高涨，通过社交媒体进行冬奥会整合传播，使北京冬奥会成为全球瞩目的体育盛会。

6. 组合传播手段

整合营销传播的最后一步就是选择有助于达成营销目标的传播手段。这里所用的传播手段可以无限宽广，除了广告、直销、公关及事件营销以外，还有产品包装、商品展示、店面促销活动等，只要能协助企业达成营销目标，都是整合营销传播的有力手段。

🔭 视野拓展

整合营销传播的要点

摘编自 2012 年 5 月 28 日《经理人》对唐·舒尔茨的访谈

唐·舒尔茨简介： 美国西北大学整合营销传播教授，整合营销传播理论的开创者，被誉为"整合营销传播之父"，出版的著作有《整合营销传播》《唐·舒尔茨论品牌》等。

不同国家、不同消费者有不同的媒体消费行为。

企业在进行整合营销传播时要先研究消费者行为，再根据消费者所感兴趣的形式，进行大范围的传播和推广。譬如消费者购买汽车，企业要先了解电视广告、朋友介绍、店内促销活动等因素哪种对消费者决策影响最大。

传统广告形式，采用"推"的方式，强调如何把产品和服务卖出去，但这对消费者并不重要。

新媒体时代，消费者可以自己去寻找他们需要的、感兴趣的产品，可以在他们想要的时间、通过自己喜欢的方式，主动获取他们想知道的信息，而不是企业想要他们知道的信息。

消费者已经完全控制了整个市场。消费者可以相信广告，也可以不相信，掌控权在消费者那里，而不在营销人员那里。

消费者自己在创造社会网络，而且这种社会网络是一个闭环，企业并不了解这个闭环是什么样的。因此，企业必须知道如何跟消费者互动，让他们告诉你他们需要什么。

企业在选择传播媒体时，必须把传统媒体和新媒体结合起来，充分考虑到各种媒体的差异性和不可替代性。

用整合市场营销的方式来构建消费者关系，要从客户开始，不断地看怎么做能给客户带来价值，怎样理解客户，怎样更好地建立起与客户的关系。

要精准地找到消费者，就必须找到他喜欢的媒体，了解他是如何使用这个媒体的，并依此进行投放（广告）。

要成功实施整合营销传播，企业必须转向以消费者为导向（企业架构需按消费者为导向重新设计）。

本 章 小 结

本章主要介绍了企业标识的相关概念、企业标识系统战略，还介绍了企业整合营销传播的概念、作用、目的和步骤。本章有以下几个重要的知识点。

（1）企业标识是指通过造型简单、意义明确的统一标准的视觉元素，将企业的经营理念、企业文化、经营内容、企业规模、产品特性等要素传递给社会公众，使之识别和认同企业的图案和文字。

（2）企业标识系统是指企业将其经营理念、经营行为、视觉形象、听觉形象以及一切可感受的形象实行统一化、标准化与规范化的科学管理体系。

（3）企业标识系统战略由理念识别系统、行为识别系统和视觉识别系统等三种识别系统组合而成。

（4）企业标识系统战略的导入程序：①组建机构；②企业现状分析；③企业理念和事业发展领域的确立；④企业行为设计；⑤企业视觉设计；⑥编制企业标识系统手册。

（5）整合营销传播是指以消费者为中心，根据企业发展需要，把分散的营销工具和传播手段统筹协调使用，传播基本一致的营销信息，与消费者双向沟通，使企业的产品和服务达到明确、连续、一致的传播效果。整合营销传播具有战术连续性和战略导向性等两个明显特征。

（6）企业整合营销传播的作用可以表现为以下几点：①整合感；②传播效果的最大化；③交易费用的减少；④目标导向观念的实现。

（7）整合营销传播可分为以下几个步骤：①建立消费者资料库；②研究消费者；③接触管理；④发展传播沟通策略；⑤创新营销工具；⑥组合传播手段。

练 习 题

一、名词解释

企业标识　企业标识系统　整合营销传播

二、单项选择题

1. （　　）是视觉形象的核心，它构成企业形象的基本特征，体现企业内在素质。

   A. 企业名称　　　　B. 企业标识　　　C. 企业标语　　　　D. 企业理念

2. 企业标识代表着企业的经营理念、企业的文化特色、企业的规模、经营的内容和特点，因而是企业精神的具体象征。这一表述是在说明企业标识具有（　　）的特征。

   A. 同一性　　　　　B. 造型性　　　　C. 系统性　　　　　D. 时代性

3. 企业标识一旦确定，随之就应展开标识的精致化作业，其中包括标识与其他基本设计要素的组合规范。这是在说明企业标识具有（　　）的特征。

   A. 同一性　　　　　B. 领导性　　　　C. 系统性　　　　　D. 时代性

4. （　　）是企业将其经营理念、经营行为、视觉形象、听觉形象以及一切可感受的形象实行统一化、标准化与规范化的科学管理体系。

   A. 企业标识系统　　　　　　　　B. 企业行为识别系统
   C. 企业视觉识别系统　　　　　　D. 企业管理信息系统

5. （　　）是企业长期发展过程中形成的，具有独特个性的价值观体系，是组织宝贵的精神资产，是组织不断成长的根本动力。

   A. 企业标识系统　　　　　　　　B. 企业理念识别系统
   C. 企业视觉识别系统　　　　　　D. 企业管理信息系统

6. （　　）是企业所独有的一整套识别标志，是组织理念外在的、形象化的表现。

   A. 企业标识系统　　　　　　　　B. 企业行为识别系统
   C. 企业视觉识别系统　　　　　　D. 企业管理信息系统

三、多项选择题

1. 企业标识具有（　　）等特征。

   A. 识别性　　　　　B. 领导性　　　　C. 可接受性　　　D. 时代性

2. 企业标识设计流程可以分为（　　）阶段。

   A. 标识设计调查分析　　　　　　B. 标识设计要素
   C. 标识设计开发　　　　　　　　D. 标识设计修正

3. 企业标识系统的构成主要包括（　　）。

   A. 理念识别系统　　B. 行为识别系统　C. 视觉识别系统　D. 语音识别系统

4. 企业视觉识别系统的要素包括（　　）。

   A. 企业名称　　　　　　　　　　B. 企业标志
   C. 企业商标　　　　　　　　　　D. 企业名称标准字体、标准色

5. 下列关于企业标识系统构成要素的形象化比喻，你认为恰当的有（　　）。

   A. 视觉识别系统是企业的"脸"　　B. 行为识别系统是企业的"手"
   C. 理念识别系统是企业的"心"　　D. 行为识别系统是企业的"心"

6. 整合营销传播的方法有（　　）。

   A. 建立消费者资料库　　　　　　B. 研究消费者
   C. 接触管理　　　　　　　　　　D. 发展传播沟通策略

7. 整合营销传播有两个明显特征：（　　）。
  A. 战术连续性 B. 战略导向性 C. 一元性   D. 易识别性

8. 企业整合营销传播的作用可以表现为以下几点：（　　）。
  A. 整合感   B. 传播效果的最大化
  C. 交易费用的减少   D. 目标导向的观念的实现

四、简答题

1. 简述企业标识的特征。
2. 简述企业标识的设计流程。
3. 简述企业标识系统的构成。
4. 简述整合营销传播的特点。
5. 简述企业整合营销传播的作用。
6. 简述企业通过实施整合营销传播具体要达到的目的。
7. 简述整合营销传播的步骤。

五、案例分析

案例 1. 首旅如家酒店集团旗下的如家是一个连锁酒店品牌，创立于 2002 年。截至 2023 年 6 月底，首旅如家在全国 600 余个城市共有 6000 余家酒店投入运营，其中主要是原如家酒店集团的连锁酒店，形成了比较完整的连锁酒店网络体系。

问题：请登录首旅如家官网，在"品牌介绍"栏目查阅"如家酒店"相关资料，并分析该集团企业标识系统战略，尝试对该企业标识提出改进性意见。

案例 2. 京东是一个大型综合电商平台，是中国电子商务领域较受消费者欢迎和颇具影响力的电子商务网站之一。2010 年，京东跃升为中国首家规模超过百亿元的网络零售企业。2013 年 5 月，京东商城超市业务正式上线，京东将超市也搬到了线上。2014 年 5 月京东在美国纳斯达克证券交易所上市。京东 2022 年全年营业收入超过 1 万亿元人民币，并在 2021 年《财富》世界 500 强榜单中排名第 52 位。

问题：整合营销传播在京东的发展中发挥了重要的作用，请访问京东官网，在"关于我们"栏目查阅相关介绍并查找相关网络资料（推荐读者在百度搜索"京东 整合营销"），而后分析京东是怎样通过整合营销传播获得高速发展，从而在行业中处于领先地位的。从中归纳出可供其他企业借鉴的经验。

综 合 实 训

一、实训内容

组织形象塑造——企业标识系统设计。

二、方法和步骤

1. 以 6 人为一组，自定企业类型、名称，小组所有成员参与企业标识系统设计。

2. 实训以 PPT 汇报形式完成，内容应包括：①企业名称、企业地址和企业经营范围；②理念识别系统设计；③行为识别系统设计；④视觉识别系统设计。

3. 现场小组汇报。汇报时间控制在 15~20 分钟。汇报后提交设计材料。

三、实训考核

教师依据小组成员在实训过程中的具体表现和提交的书面材料进行综合评分。

第七章

公共关系礼仪

🚀 学习目标

知识目标：理解公共关系礼仪的概念，了解公共关系礼仪的基本特征、功能与作用，熟悉公共关系礼仪的基本要求和特点。

能力目标：掌握公共关系礼仪应遵循的规范。

素质目标：自觉主动地遵守礼仪规范，按照礼仪规范约束自己，在人际交往中通过相互尊重、彼此信任建立起友好合作的关系。

🔑 案例导入

一次，甲公司某项目部经理乙与 A 公司谈成一个大项目，新闻发布会顺利举办后举行庆祝宴会，A 公司按当地风俗请宾客吃手扒羊肉。乙经理熟悉当地风俗，知道宴会时会席地而坐且不饮酒。因本公司老总年事已高且身体原因不便席地就座，乙经理特意提醒 A 公司宴会负责人准备座椅。A 公司宴会负责人也许是兴奋过度或过于忙乱，忘了这事。待 A 公司老总等一行人陪同甲公司老总走进宴会厅时，发现所有桌子都是当地传统的矮桌，自然也没座椅。A 公司老总甚为尴尬，赶紧让人搬来坐垫放在主桌旁边。好在甲公司老总是个幽默之人，用"各位同事接地气，我们坐得高看得远，项目也必有大发展"之类的话化解了尴尬。落座后，A 公司老总叫来不知所措的宴会负责人，让其给甲公司老总道歉，甲公司老总也是大度之人，也替其开脱，自是宾主尽欢。席间，乙经理的一个部下小声对乙经理说，这么好的事没酒助兴真扫兴。乙经理拍了他一下并瞪了他一眼。

评析：礼仪是人际交往的润滑剂，公共关系从业者更要熟悉各种礼仪，尽可能规避礼仪雷区，这不仅是为了避免类似本例中的尴尬，也是为了避免给自己及自己的组织造成不必要的损失。本例中，明显当地禁酒，所以乙经理才拍了自己部下并瞪了他一眼。

第一节　公共关系礼仪概述

公共关系礼仪是将礼仪的具体要求在公关活动中进行运用，这种运用既表现为对公关人员的礼仪规范要求、公关人员个人形象的塑造，同时也表现为在公关活动中所要遵循的一系列基本工作程序。公共关系礼仪是传统礼仪在当代公共关系活动中的发展。

现代公共关系需要广交朋友，广聚信息，但这一切是须臾离不开公共关系礼仪的。公共关系礼仪对公关人员来说，起着进行社会交往、发展公共关系的"通行证"作用。公关人员若熟悉公共关系礼仪，那么在出入各种正式、半正式的社交场合时就会如鱼得水、游刃有余，会更加受到人们的欢迎和尊重，获得更多的理解和支持，其所代表的组织形象也就会随之得到提升。

一、公共关系礼仪的基本特征

公共关系礼仪与一般的人际交往礼仪类似，是由人际交往礼仪发展而来的。公关人员的礼仪修养与其知识修养、道德修养、审美修养是分不开的，但礼仪修养又有其独特的规律和特征。公共关系礼仪具有以下几个基本特征。

1. 以学识为基础

公关人员应具备一定的人文科学知识，特别是公共关系学方面的知识，还应有广泛的兴趣爱好，力求做一名"杂"家。只有这样，公关人员才能充分认识到公共关系礼仪的重要性，明白各种礼仪规范和程序的内在含义，对社会文化和社会关系有更高层次的认识和理解。

2. 以组织的长远利益为计

公关人员的公共关系礼仪修养可以为组织带来经济效益，但其效果往往不是直接的、立竿见影的，其礼仪表现和由此带来的经济效益的出现总有一定的时间差。所以，有远见的领导人或公关人员在处理各种关系时，应以长远为计，注重长时效，切不可只看眼前的利益而错过发展的契机。

3. 以公众为对象

现代社会是信息高度发达的社会，每个组织都有很大的开放度和透明度，特别是在市场经济条件下，每个组织不仅要面对市场的考验，而且还要接受公众的评价。为塑造组织的良好形象，公关人员在所有公众面前都应注重自己的仪表仪态、礼节礼貌。

4. 以美誉为目标

公共关系礼仪主要是为树立组织良好形象，获得公众美誉而服务的。由于在组织中的特殊地位，公关人员的言谈举止都会影响组织的声誉和形象。

5. 以自觉为保障

拥有良好的公共关系礼仪修养不仅要以一定的理论学识为基础，也需要接受一定理论和实践的专门训练，公关人员需提高自觉性和主观能动性，要用心学习、钻研、感悟、实践各种礼仪规范和程序。

6. 以灵活为原则

《孙子兵法·虚实篇》中讲："水因地而制流，兵因敌而制胜。故兵无常势，水无常形，能因敌变化而取胜者，谓之神。"公共关系礼仪的规范既是具体的、严肃的，又是可变的、灵活的。任何公共关系礼仪都不是死板的教条，公关人员需要根据时间、地点、场合、对象的不同而灵活运用公共关系礼仪。

7. 以真诚为信条

公共关系礼仪对公共关系活动的目的来说，虽然只是形式和手段，但它是公关人员情感真诚流露的载体。公共关系礼仪的核心在于从根本上体现公关人员对公众的真诚、尊重与关心，理解与重视，并不在于追求外在形式的完善。如果没有这种真诚，一切礼仪都将成为毫无意义的装饰，甚至会引起公众的反感。例如，海尔集团的"真诚到永远"，不仅是一句口号，更是海尔对公众实实在在的服务理念，是海尔对公众的关心和重视。

视野拓展

饮食中的礼仪

8. 具有民族性

世界文化的多元化使公共关系礼仪具有民族性。各国、各地区、各民族的礼仪和风俗呈现出千姿百态的个性化特征。公关人员在了解到公共关系礼仪具有共同性的同时，也要认识到公共关系礼仪的民族性。由于不同国家、不同民族长期积淀的文化差异，导致他们的接待礼仪、见面礼仪、交谈礼仪、馈赠礼仪、风俗礼仪等方面也存在着很大差异。例如，国际交往中的见面礼节就常常体现出民族性，除了较普遍的握手礼外，还有拥抱礼、亲吻礼、吻手礼、鞠躬礼等。

公共关系礼仪文化多姿多彩、缤纷灿烂。公关人员必须依据礼仪的民族性，尊重和了解各国、各民族不同的礼仪和风俗，做到"入境问禁，入乡随俗"，以便与不同国家、不同民族的人都能融洽和谐相处。

9. 具有发展性

发展性是特别需要关注的公共关系礼仪的一个特征。礼仪自产生以来从未停止过发展和变化，每种礼仪都有一个产生、形成、改革、修正、发展的过程。公共关系礼仪也同样随着社会的发展而发展，随着时代的变化而变化。公共关系礼仪随着社会文明程度的提升，不断与时俱进，不断完善，不断丰富。例如，从"三从四德"到"男女平等""尊重女性""女士优先"等，都体现了礼仪与时俱进的发展性。

从组织的生存意义来看，公共关系追求的是组织长远的利益和持久的形象。因此，公共关系礼仪要与时代合拍，与社会发展相一致。公共关系礼仪没有亘古不变的准则和永恒的模式，只有不断发展，才能永葆旺盛的生命力，才能发挥教育、指导和规范人们言谈举止的作用。

案例分析

维护好个人形象

郑伟是一家大型国有企业的总经理。有一次，他获悉一家著名的德国企业的董事长正在本市进行访问，并有寻求合作伙伴的意向。于是他想尽办法，请有关部门为双方牵线搭桥。

让郑总经理欣喜的是，对方也有兴趣同他所在的企业合作，而且希望能尽快与他见面。到了双方会面的那一天，郑总经理对自己的形象刻意地进行了一番修饰，他根据自己对时尚的理解，上身穿夹克衫，下身穿牛仔裤，头戴棒球帽，足蹬旅游鞋。无疑，他希望自己能给对方留下精明强干、时尚新潮的印象。

然而事与愿违，郑总经理自我感觉良好的这一身时髦的"行头"，却偏偏坏了他的大事。郑总经理的错误在哪里？他的德国同行会对此有何评价？

评析： 在对外的正式交往中，每个人都必须时时刻刻注意维护自己的形象，特别是与人初次见面时。在案例中，郑总经理与德国同行的第一次见面属于国际交往中的正式场合，郑总经理应该穿正装，即穿西服或传统中山服，以示对对方的尊重。但他却没有这样做，他的德国同行认为：此人着装随意，个人形象不合常规，给人的感觉是过于前卫，尚欠沉稳，与之合作之事再议。

二、公共关系礼仪的功能与作用

由于全球化时代的到来，世界各国人民的交往日益频繁与快捷，要求人们在交往中知礼、懂礼、用礼，人们对公共关系礼仪的需求日益迫切。目前，政府机关、学校、企业等各行各业都在强化对公共关系礼仪的学习，以提高广大公务员、师生、员工等的公共关系礼仪修养与水平。公共关系礼仪在塑造组织良好形象、维护组织内部团结、拓展组织对外友好往来的范围、提高组织员工的文明水准、促进传播组织信息等方面发挥着积极有效的作用，这也正是各类组织青睐公共关系礼仪的原因所在。

1. 塑造组织良好形象

组织的形象问题是影响组织生存与发展的关键问题，绝不可掉以轻心。组织拥有良好的形象就等于拥有一笔无形资产。良好的组织形象能赢得顾客的信赖，能获得社会的赞誉，能提升组织的社会地位，能提高组织的竞争力，能美化市场和社会环境。

国内外一些知名企业和享有盛誉的大公司、集团都具有良好的组织形象。例如，松下、华为、麦当劳、海尔、丰田等公司都创立了让消费者信赖的品牌，树立了卓越的美誉。以松下为例，公司对员工的仪表仪态、言谈举止、行为规范、礼貌礼节要求都非常严格，公司在各种活动中举行的仪式、典礼也格外隆重、严谨。麦当劳在世界各国各大城市的分店都有统一要求：质量不变、服务一流、清洁卫生、环境舒适，员工统一着装，热情有礼貌。顾客在这样的环境中进餐会有一份好心情。海尔集团对员工的礼仪要求同样严格、全面、具体，对为顾客上门服务的员工在礼貌、礼节方面的要求更是细致具体。海尔员工以规范的公共关系礼仪行为修养和规范的言谈举止来维护海尔的企业形象，赢得了用户的好评。

2. 维护组织内部团结

公共关系礼仪能使人气质温和，能教人尊重他人，能化干戈为玉帛，能变对立为合作，能增强组织的凝聚力，人们一刻也离不开公共关系礼仪。如果组织成员不讲公共关系礼仪，都自以为是、目中无人、语言粗俗、举止鲁莽、态度恶劣，再加上不修边幅、衣着不整、蓬头垢面，试想：这样的组织成员能精诚合作、团结一致吗？这样的组织会有凝聚力吗？只有注重公共关系礼仪的组织才能维护组织内部的团结，增强组织的凝聚力。

组织举行的仪式对维护组织的内部团结也会产生巨大的效果。例如，天安门广场上每天清晨由国旗护卫队举行庄严的升旗仪式，不仅吸引成千上万的人前来观看，而且在庄严神圣的升旗仪式中，现场的每个人都感到无比骄傲和自豪。再如，企业举行开张、开业的庆祝仪式，挂牌、揭幕仪式，表彰、颁奖仪式，等等，都能激发员工的士气，激发和调动员工对组织的归属感、认同感，从而强化员工的主人翁意识，增强员工

视野拓展

礼仪格言

★ 见人不可以不饰。不饰无貌，无貌不敬，不敬无礼，无礼不立。
　　——孔子《大戴礼记·劝学》
★ 礼仪是打开交际之门的钥匙。
★ 礼仪是促进事业成功的手段。
★ 礼仪是形成完美人格的途径。

的责任心。

3. 拓展组织对外友好往来的范围

公共关系礼仪要求人们待人文明礼貌，热情友善，并应以良好的仪容、仪表、仪态出现在社交场所。良好的个人形象与修养必然会得到公众的赞美，更有利于增强人际交往中的吸引力，也有利于我们和他人友好往来、结识新朋友、扩大社交圈。

公共关系礼仪可以帮助人们成为受欢迎的、有吸引力的人。组织成员如果人人都注重公共关系礼仪，组织对外的友好交往范围必然得以拓展。

4. 提高组织员工的文明水准

礼仪是人类文明的标志，公共关系礼仪是公关人员与公众文明交往活动的规范。组织应要求员工注重学习公共关系礼仪，不断向员工灌输公共关系礼仪知识，提高组织员工的文明水准。

如果一个组织的员工衣着整洁大方、态度热情、言谈举止彬彬有礼、待人接物礼貌耐心、举行仪式认真规范，有谁会认为这样的组织文明水准不高呢？市场呼唤这样的组织，社会需要这种具有较高文明水准的组织。公共关系礼仪为人们的交往架起了一座高文明水准的桥梁，只要坚持遵循和执行公共关系礼仪的行为准则，各类组织就能取得更大的成功。

5. 促进传播组织信息

公共关系强调双向沟通，公共关系界的权威人物卡特利普和森特提出了"双向对称"的原则，即公关人员应把组织信息准确无误地传播给公众，与此同时，也要把公众的信息及时反馈给组织。传播组织信息是公共关系的重要职能之一。

在知识经济时代，信息的爆炸导致信息数量巨大，呈现出信息泛滥、充斥整个社会的局面，信息作为稀缺资源的地位已被注意力所取代。

在这种环境下，组织的信息传播很容易被外界信息干扰而被打断（公众被其他事物所吸引）。此时，公共关系礼仪恰恰能发挥它的优势，可以有效地避免组织信息传播被打断，甚至还可以促进组织信息的传播。如海尔集团通过上门服务的员工表现出来的规范礼仪行为，向公众传递了"海尔真诚为顾客服务"的信息。面对彬彬有礼的服务人员，非忠诚客户也会对其行为投来更多关注。

综上所述，公共关系礼仪的作用显而易见。因此，社会上的各类组织都十分重视公共关系礼仪，公共关系礼仪培训机构也与日俱增，这都有利于全社会文明水准的提高。

第二节　公关人员形象塑造

公共关系社交礼仪是指公关人员在社会交际中形成的，并被大多数公众所认同的公共关系社交准则和规范。公共关系社交礼仪深受历史、风俗、宗教及文化思潮、时尚等因素的影响，既是一种有趣的文化现象，也是一种重要的公共关系礼仪的形式。在社交活动中，恰当地介绍、交谈，礼貌地握手、交换名片，得体的穿着打扮、服饰搭配是所有人都必须遵守的基本要求。

一、公关人员的着装礼仪规范

在公共关系活动中，公关人员的着装应当与时间、地点及仪式的内容相符。与时间相符，主要是指着装要考虑季节因素，有时还要考虑白天和晚上的区别；与地点相符，是指要考虑开展活动的地理位置、气候条件以及这个地方的风俗习惯；与仪式、场合相符，是指要考虑具体活动的内容或氛围。

（1）公关人员无论在什么公共场合，着装都应当保持整洁、挺直，皮鞋要光亮。中山装应当系上领扣和领勾；长裤不要卷起；一般情况下，在任何公共关系场合，男士都不能穿短裤、背心、拖鞋；女士夏天可以光脚穿凉鞋，如果穿袜子，袜口不应露在衣裙外面。

（2）公关人员在参加比较重大的公共关系活动时，着装应当正规。在隆重的公共关系场合，女士最好穿西装或民族服装，衣着与鞋、帽颜色应协调一致，如果穿旗袍则切忌穿黑色的。男士在隆重的公共关系场合一般穿深色西服、礼服或毛料中山装，应注意鞋帽和衣服颜色的协调。

（3）在公共场合，公关人员进入室内要摘帽、脱大衣。在室内，男士任何时候都不要戴手套和帽子；女士的纱手套、纱面罩、帽子、短外衣等作为服装的一部分，可以在室内穿戴。

（4）公关人员在室内不要戴墨镜，即使是在室外比较隆重的公共关系场合，也不应该戴墨镜。

（5）公关人员若在家中或旅馆内接待临时来访的客人，来不及更衣时，应请客人稍坐，立即着装，穿上鞋袜，不宜赤脚或只穿内衣、睡衣、短裤会见客人。

> **视野拓展**
>
> 读者可以以"金正昆 商务礼仪 商务着装基本规范与语言艺术"为关键词通过互联网搜索并观看金正昆教授的讲座视频，以进一步了解商务着装的相关知识。

案例分析

广州的悦达、力通两家公司进行商务合作谈判。悦达公司的市场部王经理在谈判的当天才匆匆从外地赶回来，因为时间很紧，他身穿旅行服，风尘仆仆地进入会议室。而力通公司的与会人员却是西装革履，力通公司的人员看到王经理的穿着，就认为悦达公司在管理制度上不是很严格，甚至对悦达公司的财力产生了怀疑，结果这次谈判没有成功。后来，经过悦达公司的解释和力通公司的进一步考察后，谈判才得以继续进行。

评析：商务谈判等较为正式的场合对着装的要求较高，对服装的选择不能忽视。过于随意的着装会让人对谈判的诚意及重视程度产生怀疑，进而影响谈判的结果。

二、公关人员的交际形象

（一）举止优雅

公关人员的行为举止要切合自己的身份、地位、年龄，还要切合自己的思想、气质风度和情景处境，要做到优雅得体，不卑不亢。

（1）站立姿势。站姿要给人挺、直、高的感觉。挺，就是要求人在站立时身体各主要部位要尽量放松，头不要下垂，颈不能弯曲，不耸肩，不含胸，不驼背。无论男女都要给人一种挺拔的感觉。直，就是在站立时使脊柱尽量与地面垂直。但它不是笔直的，在颈、胸、腰等处都有向前或向后的生理弯曲。所以，人在站立时，要微收下颌，胸部稍挺，微塌下腰，这样就能给人挺拔的感觉。高，就是在站立时，尽量使重心提高，身体重心提高，可以使人产生活跃的感觉。要使重心提高，在站立时就不要将两腿分得过开。

（2）行走姿势。行走的正确姿势是稳健、轻盈。行走时，要挺胸抬头。<u>男士行走以大步为美，女士行走以碎步为美。</u>

（3）坐的姿势。<u>坐姿要轻、稳、缓。</u>轻，就是落座要轻，<u>坐满椅子的三分之二即可，不要躺在椅子上或沙发上。</u>坐下以后，上身要端正挺直，胸挺起，肩不要下垂，这样可给人精神抖擞和稳重的感觉。同时腿要并拢，男性可以跷二郎腿，但不要跷得太高，女性可以将小腿交叉；但是无论男女，都切忌将两腿叉开或向前伸直；手不要乱放，更不要托着头，否则会显得没精打采。坐累了，可以变换姿势，但是动作要轻，不要太快，幅度要小，更不能频繁地变换姿势。

问与答

问： 为何说礼仪虽小事不小？

答： 礼仪可以小到一个符号、一个徽章、一件饰品、一句问话。礼仪虽小事不小，礼仪在公共关系中代表组织形象，甚至代表一个国家、一个民族的形象。公关人员切不可掉以轻心，不要使平时积累的无形资产毁于一旦。

（二）谈吐高雅

礼貌的谈吐不仅能反映出一个人的修养、涵养，而且能表现出一个人的知识水平和精神面貌。<u>公关人员在交谈中应注意使用文明语言。</u>

1. 交谈禁忌

公关人员在社交场合与人交谈时要做到以下十"不"，即不抢先说话、不议论不在场的人、不与人发生争吵、不谈自己的责任与挫折、不谈别人的缺点和不足、不取笑他人、不议论别人的生理缺陷、不说粗话、不阿谀奉承、不损害民族尊严。

2. 交谈的技巧

一般而言，公关人员在交谈时要注意自己说话的语气、语调、言辞、表情，更为重要的是还要学会聆听和观察。

（1）<u>交谈时应使用通俗易懂的口语。</u>能用简单易懂的口语表达深奥的思想内容和丰富情感的人，往往是社交能力强并受公众欢迎的人，也是真正有语言表达能力和思想深度的人。

（2）<u>发言时要抑扬顿挫，注意节奏。</u>口语具有十分强烈、深刻和丰富的表达力，表现在语速的快慢、语调的抑扬、语音的轻重高低、音节的长短停顿等方面，根据表达的需要，公关人员在交谈时应对说话的节奏进行恰当的调节、控制和安排。

（3）<u>交谈时要声情并茂。</u>言为心声，体表其情。交谈时，除要运用口头语言这个主要表达形式外，还要综合运用其他辅助表达形式，最大限度地发挥它们的作用，声情并茂，口体相辅，这样才能取得较好的交谈效果。

（4）<u>善于聆听和观察对方。</u>交谈是谈话双方或多方共同进行的交流和沟通活动。在交谈中，交谈者之间的关系并不总是平等的，往往一方处于主要地位，而另一方或多方则处于次要地位。在交谈中聆听他人发言是最重要的，聆听可以加深对发言者的了解；聆听有利于自我判断；聆听可以决定自己该怎样做或引导别人做自己想做的事情；聆听是给予别人的最大赞美，是人们最希望得到的。

视野拓展

倾听的技巧

公关人员身负重任，须时刻记住"谨言""善听"。倾听，说起来容易，做好还是有很大难度的！建议扫描二维码了解倾听的技巧，并在日常与他人的交流中加以实践，争取让自己变成一个善听者。

（三）风度潇洒

风度是指人的言谈、举止、神态、仪表等方面总的表现和风貌，它是人的思想、文化、修养、性格等的外在表现，它影响了一个人在交往对象心目中的印象。风度可以通过以下几个方面表现出来。

（1）饱满的精神状态。一个神采奕奕、精力充沛，自信而富有活力的人，更能激发他人的交往动机和热情，活跃交往气氛，使对方获得交往的力量和信心。

（2）诚恳的待人态度。真诚无私是做人的根本，在交往中不论对谁，公关人员都应有诚恳的态度、平等的精神，一视同仁，公平相待，尊重别人，尊重自己。

（3）受欢迎的性格。公关人员要善于与各种性格的人交往，交往中要做到大方而不轻佻，喜功而不自炫，自重而不自傲，豪爽而不粗俗，刚强而不执拗，谦虚而不虚伪，认真而不迂腐，直爽而不幼稚。

（4）洒脱的仪表礼节。一个人风仪秀整，俊逸潇洒，就会产生使人乐于亲近的魅力，这种魅力来自人的气质和仪态，这是人的内在品格的自然流露。得体的礼仪能使人变得宽厚、平和、善良、洒脱。

（5）适当的表情和动作。人的神态和表情是与他人沟通思想情感的非语言交往工具，是社交风度的具体表现方式。公关人员在面部表情、体态动作上要努力做到热情友善、温文尔雅、朴实大方、自然得体，表现出合乎礼仪规范的表情和动作。

第三节 公共关系交往礼仪

案例分析

上海某科技有限公司召开了一次全国客户联络会，公司的江经理带着秘书苟小姐驾车到浦东机场迎接来自香港某集团的周经理。为了表示对周经理的尊重，江经理把周经理请到后排左座就座，并让苟小姐在后排作陪。

周经理到宾馆入住后，对苟小姐说："明天上午八点开会，我会到现场的，就不麻烦你们江经理亲自来接了。"

问题：周经理为什么会这样说？江经理在座次安排上有什么不妥吗？

评析：周经理可能对座次安排不满意。主人开车时，应请客人（周经理）坐在副驾位置上，与主人平起平坐。

五座车（左舵车）礼仪基本规则：①车上座次的尊卑自高而低依次为后排右座、后排左座、后排中座、前排副驾［在不考虑安全、方便的情况下，部分人把舒适性放在首位，故而将副驾位置当成最好的座位（副驾位置安全系数相对较低）。在接待客人时应咨询对方的好恶和习惯］；②如果是主人开车，应请客人坐副驾位置。

公关无小事，普通业务人员礼仪方面有所欠缺容易获得对方谅解，但公关人员不可以有任何疏忽。

一、礼貌用语与称呼礼仪

1. 礼貌用语

与人相见说"您好"；问人姓氏说"贵姓"；问人住址说"府上"；自己住家说"寒舍"；求人办事说"拜托"；求人协助说"劳驾"；请人解答说"请教"；麻烦别人说"打扰"；接受好意说"领情"；求人指点说"赐教"；得人帮助说"谢谢"；祝人健康说"保重"；向人祝贺说"恭喜"；询问老人年龄说"高寿"；身体不适说"欠安"；看望别人说"拜访"；请人接受说"笑纳"；希望照顾说"关照"；赞人见解说"高见"；请人赴约说"赏光"；请人谅解说"包涵"；无法满足别人说"抱歉"；等候别人说"恭候"；初次见面说"久仰"；许久不见说"久违"；陪伴朋友说"奉陪"；中途先走说"失陪"；迎接朋友说"欢迎"；请人别送说"留步"；送别朋友说"再会"。

日常与人交往过程中，下述礼貌用语得到了广泛使用。

（1）问候语："早上好""下午好""晚上好""您好"等。

（2）欢迎语："欢迎光临""请多关照"等。

（3）感谢语："谢谢""让您费心了""给您添麻烦了"等。

（4）致歉语："对不起""请原谅""很抱歉""请稍等"等。

（5）谅解语："别客气""不用谢""没关系""请不要放在心上"等。

（6）祝福语："祝您一路顺风""身体健康""生活愉快""万事大吉"等。

（7）告别语："再见""欢迎下次光临""欢迎再来"等。

2. 称呼礼仪

称呼是指人们在日常交往应酬时所采用的彼此之间的称呼语，也是当面招呼对方，以表明彼此关系的名称。在社会交往中，如何称呼对方，这直接关系到双方之间的亲疏、了解程度、对对方的尊重程度及个人修养等。一个得体的称呼会令对方感觉良好，为以后的交往打下良好的基础，否则会令对方心里不悦，影响彼此的关系。在社交、工作场合中常用的称呼要庄重、正式、规范。

（1）职务称呼。职务称呼一般在较为正式的官方活动、政府活动、公司活动、学术性活动中使用，以示身份有别，敬意有加，而且要就高不就低，如王总经理、张主任、刘校长等。

（2）职称称呼。职称称呼一般对有专业技术职称的人使用，尤其是对有高级职称的人使用，如龙主编、常教授、叶总工程师等。

（3）学衔称呼。在工作中以学衔或学位作为称呼，用以增加被称者的权威性，同时有助于增强现场的学术氛围，如刘教授；也可以在学衔或学位前加上完整的姓名，如张明博士。

（4）职业称呼。在工作中，可以直接以职业作为称呼，如老师、教练、会计、医生等，在一般情况下，此类称呼前均可加上姓氏或者姓名，如刘老师、王教练、李会计等。

（5）泛尊称。泛尊称被社会各界人士在社交中较为广泛地使用，如小姐、女士、太太。未婚女性称小姐或女士，已婚女性或不明婚姻状况时称女士。男的称先生。不分男女称同志。

二、介绍礼仪

视野拓展

介绍礼仪

介绍礼仪是礼仪中基本的，也是很重要的内容，介绍是人与人之间相互认识交往的第一座桥梁。从礼仪的角度来讲，介绍可以分为自我介绍和为他人做介绍两类。

1. 自我介绍

自我介绍的时间应该限制在一分钟或者半分钟内，一般由地位低的人先做介绍。主人应该首先向客人做介绍；长辈和晚辈在一起时，晚辈先做介绍；男士和女士在一起时，男士先做介绍。一般情况下，自我介绍可以分为以下五种模式。

（1）应酬式的自我介绍。应酬式的自我介绍适用于某些公共场合和一般的社交场合，介绍的对象主要是进行一般接触的交往对象。它的内容就一项，就是自报姓名。如"您好，我是李方"。

（2）公务式的自我介绍。公务式的自我介绍内容包括本人姓名、供职的单位及部门、职务及从事的具体工作。这是人们在日常交往和工作中遇到最多的介绍方式，公务式的自我介绍是在正式场合做的介绍。一般而言，公务式自我介绍一般包括单位、部门、职务、姓名四个要素，如"您好，我叫张正，是××公司的公关部经理"。

（3）交流式的自我介绍。交流式的自我介绍，主要适用于社交活动，它是一种刻意寻求与交往对象进一步交流，希望对方认识自己、了解自己、与自己建立联系的自我介绍。交流式自我介绍的内容应当包括介绍者的姓名、工作、籍贯、学历、兴趣以及与交往对象的某些熟人的关系，如"您好，我叫张正，是××公司的公关部经理，是李方的老乡，都是武汉人"。

（4）礼仪式的自我介绍。礼仪式的自我介绍，适用于讲座、报告、演出、庆典、仪式等一些正式隆重的场合。它是一种意在表达对交往对象友好、存在敬意的自我介绍。礼仪式的自我介绍的内容也包含姓名、单位、职务等，但是还应加入一些适宜的谦辞、敬语，以示礼待交往对象，如"各位来宾，大家好！我叫张正，我是××公司的公关部经理。我代表公司热烈欢迎各位光临我们的展览会，希望大家……"。

（5）问答式的自我介绍。问答式的自我介绍一般适用于应试、应聘和公务交往。问答式的自我介绍讲究问什么答什么，有问必答，如"先生您好，请问您怎么称呼？（请问您贵姓？）""您好，我叫张正"。

2. 为他人做介绍

为他人做介绍，通常是指介绍不相识的人相互认识或者把一个人引荐给其他人。为他人做介绍时要注意以下礼仪。

（1）掌握介绍他人的顺序。介绍他人的一般规则是尊者居后，就是要把地位较低的一方首先介绍给地位较高的一方，因为"尊者有优先知情权"。一般来说：先将男士介绍给女士；先将晚辈介绍给长辈；先将职位低者介绍给职位高者；先将未婚者介绍给已婚者；先将客人介绍给主人；先将家人介绍给同事、朋友。

（2）在介绍他人的过程中，先称呼女士、年长者、主人、已婚者、职位高者。例如，在把职位低者介绍给职位高者时，可以这样说："王总，这是张秘书。"然后介绍说："张秘书，这位是王总经理。"当被介绍人是同性别、年龄相仿或一时难以辨别其身份、地位时，可以先把关系较为熟悉的一方介绍给关系较为生疏的一方。经介绍人介绍后，初识的双方就能够自然地交往了，但是一旦发现对方并无继续交往的兴致，有礼貌走开即可，不应显出不满的样子。

（3）偶然相遇时，不一定要向对方介绍自己的同伴，除非认为有这个必要，希望他们交往。如果两个相识的女子相遇，有一个男子与其中一位女子相伴，他应知趣地退到一旁，至多点一下头表示礼貌。

随着现代交往范围的不断扩大，公关人员必须掌握关于介绍的礼仪知识，不然很容易闹出笑话。另外，在别人为你引见某人，并把他人介绍给你之后，作为被介绍人，你也应该有非常得体的举止，应主动、及时地站在对方的面前，直视对方，待介绍人介绍完毕之后，还应与对方握一下手，起码也要点头示意，同时说一些诸如"你好""认识你很高兴""幸会""请多关照"之类的话，也可视情况递上自己的名片。

🏛 案例分析

　　今年国庆节，王峰带着妻子女儿回国探亲。一天，在大剧院观看音乐剧，刚刚落座，就发现有三个人向他们走来。其中一个边走边伸出手大声地叫："喂！这不是'超人'吗？你怎么回来了？"这时，王峰才认出说话的人正是他的高中同学贾征。贾征大学没考上，跑到南方去做生意，赚了些钱，如今回到上海注册公司当起了老板。贾征今天正好陪着两位从香港来的生意伙伴一起来看音乐剧。这对生意伙伴是他交往多年的年长的香港夫妇。此时，王峰和贾征彼此都既高兴又激动。贾征大声寒暄之后，才想起了王峰身边还站着一位女士，就问王峰身边的女士是谁。王峰这才想起向贾征介绍自己的妻子。待王峰介绍完毕，贾征高兴地走上去，给了王峰妻子一个拥抱礼。这时贾征想起了该向老同学介绍他的生意伙伴。大家相互介绍、握手、交换名片和简单地交谈后，就各自回到自己的座位上观看音乐剧了。

　　评析：案例中的介绍显然是唐突的、随意的，不正式。那么介绍的先后顺序究竟是怎样的呢？从介绍礼仪"尊者有优先知情权"这一规则来看，贾征可以先把王峰介绍给合作伙伴中的香港男士，然后向香港男士介绍王峰。接着，王峰把自己的妻子女儿介绍给香港男士，香港男士把自己的妻子介绍给王峰。因为之前，贾征已经和王峰打过招呼了，贾征可以自我介绍，王峰也可以主动向自己的妻子女儿介绍贾征。

　　在为他人做介绍时，先介绍谁，后介绍谁，普通人可能不是很在意，但公关人员不能在此敏感礼仪问题上犯错。根据社交礼仪的规范，处理这一问题时必须遵守"尊者有优先知情权"的原则：在为他人做介绍前，首先要确定双方地位，然后先介绍位卑者，后介绍位尊者。

三、握手礼仪

握手是人们日常交往中最常见的一种见面致意礼节，可用于表示欢迎、致意、问候、寒暄、辞别、祝贺、感谢、慰问等多种情况。

1. 握手的方法

握手时，一般是双方相对站立，相距一步，各伸出右手，掌心向左，拇指张开，四指并拢，上身略向前倾，眼睛注视对方，面带微笑，手掌与地面垂直，手臂自然弯曲，上下轻摇。握手时，应让对方感受到你的诚恳与真挚，不要斜视或东张西望，更不可在与某人握手的同时，还与另一人交谈。握手的方式有很多种，不同的方式体现出不同的意蕴。通过握手，可以了解对方的性格、情感状况、待人接物的态度等。

（1）控制式握手，即握手者掌心向下，以示居高临下。

（2）乞讨式握手，即握手者掌心向上，以示谦卑与恭敬。

（3）手套式握手，即握手者双手握住对方的手，以示更加尊重。

（4）死鱼式握手，即握手者轻慢无力，显得毫无生机。

（5）蛮横式握手，即握手者出手力猛，显得鲁莽。

（6）抓指尖式握手，即握手者出手仅轻点对方指尖，显得清高冷淡。

视野拓展

握手礼仪

2．握手礼仪规范

（1）从握手时间上来看，初次见面握手时，一般以 1～3 秒为宜。握手一般不宜轻轻一碰就放下，但也不可久握不放。

（2）从仪态上来说，男性握手时应脱去手套，握手完毕后不可当面擦手，握手时不可跨着门槛或隔着门槛，不可东张西望，不可用手指捏捏点点，不可用脏手或湿手和对方握手，也不可用左手和对方握手。

（3）在握手力度上，既不能有气无力，也不能握得太紧。握手太轻，会被人认为傲慢冷漠或缺乏诚意；握手太紧，会让人感到热情过度，粗鲁轻佻。

（4）在握手次序上，一般应遵循先同性后异性、先长辈后晚辈、先已婚者后未婚者、先主人后客人、先贵宾后一般宾客、先职位高者后职位低者的原则。握手时，要体现对女士、长辈、主人、上级的尊重。与女性握手要晚出手（即等女性先伸手）、手轻时短；与长辈、上级或贵宾握手，也要晚出手（即等对方先伸手）、快步趋前、酌情问候，不要久握不放；同辈同性间握手时，以同时伸手为有礼。

案例分析

握手时的傲慢

陈刚去某贸易公司应聘，招聘主管是位女士。因为事先看过陈刚的简历，女主管觉得陈刚很有实力，认为他是个人才。面试进行得很顺利，陈刚给女主管留下了很好的印象。面试结束时，女主管热情地伸出右手，说："小伙子，表现不错！"陈刚赶忙伸手相握，他手心朝下，像铁钳一般握住女主管的手。女主管面露微妙的惊异之色。她想：这个小伙子太傲慢了。陈刚就这样被女主管从新员工名单中划掉了。陈刚为何最终失败了？

评析：陈刚在与女主管握手的手位和力度上都有不妥的表现。正常情况下，握手时手掌应该垂直于地面，如果手心朝下一般体现其内心比较傲慢、控制欲很强。无论陈刚此举是不是故意而为，被女主管从新员工名单中划掉都不冤枉。在跟女士的交往中，握手力度过大会给人不舒服的感觉。

四、名片礼仪

名片是经过设计并能表明自己身份，用于交往和开展工作的卡片。名片既可用白色纸张印刷，也可用彩色纸张印刷。名片上一般印有姓名、职称、职务、工作单位、联络电话等，有的名片上还印有业务范围、社会兼职等内容。

随着智能手机的发展，一般人已经很少使用纸质名片，但公关人员不可不准备纸质名片，以备在正式场合交换个人信息时使用，名片上可印上自己个人信息的二维码，方便对方使用。为了让名片发挥更大的作用，人们总结了一些在社交场合递送和接受名片的基本礼仪。

（1）递送名片的时机要恰当。一般在双方交谈得较融洽并有表示建立联系之意时，可在对方告辞时，顺手取出名片递给对方，以示有意结识对方并保持联络。

（2）递送名片时，要目视对方，不可目光游离不定或漫不经心，要使名片正面朝向对方，用双手或右手递送给对方，并说相应的寒暄语，如"请多关照""请笑纳"等。

（3）接受名片时，要目视对方，用双手或右手接过名片，态度恭敬，并点头致意。接过名片后，要认真看一下以示敬重和感兴趣，可以说些表示客气的话如"深感荣幸"等。看过名片后，要郑重放入口袋、名片夹或其他适当地方，切不可一眼不看就随手置于一边，或随意扔于桌上或其他地方，也不可拿在手中随意玩弄。

> **视野拓展**
>
> 读者可以以"金正昆《商务礼仪》讲座《名片的使用》"为关键词，通过互联网搜索金正昆教授的讲座视频，自行观看，进一步了解名片使用的相关知识。

案例分析

某公司王经理约见一个重要的客户。见面之后，客户就将名片递上。王经理看完后就将名片放到了桌子上，两人继续谈事。过了一会儿，服务人员将咖啡端上桌。王经理喝了一口咖啡，将咖啡杯子放在了名片上，自己并没有觉得不妥，而客户却皱起了眉头，但也没有说什么。

问题：客户皱起眉头说明了什么？

第四节　公共关系活动礼仪

诸如接待、拜访、会议、宴请、开业典礼、赠送礼品等公关活动中都涉及礼仪问题，本节简要介绍几种常规公共关系活动中需要注意的礼仪规范。

一、接待和拜访礼仪

接待和拜访是公关人员在公共关系活动中的一项经常性的工作。公关人员在接待和拜访中的礼仪表现，不仅关系到公关人员本人的形象，而且还涉及公关人员所代表的组织形象。因此，接待礼仪和拜访礼仪一直受到组织和公关人员的重视。

（一）接待礼仪

接待中，公关人员一般要注意以下几个礼仪问题。

1. 接待对等

在接待来宾之前，公关人员应事先想办法了解来宾的背景资料，如年龄、性别、身份、来访目的、来访时间长短及工作内容等，确定迎送规格，并根据来宾的背景资料，按照与来宾对口、对等的原则，确定级别相当的人员或部门出面迎送。如果由于其他原因，级别相当的人员或部门不能出面时，可灵活变通，由职位相称者或副职人员代替，但要向来宾进行解释，说明原因，并表示歉意。

2. 迎送恭敬

迎接客人时，迎接人员应提前到达机场、车站或轮船码头等候；送别客人时，无论是在门口，还是在机场、码头、车站，都要待客人走远或在交通工具启动后，挥手道别。送行时，接待人员应根据情况陪同前往，或在客人登机、上车、上船前到达指定地点，如果有送别仪式，则接待人员应于送别仪式前到达。

对来访者，接待人员一般应起身握手相迎；上级、长者、客户来访，应起身上前迎候；对于同事、员工，除第一次见面外，可不起身相迎。

3. 认真倾听

公关人员不能让来访者坐冷板凳。如果自己有事暂不能接待来访者，应安排秘书或其他人员接待客人，不能冷落了来访者。接待人员要认真倾听来访者的叙述，俗话说"无事不登三宝殿"，来访者一般都是为了谈某些事情而来的，因此应让来访者把话说完，并认真倾听。

4. 明确表态

公关人员对一时不能回答的问题，要约定一个时间再联系；对能够马上答复的或立即可办理的事，应当场答复，迅速办理，不要让来访者无谓地等待或再次来访。对来访者的意见和观点不要轻率表态，应思考后再答复，这也是一种对来访者负责任的态度。

5. 礼貌婉拒

公关人员对来访者的无理要求或错误意见，应礼貌地拒绝，不要刺激来访者，避免使其尴尬或与其产生冲突。

6. 委婉结束

公关人员如果要结束接待，可以委婉地提出理由，例如，"对不起，我要参加一个会议，今天先谈到这儿，好吗？"也可用起身的动作语言告诉对方就此结束谈话。

（二）拜访礼仪

公关人员在拜访客户时一般要注意以下一些礼仪问题。

1. 约定时间和地点

拜访客户之前，公关人员应事先给客户打电话说明拜访的目的，并约定拜访的时间和地点。不要在客户刚上班、快下班、异常繁忙、正在开重要会议时去拜访，也不要在客户休息和用餐时间去拜访。

2. 做好准备

公关人员应事先阅读拜访对象的个人和公司材料，准备拜访时可能用到的材料，注意穿着与仪容，拜访客户前应检查各项携带物是否齐备（如名片、笔和记录本、电话本、磁卡或现金、计算器、公司和产品介绍、合同等），明确谈话主题、思路和内容。

遵守时间、不得迟到是社会交往中极为重要的原则。公关人员出发前应与客户通过电话确认一下，以防临时发生变化；应选好交通路线，算好时间出发，确保提前 5～10 分钟到达；到了客户门前，应再次整理着装；如提前到达，不要在被访客户门前溜达。

3. 见面礼仪

公关人员进入室内时要面带微笑，向接待人员说明身份、拜访对象和目的，从容地等待接待人员将自己引到会客室或受访者的办公室；如果是雨天，不要将雨具带入办公室；在会客室等候时，不要看无关的资料或在纸上涂画；接待人员奉茶时，要表达谢意；等候超过一刻钟，可向接待人员询问有关情况；如果受访者实在脱不开身，则可留下自己的名片和相关资料，请接待人员转交给受访者。

4. 会谈礼仪

公关人员见到拜访对象后，首先应问候、握手、交换名片；当拜访对象奉上茶水或咖啡时，应表示谢意；公关人员在与拜访对象会谈时，要注意称呼、用语、语速、语气、语调；会谈过程中，如果没有急事，不能打电话或接电话；要注意观察拜访对象的举止表情，适可而止，当拜访对象有不耐烦或为难的表现时，应转换话题或语气；当拜访对象有结束会见的表示时，应立即起身告辞。

二、会议礼仪

会议是各种人员相互交流、沟通、认识、了解的重要场合，要开好会议就要讲究会议礼仪。

1. 会议准备

在会议准备阶段，公关人员需要关注的礼仪问题一般有以下几项。

（1）会议通知。公关人员要根据会议的主题和会议议程，确定与会人员的名单或范围，拟定并及时寄发会议通知。

（2）会场选择。会场应大小适中。会场的地点选择要合理，方便与会人员参加会议。会场内的照明、通风、通信、服务、音响等设施设备要一应俱全。会场附近应设有停车场，便于与会人员停放交通工具。

（3）会场布置。会场布置的气氛要根据会议的性质来确定。一般有隆重庄严、喜庆热烈、和谐亲切等气氛。会场要有相应标语、花卉、彩灯等装饰，用以烘托气氛。根据会议规模与性质的不同，可以采用圆桌式、方桌式、"口"形式、"U"形式等会场布置形式。会场的座次排列，包括主席台座次和其他与会人员座次，可按姓氏笔画、地理位置、行业系统等方式排列。

视野拓展

社交场合中的座次安排

普通人弄不清楚座次的规矩问题不是很大，但公关人员在这方面是不能犯错误的！欧美多以右为尊，中国古俗多以左为尊。现在国内非正式场合重前后不重左右，正式场合则前后、左右都不能有错。国内正式场合多以左为尊来安排座次，如果是两人，第一尊者居左，第二尊者居右；两人以上则尊者坐中间，其他人依次在两边按照左右左右的顺序就座。

2. 会议进程

在会议期间，公关人员一般需要注意的礼仪问题有以下几项。

（1）迎接参会人员。根据会议性质、规模及参会人员的情况，有关工作人员要在车站、机场、码头迎接参会人员。

（2）生活安排。公关人员要热情引导参会者签到，然后将参会者送到住处，并告知有关会议事项。

（3）会场服务。如茶水供应、会议记录、转接电话等会场服务，要由专门人员负责。

（4）会议结束工作。按照会务组预先安排，公关人员应及时调派车辆送参会人员离开。

三、宴会礼仪

宴会是公关工作中常见的交际活动之一，宴会是为了达到欢迎、祝贺、答谢、饯行等目的而举行的一种餐饮活动。各个国家和民族往往根据自己的特点与习惯，活动的目的、对象以及经费开支等因素举办不同形式的宴会。

问与答

问：如何使用西餐的餐具？

答：吃西餐时通常右手持刀，左手持叉，将刀叉并拢平排放在盘内，以示吃完。如未吃完，则将刀叉摆成八字或交叉摆放，刀口向内。

1. 宴会的时间地点安排

在确定宴会的时间和地点时，公关人员应注意以下礼仪：宴会的时间应对主、客双方都合适，尤其要注意尊重对方的风俗习惯，避开有禁忌的日子和时间；宴请外宾时，宴会日期最好不要安排在周末或假日；被邀宾客中，如有宗教信众，应查明他们的宗教习惯；请柬一般应提前一至二周发出，以便被邀请人提前安排。

公关人员在与主客商定宴会时间后，应尽快择定宴会地点。宴会地点一般离宾客住宿地点不宜太远。要注意宾客中是否有人需要车辆接送。公关人员还要考虑到宴会场所应配有休息室，用于宴会前后来宾谈话。

2. 宴会的桌次安排

传统中式宴会主桌的位置，讲究坐北朝南。由于现代建筑风格的变化或多样化，人们便习惯于把正对门的位置定为主桌，故宴会中主桌的位置就是面向门的位置。

宴会的桌次高低以离主桌位置远近、左或右而定。如有欧美来宾，宜按右尊的国际惯例布置；如无国外来宾，宜按中国传统的左尊布置。宴会的桌数较多时，要摆放桌次牌，这样既方便宾主就座，又有利于管理。

宴会可以用圆桌，也可以用长桌或方桌。一桌以上的宴会，桌子之间的距离要适当，各个座位之间也要距离相等。团体宴会中，桌子的排列一般以最前面的或居中的桌子为主桌。只有两桌的小型宴会，可根据餐厅的具体情况横排或竖排。

3. 宴会的座位安排

正式宴会，一般均需要安排座位，座位高低以离主宾的座位远近而定，有时也只安排部分客人的座位，其他人只排桌次或自由入座。但要在入席前通知到每一个出席者，现场要有专人引导宾客。

宴会的座位次序安排以礼宾次序为主要依据。我国习惯按宾客的职务排列座位，以便交谈和就餐。假如外宾偕夫人出席，通常把女宾安排在一起，即主宾位于男主人右上方，其夫人坐在女主人右上方。按国外习惯，主桌上男女交叉安排，以女主人为准，主宾在女主人右上方，主宾夫人在男主人右上方。

在具体安排宴会席位时，除遵循上述基本规则外，还要充分考虑其他实际情况。例如，客人之间如果关系紧张，安排座位时应尽量隔开。对身份大体相同或从事同一行业的客人，座位可安排在一起。

无论采取哪种办法安排座位，公关人员都要事前通知参加宴会的人员，使之心中有数，宴会的现场要有专人引导。排座次的宴会应事先放置桌次牌、座位卡。在我国，举办宴会时，牌卡的中文在上，外文在下。不需排座次的宴会对座位也要有个大致的安排。

宴会的座位安排是公共关系宴会礼仪的一项重要内容。实际工作中不仅宴会要安排座位，会见、谈判、迎送客人乘车等活动时，公关人员也需要安排符合礼仪规范要求的座位顺序。

案例分析

某公司的业务员小陈有一次去一个城市出差。事情谈完后，对方在城内一家有名的餐厅请小陈吃饭。小陈一进餐厅，主人便殷勤地将他请到"上座"。保守的主人认为将客人安排在"上座"是他的最大礼貌与义务。然而时值炎热的夏季，此"上座"是离冷气最远的座位，小陈为了满足主人招待周到的愿望，不得不在"上座"忍受着闷热的煎熬，虽十分难受但也不好说什么。

很快酒菜上来，像有些地方一样，这里的人招待客人有劝酒的习惯，小陈一再解释自己不会喝酒，却拗不过热情的主人，不得不一杯又一杯，忍受痛苦喝下去，足足半斤白酒下肚。刚一出餐厅的门口，小陈就趴在路边的栏杆上呕吐不止，这次酒宴之后小陈休息了好几天才缓过劲来。之后再回想起这次做客，小陈只觉得是活受罪，丝毫谈不上什么愉快的享受。

评析：作为主人，光有热情好客的心还不够，还要让客人在感受到你的情意的同时，觉得轻松舒服，不受拘束，才算真正尽到了主人的责任和义务。

四、商务礼仪

1. 开业典礼礼仪

举行开业典礼时，要遵循"热烈、隆重、节俭"的原则。公关人员在安排活动时要符合以下礼仪规范的要求。

（1）场地布置的礼仪规范要求。举行开业典礼的场地一般设在开业项目的门口。现场布置应表现喜庆感和热烈感。开业典礼的现场应悬挂"××庆典"的会标，现场两边应摆放来宾赠送的花篮，四周悬挂彩带、灯笼等。举行大型开业典礼时，开业典礼的现场应配有乐队。

（2）开业典礼发言的礼仪规范要求。开业典礼开始时，由主持人先简短致辞，介绍庆典项目并对来宾表示感谢，然后由上级领导和嘉宾依次在开业典礼上致辞祝贺。每位领导和嘉宾发言前后应播放或演奏乐曲，在领导和嘉宾发言后还可向其献花。

（3）参观座谈的礼仪规范要求。开业典礼完毕，主办方应安排客人参观庆典项目的主要设施，以融洽与同行的关系，也可以与同行进行短时间的座谈，或请来宾在留言簿上留言并签名。

（4）欢送客人的礼仪规范要求。开业典礼结束后，主办方领导和员工应站在门口欢送客人离开。主办方还可准备一些印有开业典礼字样的纪念品，赠送给客人作为纪念。

2. 剪彩礼仪

要想使剪彩仪式达到隆重而又热烈的效果，公关人员就要在以下剪彩仪式的环节按照礼仪规范的要求进行安排。

（1）参加者入座。在这个环节中，工作人员应先安排一般人员坐好或列队，然后再引导贵宾上主席台就座。

（2）主持人在宣布剪彩仪式开始后，应鼓掌向参加剪彩仪式的客人们表达谢意，主持人还应向来宾介绍参加剪彩仪式的各位领导、负责人与知名人士，并向他们表示谢意。

（3）简短发言。在这个环节中，应先由剪彩仪式的主持人发言，介绍此次剪彩仪式的有关情况，然后，可安排其他有关人员作祝贺性的发言。

（4）剪彩。剪彩者一般由上级领导、社会知名人士或组织中的劳模担任。剪彩时，主席台上的工作人员要和剪彩者保持 1～2 米的距离。待剪彩完毕后，剪彩者要转身向四周群众鼓掌致意。

3. 签约礼仪

签约仪式在商务活动中是一个重要仪式，出席签约仪式的人员要在礼仪上注意以下几个要点。

（1）遵守时间。出席签约仪式的人员要按照规定的时间准时到场，不能迟到；签约仪式尚未完毕，有关人员不得擅自离开，如果有紧急事务必须提前离开，应向对方说明原因并表示歉意。

（2）注意座位的安排。一般来讲，东道主签字人的座位应位于签字桌的右侧，客方签字人的座位应位于签字桌的左侧。双方的助签人员应分别站在各方签字人的外侧。

（3）注意谈话礼节。出席签约仪式的人员在讲话时要注意留给对方发表意见的机会，要认真聆听对方的讲话，不要轻易打断对方的发言。在相互交谈时，交谈双方都应目视对方，以示专心。

（4）注意服饰整洁。出席签约仪式的人员，不管穿何种服装，都应保持服装的整洁和挺括。

五、沙龙礼仪

公共关系中人际交往的方式主要有公众联谊会、座谈会、交际舞会、文艺招待晚会、参观游览活动等，其中沙龙活动是人们在室内进行的专门的社交聚会。沙龙活动对公关人员来说非常重要，它是公共关系社交活动的主要形式之一。其形式自然、内容灵活、品位高雅，可以使渴望友谊、注重交往的人们既正规而又轻松愉快地与其他人进行交往，备受公关人员的青睐。

（一）交际型沙龙

举办交际型沙龙的主要目的是使参加者之间直接接触，进行交流。因此，它的具体活动形式可以灵活多样。平时公关人员经常参加的座谈会、校友会、同乡会、聚餐会、庆祝会、联欢会、生日宴会、节日晚会、舞会等，大都属于交际型沙龙。

1. 举办交际型沙龙的方法和要求

通常情况下，交际型沙龙的地点、时间、形式、主办者和参加者，均应事先确定。它可以由一人发起、提议，也可以由全体参与者群策群力，共同讨论、决定。

（1）举办交际型沙龙的地点，应当选择条件较好的某家客厅、庭院或是宾馆、饭店、餐馆、写字楼内的某一专用的房间。其应满足面积大、通风好、温度适中、照明良好、环境幽雅、没有噪声、不受外界干扰等要求。

（2）交际型沙龙持续的时间，一般应为2～4小时。在具体活动中，则不必过分地"严守规章"。如果大家意犹未尽，那么适当地延长一些时间也是可以的。通常，为了不影响正常工作，交际型沙龙在周末下午或晚间举行为好。

（3）主办者应当事先确定好参加者。在某些较为正式的交际沙龙上，参加者彼此之间相识者居多。唯有如此，才有助于大家多交流，少拘束。沙龙的既定参加者，按规定可以携带家人或秘书出席活动。此外，参加者不宜临时邀请其他人同往。

2. 参加交际型沙龙的基本礼仪

公关人员参加交际型沙龙，要注意以下几项基本礼仪。

（1）恪守约定。所谓恪守约定，就是要求公关人员在参加沙龙时，遵守时间，按时赴约，不得无故迟到、早退或失约。公关人员参加交际型沙龙，应准时到场，如果临时有事难以准点到达，或不能前往，须提前通知主办者，并向大家表示歉意。

（2）尊重女士、长者。公关人员在包括交际型沙龙在内的一切社交场合，都要主动自觉地尊重、照顾、体谅、帮助、保护女士和长者，并积极地为他们排忧解难。例如，不应当在女士、长者面前说脏话；不得与女士、长者动手动脚，打打闹闹；行走时，应请其优先；就座时，应以其为尊；当他们携带物品时，应为其代劳；等等。

（3）体谅主办者。体谅主办者，就是要求公关人员在参加沙龙时，应当设身处地、时时处处多替主办者着想，并尽力对其伸出援手，做一些力所能及的事。至少应该做到不给主办者添乱。参加沙龙之初，公关人员不要忘了先去问候主办者。在沙龙举办期间，可以找机会向主办者询问是否需要协助。在沙龙结束时，参加者在向主办者道别之后，方可离开。公关人员参加沙龙时，要主动与他人进行交流，也可以旁听他人的交谈，还可以加入他人的交谈。有可能的话，公关人员应扩大自己的交际范围，结识更多的新朋友。

公关人员要善于向他人学习和请教。特别是参加专题性交际型沙龙时，公关人员应当记住两条准则：一是应当以学习为主要目的，公关人员应当多听、多记、多向别人请教；二是应当避免争强好胜，公关人员与他人交谈、交流、发言时，应当三思而行，出言谨慎。

（二）休闲型沙龙

休闲型沙龙与交际型沙龙相比，同样也具有社交的功能，只不过休闲性、娱乐性较为突出。有一位颇有成就的西方大企业家曾经说过："我的成功，主要不是来自谈判桌上，而是来自乡间别墅或是在俱乐部里同对手的友好接触。"他的话对休闲型沙龙的功能做了最通俗的表述。

公关人员在休闲型沙龙中应当表现得"会玩"。所谓"会玩"有两方面的含义：一方面是指玩的技巧高；另一方面是指会玩的内容多。而在玩的内容的选择上，注意玩的内容应既高雅脱俗，又使人轻松、愉快。总之，所玩项目既要好玩，又要使大部分人都会玩。一般来讲，打桥牌、下象棋、打网球、打高尔夫球、游园联欢会、远足郊游、俱乐部聚会或是举办小型音乐演奏会，都是休闲型沙龙可以优先选择的内容。

有经验的公关人员都懂得：该工作时就要工作，该休息时就要休息；不懂得休息，就不懂得工作。因此，公关人员在参加休闲型沙龙时，切勿忘记应当以"休闲"为主，以"交际"为辅，不要将二者倒置。否则，既会败坏他人的雅兴，又会令他人反感。

六、赠送礼品礼仪

礼品，泛指在公共关系交往中为了表达对对方的尊重、友好与敬意而特意相赠的物品。通常认为，在公共关系交往中向对方赠送适当的礼品，可以表达对对方的心意，从而增加双方的理解，增进双方的友谊。"千里送鹅毛，礼轻情义重"所表达的就是这层意思。

（一）礼品的选择

礼品的选择应当突出"对象化"。所谓"对象化"，是指礼品的选择应当围绕着受赠对象来进行，礼品应当具有适合受赠对象某种需要的独特性，这样才能更好地表现出礼品的作用。选择和赠送礼品时，要注意以下三个方面的事项。

1. 明确关系

要明确送礼者和受赠对象彼此之间关系的现状如何。具体关系具体对待，要有所区别。比如，把一枝红玫瑰送给自己的夫人或女朋友，可借以表达自己浓浓的爱意；但要把它送给一位普通的异性朋友，可就不对劲了，因为玫瑰象征着爱情是大家都知道的。

给知识分子送礼，可选购工艺美术品、文房四宝等；给老年人送礼，可选择方便老人生活和祝愿长寿的礼品；给同事、同学送礼，可选择一些利于工作、促进学习、激励成才的名人字幅、参考书籍；等等。现在流行一种高雅的礼品——鲜花，不论什么场合，送上一束鲜花，都会带给受赠对象一种美好、温馨的感觉。迎接亲朋自远方归来，可送紫藤花，此花夜夜含苞，每朝开放，大串的花朵儿摇曳多姿，象征热情好客；迎接战士归来，以送红棉花最为敬重，红棉花是英雄的象征；如恋人、夫妻分别，送上一束芍药，表示惜别；为初恋之人送上一枝红蔷薇，表示初恋之意；求婚时可送一束玫瑰，若对方回赠玉兰则表示接受；夫妻闹矛盾后重归于好，可送一枝合欢花，意为团圆；当爱情受到挫折时，可送一枝秋海棠，表明苦恋。南宋诗人陆游的母亲逼着陆游与唐婉离婚，唐婉无奈别离，心里十分痛苦，就送了一盆秋海棠给陆游，作为思念之物，唐婉称其为"断肠红"，陆游称之为"相思红"。因此，礼品不一定贵重，但应是实用、有一定纪念意义或象征意义的物品。

2. 了解对方

赠送礼品时，要了解受赠对象的兴趣爱好。俗话说："酒逢知己千杯少，话不投机半句多。"选择礼品，其实也一样，如果所赠礼品符合受赠对象的兴趣与爱好，它的作用可能会倍增。相反，则可能会失去作用。例如，若是把一块珍藏已久的古墨送给一位擅长书法的老人，没准会让对方喜出望外；然而若是把它送给一个不识文墨的人，那恐怕就起不到什么作用了。

3. 尊重对方

赠送礼品时，要注意受赠对象的个人禁忌。禁忌，即人们因某种原因而对某些事物所产生的忌讳。对受赠对象的个人禁忌，应当从两个方面来加以理解。一方面，纯粹由受赠对象个人原因所造成的禁忌。例如，向一位刚刚丧妻的男士赠送情侣帽、情侣衫，必定会令其难过；把名酒送给滴酒不沾的长辈，也是不合适的。这些都属于触碰了个人禁忌的情况。另一方面，由风俗习惯、民族差异、宗教信仰以及职业道德等所造成的个人禁忌。有时，这方面的禁忌亦称公共禁忌。举例来说，在我国民间，一般讲究不能把和"终"发音相同的钟送给上了年纪的人。在西方，赠送礼品的具体数目绝不可以是"13"。在世界各国，都不允许把现金、有价证券以及价格昂贵之物送给并无私交的在职的政府官员。如此种种，都源自公共禁忌。

（二）赠送礼品的方式和时机

一般来讲，赠送礼品的具体形式是当面赠送，但也可托人代赠。当面赠送，即送礼者亲自将礼品面交对方；托人代赠，即送礼者委托他人代替自己将礼品送至受赠对象手中。

赠送礼品的时机大有讲究。赠送礼品，只有选准了适当的时机，方能使双方皆大欢喜。在一般的人际交往中，以下时机都是适宜赠送礼品的：①道喜之时，如当亲友结婚、生育的时候，可赠送适当的礼品向其道喜；②道贺之时，当他人升学、晋级、乔迁、出国、事业取得成功或是过生日、过节日时，可以以礼相贺；③道谢之时，受到他人关心、照顾、帮助之后，可在适当的时机，以礼品相赠，表达谢意；④鼓励之时，交往对象身处逆境时，可通过赠送礼品的方式以示鼓励；⑤慰问之时，若关系密切之人遇到困难、挫折或是患病卧床，可以赠送适当的礼品表示慰问；⑥纪念之时，久别重逢、参观访问、临行话别之际，亦可以赠送礼品，以表纪念。应当说明的是，以上六个时机仅仅是送礼的良机，但是送礼应当少而精，并非每逢良机，都得送礼。

七、使用电话礼仪

即时通信工具虽然方便，在公务活动中还是离不开电话。虽然打电话在生活中是司空见惯的事情，但正确地利用电话完成公共关系任务，并不是每一个人都能做到的。我们要正确地利用电话，不只是要熟练地掌握使用电话的技巧，更重要的是要自觉维护自己的形象。我们要做到这一点，必须在打电话、接电话时，自觉自愿地做到知礼、守礼、待人以礼。

1. 打电话

做好打电话前的准备。首先，我们在打电话前应有思想准备，要有高度的责任心和认真而耐心的态度；其次，要考虑好通话的大致内容，如果怕有遗漏，则应事先写出来；最后，要在身边备有常用电话号码表与做电话记录的笔和本。

🔊 案例分析

打电话礼仪示例

电话拨通后，我们应先说："您好！"然后问："请问，您是××公司××吗？"得到明确答复后，再自报家门："我是××公司××。"如果打的是对方前台电话，确认单位后要报出自己要找的人的姓名，如下例。

甲："您好！这是××公司吗？"

乙："正是。"

甲："我是××公司的李俊，麻烦您找赵民小姐听电话，谢谢！"

乙："请稍候。"

如对方告知"××不在"，切不可立即挂断电话，而应说"谢谢，我过会儿再打"或"如方便，麻烦您转告××，请告诉她回来后给我来个电话，我的电话号码是××××"等。如电话号码拨错了，应向对方表示歉意，说声"对不起，我拨错号了"，切不可直接挂断电话。如要求对方做记录，应有耐心，不能催促。我们在打电话时，声音不要太大，也不要太小，说话要有节奏，表达要清楚，简明扼要，吐字清晰，声音自然，切忌矫揉造作，嗲声嗲气。

评析：打办公电话应避开快下班的时间；打家庭电话应避开清晨、午间及深夜。通话结束时，应以"再见"结束通话。

2. 接电话

电话铃声一响，我们就应及时接起电话。如果铃声响过 4 次以上再接起电话，我们应先说声："对不起，让您久等了。"一般拿起话筒后的说话程序是这样的，比如，"您好！这里是××公司××部。我是王总的秘书××，需要我帮忙吗？"听电话时，我们应注意说些"是""好"之类的话语进行回应，让对方感到我们在认真听，但不要轻易打断对方说话。

如果对方不是找你，那么你应礼貌地请对方"稍候"；如果找不到接电话的人，你可以主动提供帮助，如"需要我转告吗"；如果需要对方把电话打到别的部门、科室，可以说"您要找的人在××部门，请您再拨一次电话"或"××部门的电话号码是××××"；若对方要求记录，我们应马上进行记录，记录完毕后，最好与对方再核对一遍记录的内容，以免遗漏。

通话完毕，我们应等对方挂电话后再挂，不要在对方话音未落时就挂断电话。挂电话时声音不要太大，以免给人留下粗鲁无礼的印象。接电话时，我们如果中途有事，必须中断一下，时间不应超过 30 秒，而且应恳请对方谅解。

视野拓展

中西方文化差异

3. 电话中的交谈

接打电话时，双方的声音是一个重要的交际因素，我们必须重视声音的效果。我们在接打电话时，要尽可能说普通话，这样便于沟通，而且富有表现力。说话的声音要亲切自然，不要装腔作势，引人不悦。打电话时虽见不到对方，但面带微笑的声音也是富有感染力的。语言表达要简洁明了，切忌啰唆。说话时要吐字清楚，不要对着话筒发出咳嗽或者吐痰的声音。

本 章 小 结

本章主要介绍了公共关系礼仪的概念、基本特征以及具体要求，有以下几个重要的知识点。

（1）公共关系礼仪是将礼仪的具体要求在公关活动中进行运用。

（2）公共关系礼仪基本特征：①以学识为基础；②以组织的长远利益为计；③以公众为对象；④以美誉为目标；⑤以自觉为保障；⑥以灵活为原则；⑦以真诚为信条；⑧具有民族性；⑨具有发展性。

（3）公共关系礼仪的功能与作用：①塑造组织良好形象；②维护组织内部团结；③拓展组织对外友好往来的范围；④提高组织员工的文明水准；⑤促进传播组织信息。

（4）公关人员交际形象：①举止优雅；②谈吐高雅；③风度潇洒。

（5）公共关系的交往礼仪包括：①礼貌用语与称呼礼仪；②介绍礼仪；③握手礼仪；④名片礼仪。

（6）公共关系活动礼仪包括：①接待和拜访礼仪；②会议礼仪；③宴会礼仪；④商务礼仪；⑤沙龙礼仪；⑥赠送礼品礼仪；⑦使用电话礼仪。

练 习 题

一、单项选择题

1. 在公共关系活动中，公共关系礼仪是公关人员必须掌握并娴熟运用的（　　）技能。

　　A. 公众传播　　　　B. 团体传播　　　C. 群体传播　　　D. 人际传播

2. 对公关人员来说，礼仪不仅是与公众交往场合中的"通行证"，而且还是体现（　　）和业务素质的一种标志。

　　A. 修养水平　　　　B. 技术水平　　　C. 智力水平　　　D. 业务水平

3. 礼仪是为表示（　　）而隆重举行的仪式。

　　A. 敬意　　　　　　B. 友谊　　　　　C. 敬畏　　　　　D. 歉意

4. 礼仪是对礼节（　　）、仪态和仪式的统称。

　　A. 礼貌　　　　　　B. 修养　　　　　C. 秩序　　　　　D. 程序

5. 介绍也有（　　），一般而言，应先把身份低、年纪轻的人介绍给身份高、年纪大的人，先把男士介绍给女士。

　　A. 高低之分　　　　B. 先后之别　　　C. 贵贱不同　　　D. 门户之见

6. 握手时，应该由长者、尊者先伸手，男女双方由女士先伸手，主宾之间由主人先伸手，同辈同性间（　　）为有礼。

　　A. 先伸手者　　　　B. 后伸手者　　　C. 不分先后者　　　D. 同时伸手者

7. 握手用力要适度，体现出热情或景仰，时间以（　　）为宜。

　　A. 1秒以内　　　　B. 10～30秒　　　C. 1～3秒　　　　D. 1分钟

8. 遵守时间，（　　）是社会交往中极为重要的礼貌。

　　A. 不得提前　　　　B. 不得迟到　　　C. 分秒不差　　　D. 不得失约

9. 宴会的时间应对主、客双方都合适。尤其要注意尊重对方的（　　），避开有禁忌的日子和时间。

　　A. 风俗习惯　　　　B. 心理习惯　　　C. 工作作风　　　D. 办事风格

10. 请柬一般提前（　　）发出，以便被邀请人及早安排。

A. 1～2天　　　　B. 1～2周　　　　C. 1～2月　　　　D. 什么时候都行

11. 在人际交往中，（　　）是最大的失礼，是绝不会给人好感的。

A. 不够热情　　　B. 热情过头　　　C. 不按照程序办事　　D. 缺少真诚

二、多项选择题

1. 关于握手，以下表述正确的有（　　）。

A. 握手双方，应该由长者、尊者先伸手

B. 男女双方，由女士先伸手

C. 主宾之间，由主人先伸手

D. 一般以右手相握，握手用力要适度

2. 关于握手，以下表述正确的有（　　）。

A. 握手用力要适度

B. 年轻者对年长者，身份低者对身份高者，则应稍稍欠身

C. 双手握住对方的手，以示尊敬

D. 握手前一般应摘下手套

3. 介绍也有先后之别，一般而言，应该（　　）。

A. 先把身份低的介绍给身份高的　　B. 先把身份高的介绍给身份低的

C. 先把年纪轻的介绍给年纪大的　　D. 先把年纪大的介绍给年纪轻的

4. 公关人员在交谈时应当（　　）。

A. 使用易懂的口语　　　　　　　B. 抑扬顿挫有节奏

C. 声情并茂　　　　　　　　　　D. 善于聆听和观察对方

5. 公关人员在倾听时要做到（　　）。

A. 专心倾听　　　　　　　　　　B. 适当的情绪投入

C. 适当提问或插问　　　　　　　D. 直接表述反对意见

三、简答题

1. 公共关系礼仪的功能与作用有哪些？

2. 公关人员应怎样塑造个人形象？

3. 公关人员应怎样塑造组织形象？

4. 公共关系活动中握手礼仪的规范有哪些？

5. 公共关系活动中会议礼仪的规范有哪些？

6. 公共关系活动中宴会礼仪的规范有哪些？

四、案例分析

案例1. 一位旅美华人举办了一次公关酒会，宴请当地几个房地产界的商人，希望借宴会增进彼此间的了解，寻找合适的合作伙伴。郑先生是本地的房地产大户，声名远扬，是这位旅美华人最为看好的合作对象。但遗憾的是，当这位旅美华人与郑先生握手时，他握到的是一只潮湿柔软的、被动无力的手，这只死鱼一般的手与它的主人的洒脱热情的外表很不相称。握手后，这位旅美华人对郑先生感到巨大的失望。最终，这次合作机会被另一位实力稍逊的房地产

商获得。郑先生在房地产界大大丢了面子，事后却百思不得其解。

问题：（1）郑先生为何最终失败了？

（2）在社交场合，规范的握手方式是怎样的？需要注意的问题有哪些？

案例2. 上海某招聘会现场，某外贸公司的老总亲自负责招聘，展台前有很多求职者前来应聘。突然这位老总接到一个电话，对方说话很快，老总身边又没有翻译人员，所以他听不太清楚，情急之下，他请在场的应聘人员前来帮忙。有三位应聘者接了电话后，都表示专业用语太多，没办法交谈下去；还有的人回答很不耐烦，缺乏礼貌。当最后一个小伙子接听电话时，其流利的口语和礼貌的态度让人刮目相看。老总当场表示录用他。

问题：这个小伙子胜出的原因何在？

案例3. 某公司新建的办公大楼需要添置一系列的办公家具，价值数百万元。公司的总经理已做了决定，向A公司购买这批办公家具。这天，A公司的销售部负责人打电话来，说要上门拜访这位总经理。总经理打算等对方来了，就在订单上盖章，定下这笔生意。不料对方比预定的时间提前了两个小时，原来对方听说这家公司的员工宿舍也要在近期落成，希望员工宿舍需要的家具也能从A公司购买。为了谈这件事，A公司的销售部负责人还带来了一大堆资料，摆满了台面。总经理没料到对方会提前到访，刚好手边又有事，便请秘书让对方等一会儿。这位销售部负责人等了不到半小时，就开始不耐烦了，一边收拾资料一边说："我还是改天再来拜访吧。"这时，总经理发现对方在收拾资料准备离开时，将自己刚才递上的名片不小心掉在了地上，而对方却没有发觉，而且走的时候还无意地从名片上踩了过去。这个失误，令总经理改变了初衷，A公司不仅没有得到与该公司商谈员工宿舍的家具购买的机会，连即将到手的数百万元办公家具的生意也丢掉了。

问题：（1）A公司的这笔生意为何丢掉了？

（2）拜访他人应该注意哪些问题？

综合实训

一、实训内容

模拟日常社交礼仪，主要内容：着装礼仪、称呼礼仪、握手礼仪、介绍礼仪、名片礼仪等。

二、方法和步骤

1. 以6人为一组，小组所有成员都必须参与模拟。

2. 时间控制在15～20分钟。

3. 提交书面材料（内容包括各种社交礼仪的使用场合、要求及注意事项）。

三、实训考核

教师依据小组成员模拟社交礼仪的具体表现和提交的书面材料进行综合评分。

第八章

公共关系谈判

🚀 学习目标

知识目标：了解公共关系谈判的概念、基本特征，把握公共关系谈判的原则，熟悉公共关系谈判过程。

能力目标：熟练运用公共关系谈判策略和技巧。

素质目标：能担负起协调组织与公众之间的关系、平息争端的责任；能通过谈判排除外部环境中对组织发展的不利因素，恢复与公众的良好关系，重塑组织形象。

🔑 案例导入

2011年3月15日，消费者权益保护日，近50名中国作家声讨百度，称百度文库侵犯了他们的著作权，引起一片哗然，社会各界也围绕这一问题进行了广泛的讨论。百度负责人表示如果百度不能有效清除盗版，百度文库可以关掉，希望能够与众多作家达成共识，共同合作，为读者造福。3月下旬，百度与作家代表进行谈判，双方因意见相左不欢而散，最终走向法律程序。2012年9月17日，人民法院判令百度公司侵权成立，赔偿3名作家经济损失14.5万元，原告关闭百度文库的请求被驳回。

请问：百度与作家代表的谈判不是纯商业性质的谈判，具有较强的公共关系属性。公关人员常要主持或参与一些谈判。假设你是百度的谈判代表，时间放在当前，由你来主持该谈判，你会选择什么谈判策略，或者说你会制订什么样的谈判方案？

谈判过程实际上就是谈判双方不断沟通，走向合作的过程。谈判双方在寻求己方利益最大化的同时，也应同时考虑对方的利益。公共关系活动中常常会遇到各种类型的谈判，本章将简要介绍公共关系中所涉及的一些谈判知识。

第一节　公共关系谈判概述

公共关系谈判是指双方或数方就一项涉及各方利益的问题，通过共同协商的手段，经反复调整各自的目标，在满足各方利益的前提下取得一致结果的过程。

公共关系谈判是沟通和协调的一种基本手段，而沟通与协调是公共关系的重要职能，组织在其运行过程中，要通过与各方的交往与合作来有效实现组织自身的各种目标，组织与其他各

🔭 **视野拓展**

商务谈判技巧

方在利益等方面发生矛盾是很难避免的。因此，**通过谈判来进行沟通、化解矛盾**，就成为组织公关工作的一项重要内容。从广义上说，我们每天都在进行着谈判。我们到菜市场买菜或到商店买衣服时的讨价还价，甚至一家人在一起看电视时的频道选择，都可以说是谈判。

一、公共关系谈判的基本特征

公共关系谈判具有其他谈判形式的共性，也有其特殊性。一般情况下，公共关系谈判具有以下几个基本特征。

（1）公共关系谈判是既相互矛盾又相互合作的过程。公共关系谈判各方相互之间存在着矛盾，彼此都存在着尚未满足的需求。但是，彼此之间还需要合作，否则，各方的利益可能都要受到损失。这是谈判产生的基础，在不同的谈判场合中，谈判各方都在为保证各自的需求和利益而进行沟通协商，通过沟通协商寻求合作，在合作中求得共同发展。

（2）公共关系谈判是通过协商实现互惠互利的过程。在各种形式的谈判过程中，任何一方都在努力实现自己的需求和利益，都希望对方放弃一些要求，做出一些让步。但是愿望毕竟只是愿望，并不是现实。这就要求谈判各方在想从对方那里得到自己需求的满足，也就是在考虑满足自己的方案和策略的同时，也要考虑到对方的需求，考虑到对方对己方提案的接受程度。优秀的谈判人员并不是一味固守立场，寸步不让的，而是要与对方充分交流，从双方的利益出发，提出各种解决方案，用相对较小的让步来换得最大的利益，而对方也应遵循相同的原则来取得交换条件。长期的信任与合作关系所带来的利益，往往会超出一次谈判的收获。公共关系任何活动的目的都是树立组织的形象，提高组织的美誉度，与不同的公共关系客体建立长期的信任与合作关系，谈判更是如此，因此，作为公共关系谈判人员更应该重视这一特点。

（3）谈判内容具有广泛性、多变性和不确定性。实践表明，任何一项谈判活动都要涉及许多非常复杂的因素。既有人方面的因素，如谈判人员的性别、年龄、文化程度、经验、素养、性格、爱好、使用的谈话方式等；又有谈判内容方面的因素，公共关系活动涉及的所有内容，都有可能成为谈判的内容，公共关系的特征决定了其内容广泛；还有环境方面的因素，如不同的国家、地区，不同的民族，不同的场所，从而涉及不同的礼仪和文化等；除此之外，还有其他各种影响谈判活动的因素。这些不同的因素造成了公共关系谈判内容的广泛性、多变性、不确定性。

（4）谈判结果具有相对平等性。所谓成功的谈判，谈判各方都是胜者。但是，从谈判的结果上看，不平等是绝对的，平等只是相对的。造成这种结果的因素有很多，但主要因素是谈判各方的实力不同。在一次谈判中，谈判人员可能赢在现在，也可能赢在未来。我国在加入世界贸易组织（WTO）的谈判中，对美国做了相对较多的让步，但是从进入世贸组织后的发展空间来看，我们赢得了战略性的胜利。公共关系谈判与商务谈判的目的有很大不同，公共关系谈判所侧重的不是组织暂时的经济利益，而是组织形象的树立。

（5）重视协商和沟通，以理服人。公共关系的功能是塑造组织

📖 **问与答**

问：公共关系谈判包含哪几个层次？

答：公共关系谈判包含三个层次：个人与个人之间的谈判；组织与组织之间的谈判；国家与国家之间的谈判。

形象、协调组织与各方的关系、传播和沟通信息，优化环境。公共关系谈判也是为实现其功能服务的，所以公共关系谈判应该重视沟通和协商环节，强调以理服人、以信取人，不要过分计较微不足道的枝节问题，要以谈判各方的共同利益为重，将着眼点放在组织发展的长久利益上。公共关系谈判的另外一个特点是，谈判结果一般不具备法律约束效力，往往是意向性的、展望性的。谈判结束后，谈判各方一般要签署意向书、备忘录或者是做出口头承诺。

二、公共关系谈判的原则

在公共关系谈判中，要想取得良好的结果，谈判各方需要遵循以下几个原则。

（1）友好协商原则。公共关系谈判是在谈判各方的矛盾冲突中寻求共同认可的目标，因此，谈判各方必须以友好协商的态度为基础。任何违背友好协商的态度，如欺骗、强制等，都可能会导致谈判失败。

（2）平等互利原则，指谈判各方身份上的平等、经济上的互利。因此，谈判各方虽然规模的大小不同、实力的强弱不同，但在谈判桌上谈判各方的地位是平等的。

（3）合法性原则，指谈判过程和内容都必须符合法律的要求。凡是不合法的谈判过程（如强制）和内容，都是无效的。

（4）时效性原则。即在谈判中须讲求省时和高效，在相对较短的时间内达成共同的谈判目标，忌讳马拉松式谈判。

（5）最低目标原则，指在不违背谈判各方总体利益的前提下，确定谈判的最低目标。谈判中最忌讳对对方提出过高的要求和苛刻的条件，因此，多为对方着想，双方各退一步，是谈判成功的基本前提。

上述这些原则，在公共关系谈判中都很重要。在实际谈判中情况多变，有时利益、价格并不是影响谈判的最重要因素。下节所介绍的谈判技巧应在遵循上述原则的情况下适当使用，不可滥用。

第二节 谈判过程和技巧

视野拓展

经过十多年的艰辛努力，中国终于完成加入世界贸易组织的所有双边谈判，于 2001 年 12 月 11 日正式加入世界贸易组织。事实上，中国以发展中国家的身份加入世界贸易组织后，既为中国的改革开放注入了新的活力，又为经济的快速发展增强了动力。

在整个入世谈判过程中，以外经贸部副部长为组长的中国谈判代表团功不可没。可以说，没有他们在谈判桌上坚持原则、据理力争、不折不挠的意志与决心，很难取得如此理想的成果。

一、谈判过程

公共关系谈判往往分为若干阶段，谈判者须针对不同谈判阶段的具体情况采取不同的策略与技巧，逐渐形成具体、完备的谈判程序。正规的谈判过程通常可分为以下几个阶段。

（1）导入阶段。导入阶段主要是让谈判各方通过介绍相互认识，彼此熟悉，以创造一个有利于谈判的良好氛围。同时，通过前期的接触，找到各方关注的焦点，各自都做好相应的谈判准备。

（2）概说阶段。第一次正式的会谈，谈判各方应简要介绍自己的基本想法、意图和目的，以让对方有所了解。一般来说，谈判各方此时都较为谨慎，不会出示关键的资料，只是利用这段时间互相摸底。

（3）明示阶段。谈判各方在这一阶段会根据前一阶段各自表述的意见，尤其是各方存在分歧的地方，进一步表明各自的立场和观点。

（4）交锋阶段。在谈判过程中，谈判各方都会尽力争取己方的利益，自然就会产生矛盾，而矛盾的激化就会导致谈判各方对立情况的出现。在交锋这一阶段，谈判各方相互交锋，彼此争论，互相交涉，讨价还价，各方列举事实和依据，希望对方了解并接受自己的条件。

（5）妥协阶段。交锋阶段结束后，谈判各方便会相互让步，寻求一致，达成妥协。妥协是谈判不可缺少的组成部分，交锋阶段不可能无休止。只要谈判各方有共同利益，想达成协议，他们就一定要互相妥协。当然，妥协是有一定范围和限度的，妥协的原则就是既不放弃己方的立场和利益，又要兼顾对方的利益。

（6）协议阶段。在这一阶段，谈判各方经过交锋和妥协，求同存异，在一定程度上达到了各自的目的，于是便拍板同意，各自在协议书上签字，握手言欢，谈判宣告结束。

公共关系谈判是一场心理较量，也是一场集知识、智慧、口才、耐力和团队精神等诸多要素于一体的综合考验。成功的谈判可以使组织受益匪浅，失败的谈判则可能使组织损失巨大。因此，公关人员在组织或参与谈判时，应认真对待、精心设计、精心组织，特别要注意做好以下几项工作。

（1）谈判前的准备工作。公关人员在谈判前应进行谈判有关资料的搜集、对方背景情况的调查、组织自身实力和对方实力的评估。

（2）要善于调节或缓和气氛。特别是当谈判陷入僵局、濒于破裂时，公关人员要通过调节和缓和气氛，打破谈判僵局，使谈判各方能继续进行协商，确保谈判顺利进行。

（3）在谈判过程中，要认真倾听各方的意见。公关人员在谈判中应了解对方的确切意图，发现问题，及时为己方的主谈者出谋划策。

总之，谈判是一项非常具有艺术性的工作，它涉及的内容极为广泛，需要谈判人员具备多方面的能力，公关人员只有不断通过实践，积累经验，才能真正做好谈判工作。

案例分析

A公司与美国B公司在进行购买设备谈判时，B公司报价为218万美元，A公司不同意，后B公司降价至128万美元，A公司仍不同意。B公司提出再降10万美元，如果118万美元仍不能成交，就终止谈判回国。A公司谈判代表因为掌握了B公司交易的历史情报，不为B公司的威胁所动，坚持要求B公司继续降价。第二天，B公司的谈判代表果真回国了，A公司不为所动。果然，几天后B公司的谈判代表又回到中国继续谈判。A公司的谈判代表亮出了在国外获取的情报——B公司在两年前曾以98万美元的价格将同样的设备卖给匈牙利客商。此情报出示后，B公司以物价上涨等理由狡辩了一番，最终将报价降至了合理价格。

问题：你认为 A 公司为什么最终能获得合理报价？

二、谈判技巧

谈判的技巧有很多，都是谈判艺术殿堂中灿烂的瑰宝，高水平的谈判中往往运用了高水平的谈判技巧，最能体现谈判者的博学和智慧。下面介绍几种常见的谈判技巧。

1. 叙述技巧

叙述技巧是谈判者应该掌握的众多谈判技巧中最基本的技巧，要求谈判者恰到好处地表述己方的基本观点，准确无误地与对方沟通。

2. 发问技巧

在公共关系谈判过程中，发问需要讲究一定的技巧。谈判人员如何提问，问什么，怎样问才有针对性、方式才能得当，这些都需要讲究一定的技巧。恰当的提问往往能引导谈话、讨论和论证的方向，使谈判人员掌控谈判的进程。

谈判人员除了要能够灵活运用各种提问方法，还要能够选择适当的时机，在合适的时间提出合适的问题。每次提问之间要相互衔接，问题要由小到大、由易到难，层层深入，逐步进入敏感问题。另外，谈判人员还可以向对方的辅助人员进行提问，有时从辅助人员身上，可能会比从主谈人员身上能了解到更多信息。

> **问与答**
>
> **问**：谈判中的"知己知彼"具体包含哪些方面？
> **答**：知己——了解己方的优势、劣势，谈判的目的、最佳方案、最低目标；知彼——了解谈判对手的信誉、优势、劣势，可能提出的条件，对方的专长、弱点及经历等。

视野拓展

一次，在中美关于某种工业加工机械的贸易谈判中，自恃占有优势的美方代表开出了一个天价，中方代表以提问的方式给予了回击。

中方一共提了四个问题：不知贵国生产此类产品的公司有几家？不知贵公司的产品价格高于贵国某知名品牌的依据是什么？不知世界上生产此类产品的公司一共有几家？不知贵公司的产品价格高于某世界知名品牌的依据又是什么？这四个有分量的问题使美方代表非常吃惊，他们不便回答也无法回答，只能自找台阶降价。

3. 说服技巧

公共关系谈判中，当对方不接受、不同意己方的观点时，谈判人员就需要耐心、巧妙地说服对方。谈判人员要诚恳地向对方说明利弊得失，既要讲明接受该意见后双方将会得到什么样的益处，也要讲明双方的损失，显示出处理问题的客观公正，这样就比较容易使对方接受。一般情况下，谈判开始时最好先讨论容易解决的问题，然后再讨论争议较大的问题。如果在简单的问题上谈判各方能够取得一定的共识，继续谈判就有了基础，下一步的说服工作就更容易进行。谈判人员还要注意选准时机，在对方情绪过于激动时，暂时不要进行说服，否则往往会适得其反，不如缓一缓后再寻找更有利的时机进行说服。

4. 答复技巧

公共关系谈判中，巧妙的回答与恰当的提问同样重要，回答的难度比提问的难度要大得多。

谈判人员要使自己的回答得体，除了要具有广博的知识外，还要具备一定的答复技巧。具体表现在以下方面。回答问题时要能够把握回答要领，理解对方提问的真正意图，思考己方的回答范围：哪些提问应正面回答，哪些提问可侧面回答；哪些提问应全面回答，哪些提问可部分回答；哪些提问应暂不回答，哪些提问可拒绝回答，还要思考一下回答提问的后果。谈判人员回答提问时要明确、具体，不能答非所问，也不能含糊其词，否则就会让对方捉摸不定。回答提问时还要讲究回答方式，要根据对方的提问方式，灵活地选择不同的回答方式，既可以不彻底回答，也可以不确切回答，还可以将错就错，将对方提的问题的范围缩小，或者对要回答的问题进行解释和说明。总之，回答问题时应尽量做到逻辑严密、滴水不漏。

📖 案例分析

嗯……我不知道

有一次，美国一位著名谈判专家替他的邻居与保险公司交涉赔偿事宜。谈判是在这位专家的客厅里进行的，理赔员先发表了意见："先生，我知道你是谈判专家，一向都针对巨额款项进行谈判，恐怕我无法承受你的要价，我们公司若是只出100美元的赔偿金，你觉得如何？"

专家表情严肃地沉默着，表示对理赔员提出的条件不满意。

理赔员果然沉不住气了："抱歉，请勿介意我刚才的提议，我再加一点，200美元如何？"

"加一点，抱歉，无法接受。"

理赔员继续说："好吧，那么300美元如何？"

专家等了一会儿道："300美元？嗯……我不知道。"

理赔员显得有点惊慌，他说："好吧，400美元。"

"400美元？嗯……我不知道。"

"就赔500美元吧！"

"500美元？嗯……我不知道。"

"这样吧，600美元。"

专家无疑还是只说了"嗯……我不知道"，最后双方终于在950美元的条件下达成协议，而邻居原本只希望能获赔300美元！

这位专家事后认为，"嗯……我不知道"这样的回答真是效力无穷。

问题： 为什么这位谈判专家能获得超越邻居预期的谈判结果？

5. 拒绝技巧

公共关系谈判中，并非对方所有的提议都应接受。当谈判人员无法接受对方所提出的要求和建议时，就要拒绝对方，要学会说"不"。但是，如果谈判人员直截了当地拒绝对方，可能会造成紧张的气氛，使双方形成对立，对整个谈判产生消极影响，所以说"不"是要讲究技巧的。谈判人员要表现出遗憾的态度，对于需要拒绝的提议一定要明确表示拒绝，不能模棱两可，让对方心存侥幸。提出新的建议来代替直接拒绝也是一种很好的拒绝方法，还可以从对方的角度来说明拒绝的利害关系。在整个拒绝对方提议的过程中，谈判人员一定要注意措辞，要委婉地拒绝对方。

6. 让步技巧

谈判要达成协议，谈判各方就必须互相做出让步。没有让步，谈判就无法顺利进行，怎样让步，大有学问。

视野拓展

商务谈判中的让步一般有六种模式，公共关系谈判中也可借鉴。我们假设有这样一位卖主，准备最多降价 60 元，有以下六种模式，都可以达成 60 元的让步幅度。

第一种让步模式：0/0/0/60，这是一种坚定的让步模式。让对方一直以为卖主让步的希望很小。一个坚定的买主可能会坚守阵地，迫使卖主让步。这种让步模式风险较大，可能会让没有耐心的买主拂袖而去，从而使交易告吹。

第二种让步模式：15/15/15/15，这是一种均衡让步的模式，会鼓励买主追求卖主进一步的让步。

第三种让步模式：8/13/17/22，卖主的让步越来越大，会导致买主相信卖主还会做出更大的让步。买主的要求也会越来越高。这种模式往往会使卖主做出更大让步才能成交。

第四种让步模式：28/20/10/2，这种模式表现出强烈的妥协意愿，不过同时也告诉了买主，所能做的让步是有限的。在谈判的前期，有提高买主降价期望的风险，但随着让步幅度的减小，卖主趋向一个坚定的立场后，这个风险也就逐渐降低了。到这时候，一个聪明的买主便会明白，卖主更进一步的让步是不可能的了。

第五种让步模式：50/9/0/1，卖主一开始就大让步，将会大大提高买主降价的期望，不过第三步的拒绝让步和第四步的小小让步，会很快抵消这个效果，使对方知道，即使进一步讨价还价也不会得到更大让步。

第六种让步模式：60/0/0/0，这种让步模式会让买主产生过高的降价预期，第一次让步这么大，使对方认为卖主会让步更多，然而卖主不再让步会使买主很失望。

第三节　公共关系谈判策略

谈判策略是指人们在谈判中所采用的计策与方略。策略主要解决的是大的、影响局面的问题，具有相对的稳定性，策略主要体现在方案中。谈判策略是谈判人员为取得预期成果而采取的一些措施，它是各种谈判方式的具体运用。任何一次成功的谈判都是灵活巧妙地运用谈判策略的结果，一个优秀的谈判人员必须熟悉各种谈判策略与技巧，学会在各种情况下灵活运用谈判策略，以实现自己的目标。

一、公共关系谈判的总体策略

根据不同的划分标准，可将公共关系谈判的总体策略做以下分类。

（1）按谈判的方针不同，公共关系谈判的总体策略可划分为软式谈判策略、硬式谈判策略和原则谈判策略。软式谈判策略是一种对人温和、以和为贵、信任对方的谈判策略。硬式谈判策略是一种对人态度强硬、向对方施加压力、让对方让步的谈判策略。原则谈判策略是一种对人温和、对事强硬的谈判策略。这三种谈判策略各有其优缺点，不能说孰好孰坏，每一种谈判策略都有其适用范围，现代谈判更推崇原则谈判策略。

（2）按谈判的姿态不同，公共关系谈判的总体策略可划分为积极谈判策略与消极谈判策略。积极谈判策略是指谈判人员在谈判时采取积极的态度，努力创造良好的谈判氛围、推动双方积极合作的一种谈判策略，即采取一定的方法让对方做出有利于己方的让步，同时己方也会给予对方一定的让步，实现互惠互利。消极谈判策略是指谈判人员在谈判中采取一种相对低调、消极的态度，迫使对方主动做出让步的一种谈判策略。

（3）按谈判的方式不同，公共关系谈判的总体策略可划分为攻势谈判策略和防御谈判策略。攻势谈判策略是以进攻为主，主动向谈判对方施加压力的一种谈判策略。此谈判策略强调的是先发制人，先入为主，攻其无备，出其不意，从而掌握谈判的主动权。防御谈判策略是以防御为主，伺机发动进攻的一种谈判策略。此谈判策略强调的是坚固防守，后发制人。先摸清对方的虚实，一旦对方的弱点暴露出来就反守为攻。

二、公共关系谈判主动权的谋取策略

公共关系谈判中争取谈判的主动权非常重要，可以从人员、时间两方面入手。在人员选择方面，我们可考虑采取以下策略。

（1）专家策略。在谈判中组织可派出具有一定权威的专家进行谈判。因为专家在某一方面具有较高的威信，容易使人信服，其观点也易于被对方接受。

（2）对等策略。在谈判中常讲究各方谈判人员的权利和地位对等，谈判各方如能派出职位对等的谈判人员，往往能更好地进行沟通和交流，从而取得较好的谈判效果。

（3）升格策略。在谈判中，在级别较低的谈判人员无法取得较好的谈判效果时，谈判各方或一方派出级别更高的谈判人员来取得突破，也不失为一个较好的策略。

（4）幕后策略。在谈判过程中，有时为了应对复杂情况，组织可以让一般谈判人员先出场谈判，真正的决策人物在幕后操纵指挥，一旦谈判出现意外情况，幕后人物可及时出来进行斡旋或圆场，最后拍板定夺。

（5）车轮战策略。在谈判中，为了使对方疲于应付并做出让步，可派出不同的谈判人员轮番上阵与对方谈判。

（6）中间人策略。当谈判各方分歧较大，陷入僵局的时候，为了缓解各方的关系、立场，可从外界寻求有影响力的第三方，并谋求一个各方都能接受的新方案，从而使谈判得以继续进行。

在时间选择上，我们可考虑采取以下几种策略。

（1）时机策略。时机策略是指谈判人员选择在什么时机开始谈判、采取行动、提出谈判的具体方案、给对方做出让步、退出谈判等。对谈判来说，时机的选择非常重要。选择适当的时机可以争取主动权，如谈判对手心情好的时候，急需提升业绩的时候，类似周年庆典的时候；时机选择不当则会失去主动权，事倍功半。

（2）僵局策略。僵局策略是指在谈判中，为了让对方最终不得不做出某种选择，谈判人员有意提出比较苛刻的条件或拒不让步来制造僵局，随着谈判的进行，对方会面临较大的压力，从而被迫做出让步的一种策略。在使用僵局策略时一定要把握好时机和尺度，否则就可能会弄巧成拙。

（3）休会策略。休会策略是指在谈判过程中，遇到某种重大分歧或突发事件时，谈判一方或双方提出暂时中止谈判，另选时间再重新进行谈判的策略。休会能使谈判双方人员有机会重新思考和调整对策，促进谈判的顺利进行，可以暂时缓和谈判的紧张气氛，缓冲谈判双方之间的矛盾，也可改变于己方不利的局面，为达成谈判的目标另辟蹊径。休会策略运用得当，能起到节省谈判人员的精力、控制谈判进程、缓和谈判紧张气氛的作用。

案例分析

案例1. 某次交易会上，我方外贸部门与一客商洽谈某产品的出口业务。在第一轮谈判中，客商采取各种招数来摸我们的底，如罗列过时行情、故意压低购货的数量等。我方立即中止了谈判，并开始搜集相关情报，了解到日本一家同类厂商发生重大事故停产了，又了解到该产品可能有新用途。我方在仔细分析了这些情报以后，谈判重新开始。我方根据掌握的情报后发制人，告诉对方：我方的货源不多；产品的需求量很大；日本厂商不能供货。对方立刻意识到我方对交易背景十分了解，只好做出让步。在经过简单交涉之后，对方接受了我方的报价，购买了大量该产品。

问题：怎样在谈判中把握休会的时机？

案例2. 巴西一家公司到美国去采购成套设备。这家公司的谈判小组成员因为上街购物耽误了时间，当他们到达谈判地点时，比预定时间晚了45分钟。美方代表对此极为不满，花了很长时间来指责巴西代表不遵守时间，没有信用，如果老这样下去的话，以后很多工作很难合作，浪费时间就是浪费资源、浪费金钱。对此巴西代表感到理亏，只好不停地向美方代表道歉。谈判开始以后，美方代表似乎还对巴西代表来迟一事耿耿于怀，一时间弄得巴西代表手足无措，说话处处被动，无心与美方代表讨价还价，对美方代表提出的许多要求也没有静下心来认真考虑，匆匆忙忙就签订了合同。等到合同签订以后，巴西代表平静下来，才意识到自己吃了大亏，上了美方代表的当，但已经晚了。

问题：对比上一个案例，谈谈休会策略在谈判中的运用。

三、公共关系谈判互利型策略

所谓互利型策略就是指谈判各方在互惠互利、彼此合作的基础上进行谈判的策略。在此种谈判策略下，我们可以采取以下几项具体策略。

（1）开诚布公策略，是指谈判人员在谈判过程中以诚恳、坦率的态度向对方表明己方的真实想法和观点，实事求是地介绍己方的情况，客观地提出己方的要求，以促使对方通力合作，使谈判双方在坦诚、友好的氛围中达成协议。

（2）以退为进策略。在谈判过程中，首先要为对方留下讨价还价的余地，做到以退为进；其次不要急于表露己方的要求，要诱导对方先表明其观点及要求，伺机而动；最后，在己方做出让步时要有一定的策略，可在较小的问题上先做出让步，再让对方在重要问题上做出让步。

（3）润滑策略，是指谈判人员在谈判及交往过程中，互赠礼品以增进双方的感情。在使用此策略时，首先要注意赠送礼品完全是为了增进感情，不要带有任何功利色彩，否则会给对方造成行贿的感觉；其次，要了解对方谈判人员的兴趣爱好，尊重对方的风俗习惯；最后要注意选择适当的时机和场合赠送礼品，以使对方能很自然地接受礼品。

（4）假设条件策略，是指在谈判的试探阶段，提出某种假设条件来试探对方的底线。提出假设条件可以从两个方面进行考虑：一是在己方认为不太重要的问题上提出，如果对方对此反应强烈，则说明对方对此问题比较重视；二是在适当的时机针对己方认为比较重要的问题提出假设，同时需要注意应对假设成真后可能产生的结果。否则，一旦准备不足，而己方还有其他的变动和要求，则会使己方陷入被动的局面。

（5）私下接触策略，是指在谈判过程中经常使用的一种非正式会谈的策略。在谈判过程中，谈判人员有目的、有意识地与谈判对方进行私下接触。这样，不仅可以增进谈判双方的友谊与感情，拉近谈判双方的关系，而且还可能会有意外收获。私下接触的形式有很多，可以根据双方谈判人员的需要进行选择，没有具体的限制。双方谈判人员的关系越好，合作的时间越长，私下接触的效果也就越好。

📚 案例分析

2010年吉利并购沃尔沃是一则经典的蛇吞象式并购案例。其间，沃尔沃工会曾多次提出抗议，反对吉利并购沃尔沃，吉利采取了以下几项应对策略。

（1）尊重沃尔沃的独立。"吉利是吉利，沃尔沃是沃尔沃。""（吉利和沃尔沃）是兄弟，不是父子。""并购是为了两家企业的互利共赢。""（吉利会）充分给管理层自由，让沃尔沃自由行驶。"

（2）实力展示。多次邀请沃尔沃员工到吉利集团和生产基地进行现场考察，并于2010年邀请瑞典国王访问中国并进行交流。

（3）充分沟通。与不同层级的员工进行充分沟通，听取意见，讲述吉利创业的励志故事。

（4）给予希望。吉利表示希望沃尔沃"巩固欧美传统市场，重点开拓中国等新兴市场"。当时沃尔沃已经连续三年巨额亏损，急需中国市场为其止血。

评析：吉利与沃尔沃股权持有方福特的谈判是典型的商务谈判，与沃尔沃工会的谈判则是典型的公共关系谈判，如果不采取互利型策略，即便完成并购，吉利最看重的沃尔沃品牌、人才的最终状态可想而知。吉利对沃尔沃员工开诚布公，邀请沃尔沃员工参观吉利甚至邀请瑞典国王访问中国（润滑策略、私下接触策略），帮助沃尔沃重点开拓中国市场（假设条件策略），不仅消除了沃尔沃工会对并购的抵触情绪，还维持并提振了沃尔沃的信心，为并购后两个品牌的共同发展打下了坚实的基础。

（6）有限权力策略。有限权力是指在谈判过程中使用权力的有限性。有谈判专家认为，受到权力限制才具有真正的力量，这是因为受到权力限制的谈判者比大权在握的谈判者处于更加有利的地位，在他不想妥协时可以说让步需得到上司的批准。

🔭 视野拓展

成功地运用有限权力策略，对谈判者大获全胜很有作用。①有限权力策略可以起到有效地保护自己的作用。谈判者的权力受到限制，也就是给谈判者规定了一个由有限权力制约的最低限度的目标。例如，买方"成交价格超过每件100元，须请示上级"，这种权力限制实际上给对方的谈判者规定了一个最低限度目标——成交价格不能超过每件100元。②权力有限可使谈判者立场更加坚定。③权力有限，可以作为对抗对方的盾牌。

权力有限作为一种策略，有些是真正的权力有限，有些则不完全属实。有时谈判者本来有做出让步的权力，反而宣称没有被授予做出这种让步的权力，这实际上是一种对抗对方的盾牌。在一般情况下，对方对付这一"盾牌"，难以辨别真伪，只好凭自己的"底牌"来决定是否改变要求，做出让步。

四、公共关系谈判对己方有利型策略

公共关系谈判对己方有利型策略，并不是意味着在谈判中必须以损害对方的利益为代价，而是指在谈判中，谈判者在努力争取己方利益的同时，也要兼顾对方的利益。

1. 声东击西策略

声东击西策略是指在谈判中，谈判一方为了某种需要，有意识地将谈判重点引到对己方并不重要的议题上来，分散对方的注意力，以达到己方谈判目标的一种策略。这种谈判策略是在对对方并不信任的情况下，故意隐藏己方的真实意图，为更好地实现谈判目标所采用的谈判策略。在谈判过程中，只有更好地隐藏己方真正的意图，才能更好地实现谈判目标，尤其是在己方不能完全信任对方的情况下，更适合采用这一策略。

案例分析

深圳甲公司要从日本 A 公司引进电控元件生产线，在引进过程中双方进行了谈判。在谈判开始之后，A 公司坚持要按过去卖给某公司的价格来定价，坚决不让步，谈判进入僵局。甲公司为了占据主动地位，开始与日本 B 公司进行接触，洽谈相同的项目，并有意将此情报透露给 A 公司，同时通过有关人员向 A 公司传递价格信息，A 公司信以为真，因不愿失去这次交易机会，很快接受了甲公司提出的价格，这个价格比过去其他厂商引进的价格低了 26%。

问题： 在谈判中深圳甲公司为什么能获得理想的谈判价格？

2. 先苦后甜策略

先苦后甜策略是指在谈判过程中，谈判人员先向对方提出较为苛刻的条件，然后再慢慢做出让步，最终达成谈判双方都能接受的方案。在运用此谈判策略时，己方开始时提出的要求不能过于苛刻，要有分寸，应尽量针对对方掌握较少信息与资料的某些方面，提出较苛刻的要求。否则，会让对方感觉己方缺乏诚意，从而中断谈判。

案例分析

霍华·休斯购买飞机谈判中的先苦后甜

霍华·休斯是美国一位成功的航空工程师、企业家、电影导演，他也是个脾气暴躁、性格执拗的人。一次他要购买一批飞机，由于金额巨大，对飞机制造商来说是一笔好买卖。但霍华·休斯提出要在协议上写明他的具体要求，内容多达 34 项，其中 11 项要求必须得到满足。由于他态度飞扬跋扈，立场强硬，方式简单，拒不考虑对方的感受，激起了飞机制造商的怒火，对方也毫不相让。谈判始终冲突激烈。最后，飞机制造商宣布终止谈判。霍华·休斯不得不派他的私人代表出面洽商，条件是只要能满足他的 11 项基本要求就可以了。该代表与飞机制造商洽谈后，霍华·休斯希望写入协议的 34 项要求中的 30 项竟然得到了满足，当然那 11 项要求也全部得到满足。当霍华·休斯问他的私人代表如何取得这样辉煌的成果时，他的代表说："那很简单，每次谈不拢时，我就问对方，你到底是希望与我一起解决这个问题，还是留待与霍华·休斯来解决这个问题。"结果对方自然愿意与他协商，协议就这样逐项地谈妥了。

评析： 在本例中，霍华·休斯的脾气暴躁、性格执拗给飞机制造商留下了糟糕的谈判印象，由于霍华·休斯购买的飞机数量巨大，能给飞机制造商带来丰厚的利润，因此飞机制造商不愿放弃谈判，而只是拒绝与其本人进行谈判。霍华·休斯的私人代表出马后却很容易地争取到了绝大部分原有的要求。纵观整个谈判过程，实际上是一种不经意的先苦后甜谈判策略的使用，霍华·休斯与其私人代表一个"唱白脸"，一个"唱红脸"，利用了飞机制造商既想合作，但又不愿与有恶感的对方打交道的心理，诱导飞机制造商在谈判中做出了妥协。

3. 最后期限策略

最后期限策略即为谈判限定一个最后的期限。作为谈判中的强者，对于各方一时难以达成妥协的棘手问题，不必强求立即解决，要善于利用谈判的最后期限，不断向对方施加压力，迫使对方在压力下放弃原来的主张，同意己方的要求。作为谈判中的弱者，也可使用最后期限策略，利用强者一方急于取得谈判成果的急躁心情，迫使其做出某些让步。

最后期限策略实施的要点：弱势方要审时度势，不能过分。

4. 攻心策略

攻心策略是指在谈判中，谈判一方利用可对对方心理产生较大影响的做法，来使对方做出妥协和让步的谈判策略。具体来说，谈判一方一是以愤怒、发脾气的方式来使对方产生心理压力，在对方是谈判新手或是相对软弱型谈判者的情况下该策略更为有效；二是以软化方式使对方做出较大让步。此策略针对不同类型的谈判者，可以取得一定的成效，但一定要注意适可而止。

5. 出其不意策略

出其不意策略是指在谈判过程中，谈判一方没有任何迹象地突然改变先前的观点或要求，让对方猝不及防而产生心理压力的做法。此策略在谈判中经常被采用，因为它能在较短时间内产生一种震慑对方的作用。在遇到突发情况时，应对此策略的最好办法是给己方争取充分的思考时间，多听少说或者暂时停止谈判。

6. 得寸进尺策略

得寸进尺策略是指在谈判过程中，在对方已经做出让步的基础上，谈判人员再继续提出更多对己方有利的要求，最终达成目标的一种谈判策略。此策略的核心是：一点一点地提出要求，积少成多，以最终达到己方的目标。运用此策略一定要慎重，如果己方提出的要求过分，可能会激怒对方，如果对方进行报复，就会使谈判陷入僵局。

7. 沉默忍耐策略

沉默忍耐策略是谈判一方在谈判中处于被动时所采用的一种谈判策略。方法是己方在谈判开始时就保持沉默，迫使对方先发言、先表态。目的是给对方造成一种心理压力，使其失去冷静，在这种情况下，对方的谈判计划可能会被打乱，出现言不由衷、泄露信息的情况，此时己方可借机寻找突破口。

使用沉默忍耐策略时需要注意的是：在对方采取咄咄逼人的攻势时，头脑要保持清醒，忍耐力要强，情绪要平稳。等对方锐气稍挫后，再提出己方的主张。

8. 情感沟通策略

情感沟通策略就是指通过情感交流，在双方谈判人员之间架起情感沟通的桥梁，利用情感因素去影响对方，达到联络感情、增进友谊、使谈判顺利进行的目的。

视野拓展

应对不同客户的策略

公关人员多数情况下没有挑选客户的机会，面对形形色色的客户用一种办法应对明显行不通。面对不同类型的客户，有什么应对技巧或策略呢？推荐读者扫描二维码，学习应对不同客户的相关知识。

本 章 小 结

本章主要介绍了公共关系谈判的概念、特征和原则，谈判过程和技巧，公共关系谈判的策略等内容，有以下几个重要的知识点。

（1）公共关系谈判是指双方或数方就一项涉及各方利益的问题，通过共同协商的手段，经反复调整各自的目标，在满足各方利益的前提下取得一致结果的过程。

（2）公共关系谈判的基本特征是：①公共关系谈判是既相互矛盾又相互合作的过程；②公共关系谈判是通过协商实现互惠互利的过程；③谈判内容具有广泛性、多变性和不确定性；④谈判结果具有相对平等性；⑤重视协商和沟通，以理服人。

（3）公共关系谈判的原则包括：①友好协商原则；②平等互利原则；③合法性原则；④时效性原则；⑤最低目标原则。

（4）公共关系谈判过程可划分为以下几个阶段：①导入阶段；②概说阶段；③明示阶段；④交锋阶段；⑤妥协阶段；⑥协议阶段。

（5）谈判技巧：①叙述技巧；②发问技巧；③说服技巧；④答复技巧；⑤拒绝技巧；⑥让步技巧。

（6）公共关系谈判的策略包括：①公共关系谈判的总体策略；②公共关系谈判主动权的谋取策略；③公共关系谈判互利型策略；④公共关系谈判对己方有利型策略。

（7）公共关系谈判主动权的谋取策略在人员选择方面包括：①专家策略；②对等策略；③升格策略；④幕后策略；⑤车轮战策略；⑥中间人策略。

（8）公共关系谈判时间的选择策略包括：①时机策略；②僵局策略；③休会策略。

（9）公共关系谈判互利型策略包括：①开诚布公策略；②以退为进策略；③润滑策略；④假设条件策略；⑤私下接触策略；⑥有限权力策略。

（10）公共关系谈判对己方有利型策略包括：①声东击西策略；②先苦后甜策略；③最后期限策略；④攻心策略；⑤出其不意策略；⑥得寸进尺策略；⑦沉默忍耐策略；⑧情感沟通策略。

练 习 题

一、单项选择题

1. 让谈判各方通过介绍相互认识，彼此熟悉，以创造一个有利于谈判的良好氛围的阶段是（　　）。

    A. 导入阶段　　　　B. 概说阶段　　　　　C. 明示阶段　　　　D. 妥协阶段

2. 第一次正式会谈，谈判各方应简要介绍自己的基本想法、意图和目的，以让对方有所了解，这一阶段属于（　　）。

    A. 导入阶段　　　　B. 概说阶段　　　　　C. 明示阶段　　　　D. 交锋阶段

3. 对人温和、对事强硬的谈判策略是（　　）。

    A. 软式谈判策略　　　　　　　　　　B. 硬式谈判策略

   C. 原则谈判策略   D. 基础谈判策略

 4. 要求恰到好处地表述己方的基本观点，准确无误地与对方沟通的谈判技巧是（ ）。

   A. 叙述技巧   B. 发问技巧   C. 说服技巧   D. 答复技巧

 5. 当谈判各方分歧较大，陷入僵局时，为了缓解各方的关系、立场，可从外界寻求有影响力的第三方，并谋求一个各方都能接受的新方案的谈判策略是（ ）。

   A. 幕后策略   B. 车轮战策略   C. 中间人策略   D. 僵局策略

 6. 谈判过程中，在对方已经做出让步的基础上，谈判人员再继续提出更多对己方有利的要求，最终达成目标的策略是（ ）。

   A. 得寸进尺策略   B. 先苦后甜策略   C. 最后期限策略   D. 攻心策略

 7. 在谈判中，一方为了达到己方的谈判目标，而有意地将谈判重点引到对己方并不重要的议题上，来分散对方注意力的一种策略是（ ）。

   A. 声东击西策略   B. 先苦后甜策略   C. 最后期限策略   D. 攻心策略

二、多项选择题

 1. 公共关系谈判的总体策略按谈判的方针不同可划分为（ ）。

   A. 软式谈判策略   B. 硬式谈判策略

   C. 原则谈判策略   D. 基础谈判策略

 2. 公共关系谈判的总体策略按谈判的姿态不同可划分为（ ）。

   A. 积极策略   B. 消极策略   C. 攻势策略   D. 防御策略

 3. 公共关系谈判的总体策略按谈判的方式不同可划分为（ ）。

   A. 攻势策略   B. 防御策略   C. 积极策略   D. 消极策略

 4. 谈判人员应掌握诸多的谈判技巧，包括（ ）。

   A. 叙述技巧   B. 发问技巧   C. 说服技巧   D. 答复技巧

 5. 公共关系谈判可选择的时间策略有（ ）。

   A. 时机策略   B. 僵局策略   C. 休会策略   D. 车轮战策略

三、简答题

 1. 公共关系谈判的原则有哪些？

 2. 公共关系谈判的技巧有哪些？

 3. 公共关系谈判的总体策略有哪些？

 4. 公共关系谈判主动权的谋取策略有哪些？

 5. 公共关系谈判互利型策略有哪些？

四、案例分析

  案例 1. 日本一家著名汽车公司刚刚在美国"登陆"，急需找一个美国代理商来为其推销产品，以弥补其不了解美国市场的缺陷。当日本公司准备同一家美国公司谈判时，日本公司的谈判代表因为堵车迟到了，美国公司的谈判代表就这件事紧抓不放，想以此为手段获取更多的优惠条件，日本公司的谈判代表发现无路可退，于是就站起来说："我们十分抱歉耽误了贵方的时间，但是这绝非我们的本意，我们对美国的交通状况了解不足，导致了这个不愉快的结果，我希望我们不要再因为这个无谓的问题耽误宝贵的时间了，如果贵方因为这件事而怀疑我们合作的诚意，那么我们只好结束这次谈判。我认为，凭我们所提出的优惠条件在美国是不会找不到合作伙伴的。"日方代表的一席话让美方代表哑口无言，他们也不想失去一次赚钱的机会，于是谈判顺利进行下去了。

问题：（1）美国公司的谈判代表在谈判开始时试图营造何种开局气氛？

（2）如果你是美方谈判代表，应该如何扭转劣势？

案例2. 沃尔·斯特里特公司的一名男鞋推销员去拜访他的一个经销商。在推销过程中，这位商人抱怨说："您知道吗？最近两个月，我们订货的发送情况简直糟透了。"

这一抱怨对公司的推销员来说无疑是一个巨大的威胁，谈判有陷入僵局的危险。

推销员的回答很镇定："是的，不过我可以向您保证，这个问题很快就能得到解决。您知道，我们只是一个小型鞋厂，当几个月前生意萧条并有9万双鞋的存货时，老板就关闭了工厂。如果您订的货不够多，在工厂重新开工和有新鞋出厂之前，您就可能会面临缺货的危险。最糟糕的是，由于关闭工厂，老板损失了不少生产能手，这些人都去别处干活了，所以，在生意好转之后，他一直难以让工厂重新运转。他现在知道了，过早恐慌地停工是错误的，但我相信老板是不会把现在赚到的钱存起来而不投入生产的。"

那位经销商笑了，说："我得感谢您，您让我在一个星期内头一次听到了如此坦率的回答。我的伙计们会告诉您，我们本周一直在与一个购物中心谈判租赁柜台的事，但他们满嘴瞎话，使我们厌烦透了。谢谢您对我们以诚相待。"

这位推销员用他的诚恳态度赢得了客户的极大信任，他不但做成了这笔生意，还为以后的生意打下了良好的基础。

问题：请结合本案例，分析一下该案例中应用了哪些谈判策略。

综 合 实 训

一、实训内容

甲矿业公司设有矿区绿化专项基金，有专业的绿植养护队伍负责矿区内绿植和矿区外所承包荒山的绿植养护，每年还赞助当地政府的绿化委员会500万元。为了美化家乡，当地百姓、机关、企事业单位义务植树的热情很高，但培育管护专业人员不足、经费存在缺口，甲矿业公司的赞助费主要用于补充绿化委员会的专业培育管护队伍经费缺口。随着绿化面积的逐步扩大，培育管护队伍的经费缺口也越来越大，绿化委员会有意请矿业公司把赞助费提高到每年1000万元。近年来矿业行情不好，甲矿业公司利润大受影响，董事会决议，本年对外商业性赞助经费压缩30%，原则上对绿化委员会的赞助费不超往年。

A方：甲矿业公司公众与政府关系部

B方：当地政府绿化委员会

分组模拟A方和B方，制订各自的谈判计划，包括组成谈判小组、进行人员分工等。

二、方法和步骤

1. 每6人组成一个谈判小组，自寻谈判对手，协商确定A、B方和谈判场所。

2. 各组自行确定人员分工，制订谈判计划，确定谈判目标、谈判进程、谈判策略，准备谈判资料、合同文本。

3. A方和B方进行模拟谈判。

三、实训考核

教师根据各谈判小组模拟谈判的效果以及各小组准备的谈判计划、合同文本等进行综合评分。

第九章

公共关系写作

学习目标

知识目标： 了解公共关系文书的概念和分类，了解请柬、信函、简报、新闻、公共关系调查报告的概念，掌握请柬、简报、新闻、公共关系调查报告的写作特点和结构。

能力目标： 熟练撰写请柬、简报、新闻、公共关系调查报告。

素质目标： 养成严谨认真和实事求是的公共关系写作的态度和作风。

案例导入

"五一"假期盘点：全国交通部门预计发送旅客总量超 2.7 亿人次

据央视新闻客户端 2023 年 5 月 4 日报道，"五一"假期刚刚过去，这个假期，人们出行热情高涨，交通运输部数据显示，五天假期，全国交通运输部门预计发送旅客总量超过 2.7 亿人次。

记者从交通运输部了解到，4 月 29 日至 5 月 3 日，全国铁路、公路、水路、民航预计发送旅客总量 27 019 万人次，日均发送 5403.8 万人次，比 2022 年同期日均增长 162.9%。其中，铁路预计发送旅客 9088.1 万人次，日均发送 1817.6 万人次，比 2022 年同期日均增长 464.4%；公路预计发送旅客 16 309 万人次，日均发送 3261.8 万人次，比 2022 年同期日均增长 99.1%；水路预计发送旅客 680.4 万人次，日均发送 136.1 万人次，比 2022 年同期日均增长 114.2%；民航预计发送旅客 941.5 万人次，日均发送 188.3 万人次，比 2022 年同期日均增长 507.4%。

4 月 29 日至 5 月 3 日，预计全国高速公路流量累计 31 045.94 万辆，日均 6209.19 万辆，比 2022 年同期增长 101.83%。

评析： 本例是一则短讯的片段。公关人员要经常撰写各种稿件，写作能力是公关人员必备的技能之一。短讯是新闻的一种，那么，新闻的标题是如何设计的，内容又是怎样撰写的，这正是本章所要探讨的部分内容，除此以外，本章还介绍了如何撰写请柬、信函、简报和公共关系调查报告。

第一节　公共关系写作概述

组织在开展公共关系活动时，不可避免地要遇到请柬、信函、简报、新闻等公共关系文书的撰写，为了能够掌握这些文书的撰写要领，我们先来了解一下公共关系文书的概念及分类。

公共关系文书是组织为了实现自己的公关目标和开展公关活动而制作的各种书面文字材料，它是文书在公共关系活动中的运用。

一、公共关系文书的分类

一般来说，公共关系文书多种多样，但概括起来，主要可以分为事务性文书、传播性文书和礼仪应酬性文书三类。

事务性文书是指为了正常开展公关工作而编制的文书，如简报、公共关系调查报告等。

传播性文书是指为了宣传组织良好形象，为组织的正常运作和发展创造有利的内外部环境而制作的文书，如广告、新闻、演讲稿等。

礼仪应酬性文书是指在日常工作中组织与组织之间，组织与个人之间为达到一定的公关礼仪目的而编制的文书，如请柬、祝词、答谢词等。

二、公共关系文书的语言要求

公共关系文书的语言要求主要有以下几个方面。

（1）用词准确。公共关系文书的真实性要求文书写作力求用词准确，以达到预期的效果。如在介绍产品的广告中，其产品性能、规格、特点、专家评价、检测结果等内容一定要用准确而严谨的文字表述出来，否则就有虚假不实之嫌。

（2）文字简洁。公共关系文书要求篇幅简短，语言简洁明了。如简报的字数要求在千字以内，最多不超过2000字；广告、新闻更明确要求文字精练，篇幅简短有力。此外，为了使语言简洁，在信函中还经常使用"此复"等专业术语。

（3）语言质朴。公共关系文书是应用文书，因此要求文书的内容实事求是，语言平实质朴，易看、易读、易懂。

（4）表现得体。公共关系文书有特定的阅读对象，因此使用的语言要得体。如请柬在使用语言方面要做到文雅、庄重、有礼，还要表现出邀请者的诚意；演讲稿要根据听众和场合的不同，在称谓上有所变化。总之，公共关系文书使用的语言一定要得体，这样才能发挥其作用。

第二节　常见的公共关系文书

一、请柬

请柬也称请帖、柬帖，是主办者为邀请客人参加各种纪念活动、婚宴、晚会、诞辰或重要会议等而发出的一种书面形式的通知。在一些比较重要的场合，如规格较高的会议、宴请、展览等，需要邀请宾客参加时，主办者通常都会发出请柬，请柬一般用红纸制成帖子的形式，所以又称柬帖。当前，电子请柬很流行，不过正式的公共关系活动用纸质请柬显得更为庄重。电子请柬的格式和纸质请柬基本相同，下面仍旧以纸质请柬为例来介绍。

从撰写格式上说，不论哪种样式的请柬，都有标题、称谓、正文、敬语、落款和日期。

（1）标题。在双柬帖封面印有或写明"请柬"二字，一般应做一些艺术加工，即采用名家书法、字面烫金或加以图案装饰等。有些单柬帖，"请柬"二字写在顶端第一行，字号较正文稍大。

（2）称谓。请柬的顶格写明被邀请单位的名称或个人的姓名，其后加冒号，个人的姓名后要注明职务或职称。

（3）正文。请柬的正文要另起一行，前空两格，写明邀请客人参加活动的内容、时间、地点及其他应告知的事项。

（4）敬语。请柬一般以"敬请（恭请）光临""此致敬礼"等敬语用作结语。"此致"另起一行，前空两格，再另起一行，顶格写上"敬礼"等词。

（5）落款和日期。请柬应写明邀请单位的名称或邀请人的姓名，请柬的最下面要写上日期。

视野拓展

不少网站提供电子请柬范例，而且也支持电子请柬的下载，读者可自行搜索查看。

二、信函

信函是组织之间联系工作的公用文书，它是组织公共关系活动中不可缺少的重要工具。公共关系信函的主要作用是沟通组织与其他组织的信息，交换某些与双方有关问题的意见和建议，协调、建立和发展组织对外关系，树立本组织的良好形象，争取对方的理解、信赖、支持与合作。公共关系信函有别于一般书信，它代表一个组织，带有一定的公共关系目的。

人们在平常的公共关系活动中运用较多的是公函。公函就其内容与作用来看，又可分为商洽函、询问函、答复函、委托函和告知函等五类。

1. 商洽函

商洽函又称商请函，是邀请函的一种，在平行组织或不相隶属组织之间相互协商或联系工作时使用。商洽函的正文通常由商洽缘由（发函的原因）和商洽事项两个部分组成。商洽事项是商洽函的主体，应写清组织与对方所要商洽的具体事项，并写清对对方的要求。

视野拓展

品牌合作商洽函

××汽车公司公关部：

我公司是生产行李箱的专业公司，××、××等品牌为我公司所有。

我们注意到贵公司即将推出的××汽车的时尚、阳刚特质与我公司××型行李箱甚是相近（附图），部分客户相重合，有品牌联合的可能。

我公司有意与贵公司进行品牌合作，如有意，请指定专人与我公司公关部×××联系，具体探讨合作的可能性及实施方案（附品牌合作初步设想）。

电话/微信：××××

电子邮箱：××××

特此商洽，盼复。

××公司（印章）

××××年××月××日

2. 询问函

询问函主要用于向对方询问问题，也可以简述某一事项并提出处理方法，然后征求对方意见，要求对方给予答复。询问函的正文一般也由两部分组成：一是询问事项的目的或理由；二是询问事项的主要内容，这是询问函的主要部分。因此，询问函的内容要写得明确而又具体、文字简洁，让对方一目了然，以便答复。

🔭 视野拓展

询　问　函

××公司公关部：

我校正在组建第八批××职教支教团，缺智能技术教师一名、新能源汽车技术专业教师一名，请问贵公司是否可支持两名技术人员。

该项目为公益项目，为期三个半月（××××年××月××日至××××年××月××日），费用自理。如可行，支教团将由我校和贵公司的名义共同组建。

我校与贵公司曾有多次愉快合作，希望本次活动能得到贵公司支持，如有困难也会理解。

可否
盼复

××职业技术师范大学
××××年××月××日

函复地址：××××　　　　电　话：××　　　传　　真：××　　　联系人：××

3. 答复函

答复函是用来答复对方询问函的文书。答复函的正文一般由三个部分构成：一是说明对方的询问函已收到，并写清收函的日期；二是简要复述对方函件所询问的主要问题或所提要求；三是答复的内容，这部分是答复函的主体。答复函的内容要写得明确具体，简明扼要，所答问题的内容要有条理性、针对性和顺序。

🔭 视野拓展

答　复　函

××职业技术师范大学：

你方有关支持第八批××职教支教团教师的来函已收悉。

我公司愿意参与支教团，可支持一名智能技术教师，新能源汽车技术专业教师一时安排不开，已咨询××公司，该公司有支持意向。鉴于我公司不是该活动发起方，建议贵校向该公司发一份询问函。

具体事宜稍后与贵方联系确认。

××公司公关部
××××年××月××日

4. 委托函

委托函是组织委托某人或某组织代为办理某一事项的文书。这类公函，过去使用不多，但随着公共关系活动的增加，这类公函的使用也随之增加。委托函的正文一般由两部分组成：一是委托代办事项的原因，这部分既要写清委托的目的，又要写清所委托代办事项的基本情况；

二是委托事项，这部分是委托函的主体，因此要写得清楚明了，尤其要写清委托办理事项的要求。此外，还可以在委托函的最后加上"以上事项请贵方大力协助办理（查清），并请尽快答复"作结束语。

视野拓展

委 托 函

_____中心：

　　我单位×××同志因执行××任务，将于××××年××月××日前往××国家（地区），在外停留××天，费用由××支付。因该同志的人事档案寄存于贵中心，特委托贵中心为其办理相关外事手续。

××有限公司
××××年××月××日

5. 告知函

　　告知函一般用在被委托方在办理受托代办事项之后，向委托方告知代办情况，或主动告知对方某种情况或某一事项，以引起对方注意。告知函的正文包括两部分：一是告知函的发函理由；二是告知的事项。

　　公共关系信函是组织与其他组织互通信息、商洽联络的一种文书，因此，要注意语言的文明、礼貌、庄重典雅，要充满真挚的感情，并遵循信函的书写格式，这样才能为树立良好的组织形象起到积极的作用。

视野拓展

新晨范文网提供了多种信函的范文，有兴趣的读者可访问该网站进行更深入的学习（需注意多数网站所提供的范文格式并不一定十分规范，具体运用时应参考较权威的应用文写作图书）。

视野拓展

告 知 函

尊敬的××公司：

　　我公司于 20××年××月××日确认订单（编号：××）至贵公司，与贵公司约定交货期限为××月××日。此订单得到贵公司确认后，我公司即与客户确定好出货日期，并订下货柜和船期。至××月××日，贵公司交货日期已到，但贵公司未能按约交货，已经延迟了××天，延误了我公司的船期，严重影响我公司与客户的商业关系，对我公司的声誉和生产经营造成不良影响。

　　鉴于此，按照与贵公司的约定，我公司要求贵公司承担因此事造成的报关、船务等费用，且此批货物最迟交货期不能超过××月××日。

　　特此函告！

××有限公司
××××年××月××日

三、简报

　　公共关系简报，是组织内部交流、汇报情况的文字材料或刊物。简报多数为组织内部使用，简报不是正式公文，不具备法律效力和行政效力。

1. 简报的分类

常见的简报有三种：<u>一是会议简报</u>，主要反映会议交流、进展情况；<u>二是情况简报</u>，反映人们关注的问题，供组织领导参考；<u>三是工作简报</u>，报告重大问题的处理情况以及工作动态、总结的经验或发现的问题等。

2. 简报的特点

简报除具有一般报纸新闻性的特点外，还有其本身的特点。

（1）<u>内容专业性强</u>。简报一般由有关单位、部门主办，专业性十分明显。如《招生简报》等，分别由主办单位组织专人撰写，传递该项工作的各种有关信息，包括工作情况、总结的经验、提出的问题和对策等，<u>一般性的东西应少说，无关的东西应不说，专业性的东西应多说</u>。

（2）<u>篇幅特别简短</u>。简报姓"简"，这是它有别于其他报刊的最显著的特点。一期简报可能只有一篇文章，几段信息，或一期简报只有几篇文章，总共一两千字，长的也不过三五千字，<u>读者可以用很短的时间把它读完，适应现代快节奏工作的需要</u>。简报的语言必须简明精练。

（3）<u>限于内部交流</u>。简报一般只在编报机关管辖范围内的各单位之间发送，不宜甚至不能公开传播。

📚 案例分析

教育活动简报

20××年第1期（总第198期）

黄平县旧州镇中心小学党总支

黄平县旧州镇中心小学党支部

黄平县旧州镇中心小学

黄平县旧州镇中心小学关工委

20××年1月16日

黄平县旧州镇中心小学党支部、旧州镇中心小学

开展走访慰问困难党员、教职工及离退休老党员、老教师活动

20××年1月15日，在春节即将到来之际，黄平县旧州镇中心小学党总支书记兼中心小学党支部书记苏小林同志、旧州镇中心小学工会主席吴富民同志代表学校党政领导班子，带着学校全体党员、干部及教职工的深切祝福，对该校困难党员、教职工及离退休老党员、老教师进行了走访慰问，为他们带去了党和政府的关怀，向他们致以节日的问候及诚挚的祝福。

每到一处，该校党支部书记、工会主席都亲切地询问困难党员、教职工和离退休老党员、老教师的身体、生活情况，并祝他们身体健康、生活愉快、家庭幸福，为他们送上节日慰问金，同时鼓励他们要积极乐观地面对生活，遇到困难向学校反映，学校会尽力帮助他们克服困难。困难党员、教职工及离退休老党员、老教师对党组织和学校的关心表示衷心的感谢。

据悉，旧州镇中心小学历来重视离退休老党员、老教师慰问工作。每年春节、"七一"建党节、教师节、中秋节，学校都要组织领导班子成员对离退休老党员、老教师进行走访慰问。本次活动，该校走访慰问了田昌明、沈金光、郭明静、付国平等困难党员、教职工及离退休老党员、老教师共计15人，发放节日慰问金1500元。

走访慰问活动，使困难党员、教职工及离退休老党员、老教师真正感受到党组织和学校的关怀和温暖，这对进一步形成尊重、学习、关爱老党员、老教师的良好风尚，具有十分重要而又深远的意义。

（文/×××）

主题词：走访慰问　困难党员　老党员　老教师

报：县教育工委、关工委、教育局、教育督导室、教育工会、镇党委、镇政府

送：县教育局外宣办、镇信息办

发：镇属各小学党支部、学校、幼儿园　　　　　　　　　　（共印 20 份）

问题：（1）简报和请柬有哪些不同点？

（2）结合该简报，总结简报的特点。

3. 公共关系简报的写作格式

公共关系简报的格式是固定的，简报一般由报头、报核和报尾等三部分组成。

（1）报头部分占简报首页的 1/3 到 1/4，报头部分包括简报的名称、期数、编报单位、编发日期等内容。如果是综合性简报，内容较多，在报头之下还有目录。报头各部分的位置有相对固定的格式要求，不得随意变更。

（2）报核部分由标题和正文组成。简报的标题要准确概括正文的内容与要旨，大都采用新闻报道的写法，使用单标题、双标题均可。简报的正文以新闻消息式写法居多，一般由导语、主体、结尾三部分构成。

（3）报尾部分列于简报末页的下端，用横线与正文部分隔开。报尾部分的左侧标注简报的报、送、发部门的名称，右侧标注简报的印制份数。

视野拓展

各级政府机关网站一般都有大量可下载或在线阅览的公文，如中华人民共和国生态环境部网站等，这些网站的公文格式有较高的写作参考价值，有兴趣的读者可自行查阅。

四、新闻

新闻，是指报纸、广播电台、电视台、互联网等媒体经常使用的记录社会、传播信息、反映时代的一种文体。新闻的概念有广义与狭义之分。就其广义而言，除了发表于报刊、广播、电视、新闻网站上的评论与专文外的常用文本都属于新闻，包括消息、通讯、特写等；狭义的新闻则专指消息，消息是用概括的叙述方式、简明扼要的文字，迅速及时地报道国内外新近发生的、有价值的事件。本书把新闻的概念界定为狭义的新闻。

视野拓展

人民网等新闻报刊自有网站和新浪网、搜狐网、网易网、腾讯网等门户网站都有大量的新闻，读者可在学习中参考。

（一）新闻的类型

以写作特点来区分，新闻可以分为动态性新闻、经验性新闻、综合性新闻和评述性新闻等四类。

（1）动态性新闻，是指对新近发生或正在发生的事件和活动的报道。它重在揭示事物发展、变化的特征，反映社会生活中的新气象、新情况、新问题，是最基本、最常见的一种新闻报道

形式。

（2）经验性新闻，是指对一个组织乃至一个行业领域先进经验、成功典型的新闻报道。这类新闻往往偏重于交代情况、介绍做法、反映变化与效果，大多提供背景材料，因而篇幅比其他类型的新闻要长一些。

（3）综合性新闻，是指把发生在不同地区或部门的性质相似又各有特点的事件综合起来，从不同侧面阐明一个共同的主题思想，反映一个时期内带有全局性的情况、成就、趋势或问题的新闻报道。它纵览全局、报道面广、声势较大，给人以较为完整的印象。常见的综合性新闻有两种类型，一种是横断面的综合性新闻，另一种是纵深度的综合性新闻。

（4）评述性新闻，是指一种且述且评、夹叙夹议的新闻报道。它"用事实说话"，在报道具有普遍意义的新闻事实的基础上，结合形势和动向，对事实进行适当的分析、评述，揭示其本质意义，指明其发展趋势，以指导实际工作。

案例分析

提速十倍！华为发布全球首个全系列 5.5G 产品解决方案

根据人民日报客户端 2023 年 10 月 12 日消息（谷业凯）近日，在 2023 全球移动宽带论坛期间，华为发布了全球首个全系列 5.5G 产品解决方案。该系列产品解决方案将通过宽带、多频、多天线、智能、绿色等方面的创新，提供十倍网络能力。

5.5G 是 5G 和 6G 之间的过渡阶段，是在 5G 业务规模不断增长，数字化、智能化不断提速的趋势下，面向 2025 年到 2030 年规划的通信技术，是对 5G 应用场景的增强和扩展。……

按照国际标准化组织 3GPP（第三代合作伙伴计划，成立于 1998 年 12 月）定义，5G 到 6G 间共存在 R15 到 R20 六个技术标准，其……

评析：这是一则动态性新闻。企业的新闻多有一定的专业性，作为企业的公关人员，不仅要和媒体建立沟通渠道，一般还要向其提供专业的新闻素材，遇到重大事项，甚至要准备好新闻底稿，以免在报道中出现技术性差错。

（二）新闻的结构

新闻（消息）一般由标题、导语和主体组成。新闻中有时也要介绍一些新闻的背景资料，但由于它不是独立的，因而不能被看作是新闻结构的一个独立的部分。有的新闻有结尾部分，但对多数新闻来说，并非必须具备结尾部分。

1. 标题

新闻的标题，可以说是一篇新闻稿的点睛之处。它能迅速地向读者提供简要的信息，同时又能吸引读者的注意，使读者产生阅读这篇新闻的兴趣，所以我们必须精心拟定新闻标题。

新闻稿的标题形式有单行标题（只有一个主标题）、双行标题（一个主标题，一个引标题或副标题）、三行标题（一个引标题，一个主标题，一个副标题）。一般来说，内容比较简单的新闻稿，有一个主标题就可以。内容比较重要而且包含信息较多的新闻稿，则需要添加副标题和引标题，以构成更加完整的标题。

2. 导语

导语是指用简明生动的语言介绍新闻事件中最重要、最有价值的内容，并能引起读者阅读兴趣的开头部分。一篇好的新闻稿，要在导语写作上下功夫。导语有以下两种写作方法。

（1）运用读者熟悉的事物引出新闻事实。导语是一篇新闻的入手之处，应当在导语中把人们熟知的事物与新闻事件的联系揭示出来，从而激发人们了解新闻事件的兴趣。

（2）写出感性、形象、具体的导语。感性、形象、具体的导语更容易打动读者，引起共鸣，而抽象、笼统的导语则相反。

3．主体

一般来说，新闻主体应当具备以下两部分内容：一是对导语提出的主要事实、问题或观点进行具体的阐述或回答，使导语部分的内容借助于一连串丰富翔实的材料而得到进一步的说明和解释，使新闻诸要素更为明确和详尽；二是用附加的辅助材料来补充导语中没有涉及的新闻内容，提供新闻背景，说明事件的来龙去脉，使新闻内容充实饱满，主题更加突出。

主体部分常见的结构形式有以下两种。

（1）以事件的重要程度为序组织材料，这就是常说的倒金字塔结构。这种写作方法，多用于动态新闻。所谓倒金字塔结构，就是大头在上面，小头在下面。具体来说，一篇新闻，先是把最重要、最新鲜的事实放在导语中，主体部分的内容则依照重要程度递减的顺序来安排：较重要的材料往前放，较次要的材料往后放，最次要的材料放在最后面。这种叙述方式的优点是重点突出、阅读简便，同时便于编辑删减、修改稿件。如前面的案例分析《提速十倍！华为发布全球首个全系列 5.5G 产品解决方案》分为 3 段，第一段为新闻事件，第二段为技术解读，第三段概括性介绍相关国际标准及推进情况。

（2）以事件的时间先后为序组织材料。这种主体结构形式，通常按事件发生的时间顺序来组织材料，事件的开始是新闻稿的开头，事件的结束为新闻稿的结尾。这种结构方法比较适用于内容较为复杂，但线条单一的新闻的写作，如报道节日游行盛况、一些重大事件、一场灾祸、一次球赛等。这种叙述方式的优点是能够清楚地反映新闻事件的来龙去脉和前因后果，使人们对新闻事件的全过程有完整印象，适合一般读者的阅读习惯，在实际写作中也较容易掌握。

4．背景

背景材料是新闻所报道的事实发生的环境或条件，背景对新闻的内容起着烘托的作用。背景材料不是新闻的独立部分，它可以放在导语之后，也可以暗含在主体中间，也可以放在结尾部分。

5．结尾

结尾是新闻写作的最后一段或一句话，阐明所述事实的意义，使读者对所述事实的理解、感受加深，从中得到更多的启示。新闻的结尾通常有以下几类。

（1）小结式，对全文进行总结，这种结尾犹如画龙点睛，易于突出中心。

（2）展望式，对未来进行展望，充满希望，余味悠长。

（3）号召式，在结尾发出呼吁、号召，具有强烈的鼓舞色彩。

有些新闻没有结尾，在主体部分自然结束。

五、公共关系调查报告

公共关系调查报告就是指运用定性、定量相结合的方法，通过社会调查，科学准确地分析研究组织的公关现状、历史，预测今后的发展方向，总结公关活动效果，然后形成的书面文字材料。

（一）公共关系调查报告的分类

公共关系调查报告依据调查对象的范围和调查内容的不同，可以分为综合型公共关系调查报告和专题型公共关系调查报告两种。

（1）综合型公共关系调查报告主要用于整体的调查和全面调查，涉及面比较广泛，引用的材料也比较多，而且报告内在的层次性和系统性要求比较高，报告的整体分量比较重。譬如，进行企业发展战略的策划，不仅要进行知名度、美誉度调查，还要进行企业内部情况的调查分析，要对自己的产品、广告宣传、营销方式等各个方面进行一系列的调查，除了掌握企业自己的情况以外，还要了解竞争对手的情况、本行业的发展趋势等。综合型调查报告要展示调查内容的全貌，既要了解或掌握调查内容的纵向发生、发展的线索，又要梳理横向各部分之间的关系，注意调查对象内外之间的联系和相互影响，从而使组织的决策者对调查对象的历史、现状和趋势有一个全面、立体的认识。

（2）专题型公共关系调查报告是指对某一个具体的公共关系活动进行调查之后所写的报告，它涉及的问题较为单一，针对性较强。专题型公共关系调查报告所涉及的内容范围相对集中，报告具有显著的实用性。专题型调查报告可按内容的不同划分，主要包括概述基本情况的专题报告、透视热点情况的专题报告、经验总结的专题报告、查找教训原因的专题报告和建议性的专题报告等类型。

另外，依据调查客体的性质不同，公共关系调查报告还可以分为叙述型调查报告和分析型调查报告；依据调查报告表达的方式不同，公共关系调查报告可以分为文字型报告和口头报告。

（二）公共关系调查报告的结构

公共关系调查报告的结构，是指构成调查报告文本基本骨架的形式。构成公共关系调查报告的主要部分有标题、导语、目录、正文、结尾、附件。

1. 标题

公共关系调查报告的标题是对公共关系调查报告内容的高度概括，一个好的调查报告标题不仅能直接反映出报告的核心思想和基本内容，还会因为它揭示的深刻内涵而引发读者强烈的阅读愿望，所以，调查报告的标题要开宗明义，做到直接、确切、精练。

一般来说，公共关系调查报告的标题都写在报告文本的封面上，当然，在封面上除了报告的标题之外，还应标上调查单位的名称和报告日期。

公共关系调查报告的标题可以分为单标题和双标题两种。单标题多为公文式标题，一般是把调查单位、调查内容明确而具体地表现出来，如《××危机对我公司形象影响的调查报告》，这种标题概括了报告的主要内容和调查范围。有的单标题报告直接将调查报告的基本观点挑明，如《××事件造成公司口碑外溢，建议尽快提升产能》。

双标题也称为双行标题或主、副标题。一般主标题反映调查的中心思想，是最受关注的部分，它揭示的是报告中最主要的事实和观点；副标题则在时间、范围、内容上对主标题加以限制，或补充主标题之不足，如《变"两张皮"为"一体化"——××公司加强企业思想政治工作的调查》。双标题往往是主标题发人深省，简洁明快、新颖活泼，富有强烈的吸引力，副标题相对来说更具体"务实"一些。

2. 导语

公共关系调查报告的开头一般是导语，即公共关系调查报告的前言部分，对本次公共关系调查的情况做简明扼要的说明。所以，也有的调查报告将这部分内容单独拿出来，放在报告文本的开头，称其为"说明"或"概要"。

导语根据公共关系调查报告的种类、用途和具体调查的手段和方法不同，略有一些差异，一般情况下它包括以下三个方面的内容。

（1）说明公共关系调查研究的缘由和目的；委托方与被委托方的单位名称；调查什么问题，解决什么问题。有的报告在此部分还阐明了调查的意义。

（2）说明调查的对象、范围、主要调查方式和手段。

（3）说明调查的主要过程，即调查时间、调查地点、大致经过等。

有的调查报告会在导语部分概述调查报告的基本观点。也有的调查报告没有目录，在导语部分直接说明调查报告的主要内容由"一、二……"部分组成，以此作为报告文本的大纲。

3. 目录

如果公共关系调查报告的内容较丰富，装订页码较多，从方便阅读对象的角度出发，应当使用目录或索引，将调查报告文本的主要章、节、目及附录资料的标题列于正文之前，并在目录中注明章、节、目及附录资料的标题和页码。

4. 正文

正文是公共关系调查报告陈述情况、列举调查材料、分析论证的主体部分。在正文部分必须真实、客观地阐明全部有关论据，包括从问题的提出到引出的结论，论证的全部过程及各种分析研究方法。

此外，我们还要对调查报告文本有关内容结构进行精心安排。其基本要求是结构严谨、条理清楚、重点突出。要做到这一点，我们就要将调查得到的数据、材料、图表等，进行科学分类和符合逻辑的安排。正文部分的基本结构主要有横向结构、纵向结构和交叉结构三种。

5. 结尾

结尾是公共关系调查报告的结束部分，没有固定的格式，具体写法可根据报告的文本内容而定。一般来说，结尾部分是对正文的概括和归纳，是报告主要内容的总结。有的报告在结尾部分强调报告所论及问题的重要性，以提示阅读者关注；有的报告在结尾指出报告中尚未解决的问题，以引起阅读者的重视；有的报告在结尾给出解决问题的办法、建议或措施。

无论是哪种结尾，其结论和建议与正文的论述都要紧密对应，不要重复，以免有画蛇添足之嫌。

6. 附件

附件是指在调查报告正文中因行文关系没有出现，或正文中提及了但又不完整的相关内容，它们与调查结果有关。附件部分的内容一般都对报告正文起补充作用，如重要的背景材料、公众问卷的设计、样本抽取方案和对企业财务报表的分析报告等。

本 章 小 结

本章有以下几个重要的知识点。

（1）公共关系文书是组织为了实现自己的公关目标和开展公关活动而制作的各种书面文字材料，它是文书在公共关系活动中的运用。

（2）请柬是主办者为邀请客人参加各种纪念活动、婚宴、晚会、诞辰或重要会议等而发出的一种书面形式的通知。

（3）信函是组织之间联系工作的公用文书，它是组织公关活动中不可缺少的重要工具。公函就其内容与作用来看又可分为商洽函、询问函、答复函、委托函和告知函等五类。

（4）简报是组织内部交流、汇报情况的文字材料或刊物，其特点为内容专业性强、篇幅特别简短、限于内部交流。简报大体上由报头、报核和报尾等三部分组成。

（5）新闻是指报纸、广播电台、电视台、互联网等媒体经常使用的记录社会、传播信息、反映时代的一种文体。以写作特点来区分，新闻可以分为动态性新闻、经验性新闻、综合性新闻和评述性新闻等四类。新闻一般由标题、导语和主体组成。

（6）公共关系调查报告是指运用定性、定量相结合的方法，通过社会调查，科学准确地分析研究组织的公关现状、历史，预测今后的发展方向，总结公关活动效果，然后形成的书面文字材料。

练 习 题

一、名词解释

公共关系文书　请柬　信函　公共关系简报　公共关系调查报告

二、单项选择题

1. 公共关系文书是指为了正常开展公关工作而编制的文书，简报、公共关系调查报告属于（　　）。

A. 礼仪应酬性文书　　　　　　　　B. 传播性公共关系文书

C. 事务性公共关系文书　　　　　　D. 私人文书

2. 另起一行，前空两格，写明活动的内容、时间、地点及其他应知事项是在阐述请柬（　　）的写作要求。

A. 称谓　　　　B. 正文　　　　C. 敬语　　　　D. 落款和日期

3.（　　）是邀请函的一种，在平行组织或不相隶属组织之间相互协商或联系工作时使用。

  A. 商洽函　　　　　B. 询问函　　　　　C. 答复函　　　　　D. 委托函

4. 一般用在被委托人办理受托代办事项之后告知委托人代办情况，或主动告知对方某种情况或某一事项，以引起对方注意的是（　　）。

  A. 答复函　　　　　B. 委托函　　　　　C. 告知函　　　　　D. 询问函

5. 简报的（　　）包含简报名称、期数、编报单位、编发日期等。

  A. 报头　　　　　　B. 报核　　　　　　C. 报尾　　　　　　D. 报标

6. 新闻中的（　　）是用简明生动的语言介绍新闻事件中最重要、最有价值的内容，并能引起读者阅读兴趣的开头部分。

  A. 导语　　　　　　B. 主体　　　　　　C. 背景　　　　　　D. 结尾

7. 公共关系调查报告的研究目的，调查对象、范围、主要调查方式和手段，调查时间、地点是在（　　）部分给出说明的。

  A. 标题　　　　　　B. 导语　　　　　　C. 正文　　　　　　D. 结语

三、多项选择题

1. 公共关系文书可分为（　　）。

  A. 事务性文书　　B. 传播性文书　　C. 礼仪应酬性文书　　D. 计划性文书

2. 属于简报特点的有（　　）。

  A. 内容专业性强　　B. 篇幅特别简短　　C. 限于内部交流　　D. 受众的社会性

3. 以写作特点的不同来区分，新闻可以分为（　　）等几类。

  A. 动态性新闻　　B. 经验性新闻　　C. 综合性新闻　　D. 评述性新闻

4. 依据调查对象的范围和调查内容的不同，公共关系调查报告可以分为（　　）。

  A. 叙述型调查报告　　　　　　　　B. 分析型调查报告

  C. 综合型调查报告　　　　　　　　D. 专题型调查报告

四、简答题

1. 请柬的组成部分有哪些？

2. 如何撰写商洽函？

3. 如何撰写公共关系简报的报核？

4. 如何撰写新闻的主体？

5. 如何撰写公共关系调查报告的导语？

五、案例分析

苏士澍建言"汉字书写"——写好中国字　做好中国人

苏士澍委员曾在全国政协十二届二次会议第三次全体会议上发言时说，越是全球化，汉字书写越显其珍；越是科技进步，汉字书写越彰其贵。我们必须从现在做起，从你我做起，更从娃娃抓起，写好中国字，做好中国人。

随着科技的发展和手机、互联网的普及，人们对汉字书写的依赖度急剧下降，不规范使用汉字和"提笔忘字"的现象越来越多。

为使书法教育进一步健康有序推进，苏士澍委员建议：一是切实落实《中小学书法教育指导纲要》，解决好师资、教材等问题；二是尽快建立国家级书法学院；三是将每年9月的第一周设定为中国书法周。加大文博系统对民众普及汉字教育和书法艺术教育的职能，营造全民学习书法的良好氛围。出台鼓励政策，加强对汉字书法、笔墨纸砚等相关产业的开发和扶持力度。

问题：（1）该文书属于什么类型？

（2）该文书的标题有什么特点？

（3）该文书正文部分的结构形式是怎样组织的？

综 合 实 训

1. 江苏省南京市食源面包厂定于20××年6月20日隆重举行开业庆典仪式。请为其制作一封请柬。

2. 江苏旺润大酒店举行了厨师厨艺比赛，请撰写一份简报和一则新闻。

第十章

公共关系专题活动

🚀 **学习目标**

知识目标：了解公共关系专题活动的概念和特点，掌握新闻发布会、庆典活动、展览活动、赞助活动的筹备和实施的相关知识。

能力目标：具备策划新闻发布会、庆典活动、展览活动、赞助活动的能力。

素质目标：能够通过开展公共关系专题活动与广大公众进行沟通，积极传播正能量，塑造自身的良好形象，扩大组织的影响，提高组织的声誉。

🔑 **案例导入**

2022年山东省大众创业万众创新活动周收官

据胶东在线2022年9月26日报道（记者 郇勇）为期一周的2022年山东省大众创业万众创新活动周圆满收官。活动周的圆满收官，为山东进一步激发创新创业动力、引领"双创"向更大范围更深层次迈进、持续以"双创"赋能高质量发展，奠定了坚实基础。

据"双创"周活动组委会统计，活动周期间，主题展集中展示烟台清洁能源、消费电子、生物医药、化工新材料、航空航天等5个重点产业的20家企业创新情况，山东工商学院、鲁东大学等4个单位、1个创业团队、7位创业代表的创业事迹以及海工船舶、核电装备等7家企业的高端装备，展示了近百个"双创"成果；"双创"周新闻通过人民日报客户端等几十家媒体广泛宣传报道，新闻阅读量高达上千万。

评析：本案例中，该活动周既是全方位展示山东"双创"成果的一次盛宴，更为精英共创、企业和社会联动、政府和市场对接提供了重要平台。举办这类专题活动，需要做充分的筹备工作。怎样筹备这类专题活动，是本章要阐述的一部分内容，除此之外，本章还阐述了筹备和实施新闻发布会、庆典活动、展览活动、赞助活动的相关知识。

第一节　公共关系专题活动概述

公共关系专题活动能把组织与广大社会公众紧密地联系在一起，增强公众对组织的亲近感，引起社会舆论对组织的兴趣与注意。公共关系专题活动也是一种有效的传播形式。

公共关系专题活动是指公共关系活动中，组织针对某个特定的主题，在某个特定的时机举办的公共关系活动。公共关系专题活动是公关工作重要的有机组成部分，组织之所以要不断开展公共关系专题活动，就是为了不断增进自身同公众的交往和联系，促进双方关系的进一步发展。

一、公共关系专题活动的特点

公共关系专题活动的本质是组织为了加强与特定公众的联系、扩大组织的社会影响，围绕某一确定目标而开展的专门的公共关系活动。公共关系专题活动具有以下特点。

（1）针对性。公共关系专题活动是组织在审时度势后根据组织或公众的某种特殊需要而举办的，这就使得它的目标明确，同时活动也比较集中，能较好地解决某一特定问题。

（2）传播性。公共关系专题活动的策划者把该活动作为信息传播的载体，把信息传递给活动的参与者，并且通过参与者的人际传播和大众传播媒介把专题活动传播的信息进一步传播到更大的范围。

（3）创新性。公共关系专题活动应策划得新颖别致、富有特色。公共关系专题活动的创新性主要表现为：在创意上新，在形式上新，在内容上新，在方法上新。

（4）效益性。公共关系专题活动要注重效益，这主要体现在两个方面：第一是投入产出比要合理，一个公共关系专题活动应该考虑在投入了一定数量的人力和物力后能产生多少效益。第二是要让公众受益。现代社会的人们讲究时间观念，参与专题活动的公众付出了时间，活动策划者和组织者应该通过活动让公众从中受益。

（5）灵活性。公共关系专题活动的方式多种多样，举办专题活动时间的长短也不相同，其规模大小应随需要而定，活动内容也可以根据组织的需要灵活安排或在活动过程中做适当的调整。

二、公共关系专题活动的基本类型

公共关系专题活动可从以下几个方面进行分类。

1. 按公共关系专题活动的规模分类

公共关系专题活动按其规模的不同可分为大型系列活动、大型活动和小型活动。

（1）大型系列活动。大型系列活动是指以同一目标为出发点，形成不同内容、不同形式、不同场所或由不同机构众多人员参加的一系列的公共关系专题活动。

（2）大型活动。大型活动是指有目的、有组织、有计划、有众多人员参加的公共关系专题活动。

（3）小型活动。小型活动是指在某个机构场所和人员范围内举行的，或人数在100人以下的公共关系专题活动。

2. 按公共关系专题活动的场地分类

公共关系专题活动按场地不同可以分为以下几类。

（1）室外活动。在室外举办公共关系专题活动，受天气影响大，要考虑天气状况、布置物品的安全性、公众对环境的适应性等。

（2）室内活动。在室内举办公共关系专题活动，需要考虑室内通风设施的可靠性、场所的整洁性和出入通道的畅通性。

（3）野外活动。在野外举办公共关系专题活动，要准备一些在城市举办公共关系专题活动时不需要的设施，如某些救援设施、通信和交通设施等。

3. 按公共关系专题活动的性质分类

公共关系专题活动按性质不同可以分为以下几类。

（1）商业性活动，如商业促销活动、商业推荐活动等。

（2）公益性活动，如环保、敬老、慈善、救灾活动等。

（3）专业性活动，如科技、文学、艺术、体育等突出某一专业内容的活动。

（4）社会工作活动，属于社会工作范畴类的活动，如公民教育等方面的活动。

（5）综合性活动，即具有两种以上性质的公共关系专题活动。

4. 按公共关系专题活动的形式分类

公共关系专题活动按形式不同可以分为以下几类。

（1）会议型活动，如新闻发布会、研讨会、洽谈会、交流会、鉴定会和培训类活动等。

（2）庆典型活动，如奠基典礼、周年庆典、落成典礼、开业典礼、颁奖典礼、庆功会等。

（3）展示型活动，如展览会、展销会、促销活动等。

（4）综合型活动，即包括两种以上活动形式的公共关系专题活动。

第二节　新闻发布会

新闻发布会是指由政府、企业、社会团体等组织把各新闻机构的有关记者邀请来，宣布某一或某些重要消息后，由记者就此进行提问，并由发言人进行回答的一种具有传播性质的特殊会议。

✦ 视野拓展

新闻发布会的命名有多种方法，常见的是单标题，直接用"×××发布会"字样，如"华为秋季全场景新品发布会"；有的发布会在标题内增加宣传性或艺术性的词汇，如"'楚和听香CHUYAN·开元'时装发布会""壹起建设，共同分享——壹分享招商发布会"。

一、新闻发布会的筹备

各类组织能否通过新闻发布会将其有关信息成功地传播出去，并借此树立组织自己的形象，提高组织自身的知名度、美誉度，关键在于是否能够做好新闻发布会的筹备工作。

（1）确定新闻发布会的主题。确定新闻发布会的主题应从新闻价值和组织的自身利益出发。所谓新闻价值，是指所发布的信息能引起社会公众的兴趣，具有吸引新闻记者采访和报道的价值。在新闻发布会上，组织要明确所发布信息的内容，要注意新闻发布会主题的单一、集中，否则便达不到新闻发布会的公关效果。

（2）准备相关资料。在召开新闻发布会之前组织要准备好各种相关资料。这些资料主要有发言稿、组织宣传材料、答记者问的备忘录和为记者准备的新闻稿等。这些资料应在充分讨论、统一认识、统一口径的前提下，由专门的班子负责起草，并在召开新闻发布会前打印好并分发给与会记者。另外，组织还应准备好各种宣传辅助材料，包括各种实物、图片、模型等，准备的这些资料要全面、详细、具体和生动，以便增强新闻发布会的效果。

（3）选择新闻发布会的主持人和发言人。新闻发布会的主持人一般由组织公关部的负责人担任。主持人要在把握新闻发布会主题的基础之上引导记者提问，并控制新闻发布会的时间。发言人一般由组织的最高领导人担任。他们不仅对本组织的整体情况有全面的了解，而且他们的身份也决定了他们的发言和回答更具权威性。

（4）确定新闻发布会的时间和地点。组织选择新闻发布会召开时间的原则是：一是要与即将发生或已经发生的事件在时间上靠近，但又不能太紧迫；二是要考虑到邀请对象是记者，应避开节假日及社会上重大活动的日期，以免影响新闻发布会的效果。组织召开新闻发布会的地点应根据要发布信息的内容和影响的区域，选择新闻中心、宾馆、会议厅或会议室等场所，无论是在组织内部还是在组织外部举行新闻发布会，会场布置均应体现出新闻发布会的严肃性及权威性。

（5）确定邀请参加新闻发布会的记者名单并发请柬。组织应根据所发布信息的重要性、涉及的范围等因素来确定邀请参加新闻发布会记者的范围：是地方性媒体记者还是全国性媒体记者；是文字记者还是图片记者或音像记者；是中文报刊记者还是外文报刊记者；等等。在邀请记者时要特别注意，与组织有密切关系的新闻机构的记者不能遗漏，要适当邀请一些具有权威性的新闻机构的记者参加。但同时要注意：邀请记者的面要广，尽量照顾到报纸、杂志、广播、电视、新闻网站等各种媒体；队伍要精，参加新闻发布会的对象不宜太多。

（6）制定新闻发布会经费预算。组织应根据新闻发布会的规模制定经费预算，并适当留有余地。一般应考虑印刷费、场租费、会场布置费、音响器材费、礼品费、茶点费、交通费、会后餐费等。

二、新闻发布会的流程

新闻发布会的程序要安排得详细、紧凑，避免出现冷场和混乱的局面。一般来说，新闻发布会应包括以下程序。

（1）签到。在接待处应设有签到簿，接待人员最好是组织的一个主要领导，一方面表示主办方的礼貌和对会议的重视，另一方面也可以通过问候、寒暄，加强和客人的接触了解，建立和增进感情。参加新闻发布会的人员要在签到簿上签下自己的姓名、单位、职务和联系电话等。

🔭 视野拓展

各大视频网站都有大量的新闻发布会视频，读者可搜索并观看这些视频，了解各类新闻发布会的过程和特点。

（2）发放资料。在新闻发布会正式开始前，工作人员要将准备好的资料分发下去，让参加发布会的人员对发布会有一个粗略的了解，以使其在发言人发布信息时对发布会主题有更进一步的认识和了解。

（3）介绍新闻发布会内容。新闻发布会开始时由主持人先说明召开新闻发布会的目的、会务联系电话与联系人、发布会要发布的有关信息等。

（4）主持人和发言人讲话。发言人讲话一般为固定内容。主持人要充分发挥主持和组织的作用，以富有感染力的言谈举止活跃整个会场的气氛，并引导记者踊跃提问。当记者的提问偏离新闻发布会的主题时，主持人要巧妙地将话题引回主题。当会议出现紧张气氛时，主持人应及时进行调节，不要延长发布会预定的时间。

（5）回答记者提问。发言人要准确、流利地回答记者提出的各种问题，不要随便打断记者的提问，也不要以各种动作、表情和语言对记者表示不满。对于保密的信息或不便回答的问题不要回避，而要婉转、幽默地进行反问或回答，并确保所发布的消息准确无误。

（6）参观和其他安排。新闻发布会结束后，组织还应安排专人陪同记者参观考察，给记者创造实地采访、摄影和摄像等机会，增加记者对发布会主题的感性认识。如果有条件，组织还可以举行茶话会和酒会，以便记者能够深入提问，并能融洽组织和新闻界的关系。

📚 案例分析

福建省检察院微信公众号 2023 年 8 月 15 日消息，当天是首个"全国生态日"，上午，福建省检察院召开福建省检察机关生态环境和资源保护领域公益诉讼典型案例发布会。这批案例包括行政公益诉讼诉前程序、提起行政公益诉讼、提起民事公益诉讼，实现了公益诉讼案件类型"全覆盖"，具体包括矿山修复治理、耕地资源保护、国际重要湿地保护、海洋生态保护等，在生态环境和资源保护领域中具有较强的典型代表性和突出成效。

评析：类似本例，题材好、组织得当的新闻发布会既可提高组织在公众中的形象，也能对社会发展产生良好的影响，推动社会进步。

第三节 庆典活动

庆典活动是组织为与公众沟通信息、联络感情、增进友谊、提高组织知名度而利用重大节日或纪念日举行的专题活动，它包括开业庆典、周年庆纪念活动、节日联谊会、联欢会等活动形式。与组织平常的公关活动相比，庆典活动更具有特殊性和隆重性，因而具有广泛的社会影响。

一、庆典活动的类型

庆典活动的范围较广，形式较多，概括起来主要有以下几种类型。

（1）开业庆典，是指组织在新成立时举办的庆典活动。通过开业庆典，组织可以向社会公众传递信息、通报情况、扩大影响，还可以得到社会公众的祝福祝愿，为组织今后的顺利发展奠定基础。

（2）周年庆典，是指组织在开业纪念日举行的庆祝活动和纪念活动。周年庆典可以每年举行一次，也可以每五年、十年等举行一次。周年庆典是组织进行公关活动的有利时机，组织可借这一活动向社会公众宣传自己的历史、发展、成就、对社会的贡献等，制造出有影响的新闻，以提高组织的知名度和声誉。

（3）庆功庆典，是指组织在工程竣工、建筑物落成或取得某项战略性成果等时，为祝贺成功而举行的庆祝活动。庆功庆典有着锦上添花的作用。组织可趁机造势，进一步提升组织的良好形象。

（4）节日庆典。节日包括国家法定节日（如元旦节、劳动节、妇女节、国庆节等）、我国民间传统节日（如元宵节、七夕节、重阳节等）及其他重大节日等，为庆祝和纪念这些节日而举办的典礼仪式或各种联谊活动（如大型游园会、嘉奖活动等）统称为节日庆典。组织举行节日庆典活动可以借助热闹的节日气氛宣传本组织，融洽各种社会关系。

（5）表彰庆典，即发奖、授勋仪式，一般以表彰大会的形式出现。组织举行这类庆典活动的目的在于宣传和弘扬先进模范人物或集体的优秀事迹和高尚精神，并授予其光荣称号、勋章、奖旗、奖状，给予物质奖励等，以此来激励组织内部员工更好地工作，并向外部公众展示组织的良好形象。

二、庆典活动的筹备

庆典活动是所有公共关系专题活动中"表演"色彩最为浓厚的活动。要把庆典活动开展得有声有色，引起社会公众的广泛注意，公关人员应做好以下工作。

（1）确定庆典活动的主题。主题是庆典活动的灵魂，也是选择庆典活动内容和形式的基本依据。从公共关系角度来看，每个庆典活动本身的名称只是标明了形式上的主题，在庆典活动中往往还蕴含着与组织发展密切相关的更为重要的主题，如宣传组织精神、展示组织实力、传播组织文化等。组织的公关人员应努力发掘那些与组织发展有本质联系的内容，把庆典活动的表象形式与内涵主题有机地融合起来。

（2）设计庆典活动的形式和程序。庆典活动的形式和程序因组织的性质、活动的目的和主题的不同而呈现出丰富的多样性。选择恰当的活动形式和活动程序，是庆典活动成功的关键。公关人员在设计庆典活动的形式时应注意：一要明确庆典活动的中心内容和辅助内容分别是什么；二要明确庆典活动的具体做法和措施。设计庆典活动的程序也是一项重要的工作。尽管各类庆典活动都有大致相同的基本程序，但具体到每个活动又各有其特殊性。庆典活动的程序要设计得严密有致，做到既隆重热烈又有条不紊，特别是要注意营造和烘托气氛，这是庆典活动获得喜庆效果的关键。

（3）邀请参加庆典活动的嘉宾。组织在庆典活动之前应拟好邀请参加庆典的嘉宾名单，并做好邀请工作。嘉宾的选择直接关系到庆典活动的规模、层次和宣传效果。邀请参加庆典活动的嘉宾不仅要包括有关单位的代表，还要包括一些社会名流和新闻界人士，同时也要包括股东代表及员工代表等。拟好嘉宾邀请名单后，公关人员应将请柬提前送达嘉宾手中。请柬应新颖别致，并写明庆典活动的事由、方式、时间、地点等。对一些重要嘉宾，应当面邀请，以示尊重。

（4）落实致辞和剪彩人员。在庆典活动开始之前，公关人员应落实庆典致辞和剪彩人员的名单。担任这些工作的人应具有权威性和代表性。工作人员应事先通知致辞人和剪彩人，并拟好发言稿。

（5）安排礼仪、工作人员。为使庆典活动显得隆重和热烈，组织应安排礼仪人员和工作人员，由他们负责接待、服务等工作。礼仪人员应端庄大方，服饰统一，举止高雅。工作人员要职责明确，密切配合。入场、签到、倒水、录音、摄像、留言、现场布置等工作均应有专人负责。礼仪人员和工作人员一般都需进行排练和演习，以确保他们在庆典活动中有条不紊、应对自如。

（6）做好接待工作。在庆典活动开始之前，有关工作人员应做好接待工作。礼仪和工作人员应各就各位、各司其职。重要来宾应由组织高层领导亲自接待，以示重视和礼貌。庆典活动要设置专门的接待休息室，以便正式活动开始前让来宾休息并相互认识。此外，工作人员还要准备好相关物品，包括招待嘉宾的茶水、糖果、香烟，乐队、音响、话筒、摄影器材，横幅、鲜花、彩带、签到簿、纪念品，等等。

三、庆典活动的流程

庆典活动的流程一般包括以下几个方面。

（1）迎宾：接待人员应在会场门口迎接来宾，请来宾签到后，引导来宾就座。

（2）庆典开始：主持人宣布庆典活动正式开始。全体起立，奏乐，主持人宣读重要嘉宾名单。

（3）致贺词：由上级领导和来宾代表致贺词，主要表达对组织的祝贺，并寄予厚望。要先确定由谁来致贺词。对外来的贺电、贺信不必一一宣读，但对其署名的单位或个人应予以公布。

（4）致答词：由庆典活动单位负责人致答词。其主要内容是向来宾及祝贺单位表示感谢，并简要介绍一下本单位的有关情况。

（5）揭幕：有些庆典活动有揭幕仪式，例如开业庆典的揭幕仪式。揭幕仪式一般由庆典活动单位负责人和一位上级领导或嘉宾代表一起揭去盖在牌匾上的红布，以宣告组织的正式成立。参加庆典活动的全部人员应鼓掌祝贺，在非限制燃放鞭炮的地区还可燃放鞭炮庆贺。

（6）参观：如有必要，工作人员可引导来宾进行参观，向来宾介绍组织的主要设施、业务范围及组织文化等。

📚 案例分析

据海报新闻客户端 2023 年 9 月 28 日报道（记者　魏现芳）在全国上下喜迎中秋、国庆双节之际，力诺集团迎来成立 29 周年庆典，同时也是宏济堂制药成立 116 周年、孔子诞辰 2574 年纪念日。2023 年 9 月 28 日，力诺集团隆重举行"祭孔典礼""祭拜乐镜宇仪式""取火仪式"多个庆典活动，敬念先贤、传承薪火。力诺集团管理人员、客户代表、合作伙伴、新闻界朋友共 400 余人参加了本次祭孔典礼……

评析：力诺集团将自己的周年庆典和祭孔活动结合，对内而言是塑造企业文化的一环，对外来说是一项重要的公共关系活动。读者应留意，此类活动新闻报道的底稿，一般要由组织公关人员负责。

第四节　展览活动

展览活动是综合性的传播活动，组织通过实物、图片、资料的展示，可使公众对组织的产品和服务有一个直观、具体的了解，展览活动是组织与公众直接沟通的最佳方式。同时，展览活动又是新闻媒介报道的热点，具有很好的传播效果，历来被组织广泛采用。

一、展览活动的类型

展览活动的形式很多，从不同的角度，展览活动可以划分为不同的类型。

（1）展览活动按性质不同可分为贸易展览会与宣传展览会。贸易展览会，也称展销会，是一种旨在展示新型产品、拓宽销售渠道或展示组织实力的贸易宣传活动，它包括类似广交会的商品展销会和世博会之类的博览会等多种形式，通过展出实物产品，促进产品的销售。宣传展览会是为了树立组织、产品或人物形象，通过展示图片资料、图表或某些实物而举办的活动，目的在于宣传组织的观念、思想、成就，并不直接发生贸易活动。

（2）展览活动按规模不同可分为大型展览会与小型展览会。大型展览会是指规模较大，参展单位和项目较多，展品技术水平较高的展览会，这种展览会通常由行业主管部门发起和组织，由参展方自愿报名参加。小型展览会一般由组织或个人主办。

（3）展览活动按举办地点不同可分为室内展览会与室外展览会。室内展览会一般在一个大厅或展览馆内举行，不受天气因素的影响，并可以精心布置，展览活动较为庄重，展览时间有保证，展品易保存。室外展览会一般在室外的广场、操场等空旷的地方举行，活动空间大，布置相对较为简单，花费也相对较少，但是受天气因素的影响较大，因而展览时间不宜过长。

（4）展览活动按内容不同可分为综合性展览会与专题性展览会。综合性展览会的参展单位众多、参展品种门类多，综合性强，能给参观者留下全面的印象。专题性展览会是为某一特殊专题而组织的展览活动。与综合性展览会相比，专题性展览会的展品较少、规模较小，不具有综合性，但这种展览会的对比性强，竞争激烈，对促进行业技术进步和新产品的开发有较强的推动作用。

🔭 视野拓展

中国进出口商品交易会（广交会）概况

中国进出口商品交易会，又称广交会，创办于1957年，每年春秋两季在广州举办。广交会以进出口贸易为主，贸易方式灵活多样，除传统的看样成交外，还有网上交易会，并开展多种形式的经济技术合作与交流活动，主办方还提供商检、保险、运输、广告、咨询等服务。

中国国际进口博览会

中国自2018年开始举办中国国际进口博览会。举办中国国际进口博览会是中国政府坚定支持贸易自由化和经济全球化，主动向世界开放中国市场的重大举措，有利于促进世界各国加强经贸交流合作，促进全球贸易和世界经济增长，推动开放型世界经济发展。在首届中国国际进口博览会中，超过40万名境内外采购商与3600多家参展企业达成了578亿美元的意向成交额。

（5）展览活动按时间不同可分为固定展览会和流动展览会。固定展览会一般在室外或某一固定场所举办，它又可以进一步分为长期性展览会和周期性展览会。长期性展览会的展品往往长期不变，周期性展览会则定期更换展品，而展览活动的地点和名称不变。流动展览会也称为一次性展览会，它没有固定的展览地点，在展览的过程中注重宣传组织形象及组织的产品或服务。

二、展览活动的筹备

展览会为组织开展公关活动提供了一个良好的机会，组织应该充分利用这样的机会展示自己的产品，传递相关的信息，加强与社会公众的直接沟通。为使展览会办得卓有成效，组织在筹备展览会时应做好以下工作。

（1）分析参展的必要性和可行性。展览会是大型的综合公共活动，耗费较大。因而在参加展览会之前，组织一定要对参展的必要性和可行性进行分析研究，防止盲目投资、得不偿失。

视野拓展

参展对企业来说相当重要，参展企业应做好以下几项工作。

费用预算。参展企业应提前做好费用预算。参展费用包括展位费、展位装饰装修费、展品运输费、交通费、食宿费、设备租赁费、广告宣传费、资料印刷费、礼品制作费、会议室租赁费等。

展位布置。展位就是战场，有利的战场才适合作战，展位的布置很有讲究，展台的总体设计（如色彩搭配、标志设计、展品摆放等）对企业参加展览会能否取得令人满意的效果非常重要。参观者自然愿意访问那些美观和有秩序感的展台，而且在了解企业产品的品质之前，他们就会根据展台的布置水准评判参展企业的优劣。再好的产品在设计得非常糟糕的展台上展出，也容易让参观者认为产品非常糟糕，所以企业一定要注意通过展位突出自身的个性和特色，以在众多的展位中引人注目，达到凸显企业产品、提升企业形象目的。不过也没有必要把展台搞得过于豪华，展台布置得新颖和美观一点就可以达到吸引参观者注意的目的了。

展览资料。宣传单或者宣传手册是宣传企业最基本的工具，它们可以展现一个企业的水平和实力；企业可以在展览会名录或专业刊物上刊登图文广告，在刊物上刊登的广告应包括在展览会上的展位和企业的网址，以方便感兴趣的读者访问。

参展人员。配备合适的参展人员，有利于获得更佳的参展效果和更好的销售业绩。参展人员应具备丰富的专业知识，自信，适应能力强，性格外向，善于与人沟通交流。参展人员通常包括技术人员、商务人员（负责向参观者介绍展品和企业情况）和翻译人员等。参加展览会是一项艰苦的工作，尤其是对参展人员体能方面的要求很高，所以应该选择那些积极主动、充满活力的员工在展览会期间承担参展工作。一般来说，3~5人的团队规模是比较理想的。

参展人员服饰。参展人员是企业的代言人，在展会期间应穿着正式、统一的服装，这样一方面代表了企业的形象，另一方面也体现了对参观者的尊重。高雅庄重的服装会使参观者对企业留下良好的印象。

（2）明确参展主题、确定参展方式。每个展览会都有一个明确的主题，并将这个主题用各种形式反映出来，如展览会的名称、口号、徽标、纪念品等。必须弄清楚是要宣传产品的质量、类型，还是要宣传组织形象；是要提高组织的知名度，还是要消除公众的误解。在明确参展主题的基础上，进而确定参展的类型以及方式。

（3）参展时要考虑展览会的举办地点和举办时机。举办展览会地点的选择要考虑交通、周边环境，展览会场所的大小、设施等情况。目前，我国的大型展览会多选择在大城市举办，就是考虑到交通便利、方便参展单位前往、观展公众人数众多等因素。在举办展览会的时机选择上要考虑季节性和周期性因素，再就是要考虑避开或利用重大节假日的原则。有些展览会需要在节假日期间举办，因为公众的休假为提升展览会的人气提供了可能。

（4）了解参观者的类型。展览会的参观者是谁，范围有多大，参观者的层次、要求、数量等状况如何，这些都是组织在参加展览会前应进行分析和研究的问题。只有做好这些工作，组织才能在接洽、解说材料上根据不同层次的参观者做好准备，从而保证展览会的顺利进行。

（5）准备展览会的宣传资料。展览会需要的资料很多，如展览徽标、宣传招牌、图片、展品、广告、气球等，还有些宣传资料要分发给参观者，如组织及其产品或服务的简介、宣传画册、纪念品等。这些资料都应在展览会前做好充分准备。

🔭 视野拓展

在大型展览会上，大大小小聚集在一起的展台，以及熙熙攘攘的人群很容易让参观者产生审美疲劳而失去目的性，也会使参展方错失有意向的客户。要想在展览会上出彩，吸引参观者眼球，参展方必须做到以下几点。

（1）在参展前的宣传上下功夫。很多参观者去看展览都没有目的性和针对性，如果参展方能针对用户需求有一个很完整的说明和展示，在参展前给潜在客户邮寄邀请卡、产品介绍、公司手册及展会平面图资料，这样就会增强参观者的目的性，为自己的展台带来更多的参观者，从而达到满意的参展效果。

（2）展台的位置选择也很重要。参展方应根据人流量来选择展台的位置，一般靠近展览厅进出口、餐饮区、休息区以及厕所的位置人流量会比较大。参展方如果没得到好的参展位置，就要把展台布置得与众不同，这样才能起到吸引参观者的作用。

（3）展览期间的宣传和工作人员的素质更加重要。通常在参观者参观时，如果工作人员不主动上前进行讲解，任由参观者自行浏览或拿到宣传手册之后就离开，这样就不能了解客户需求，也会错失有意向的客户。让客户了解产品功能和树立公司的形象是展览会工作人员必须做到的工作，否则参展就没有意义了。

工作人员通过适当的小活动与参观者互动，适时分发宣传手册或精致的小礼品给潜在客户，会给参展方带来更好的参展效果。

（6）培训参展工作人员。展览会成功与否、质量好坏，与工作人员的素质高低有很大关系，特别是一些专业性较强的展览会，如果工作人员没有一定的专业知识和经验，展览会的组织、洽谈、解说、咨询等工作就会受到影响。此外，工作人员的公关素质、接待、讲解的技巧，都会影响展览会的效果。因此，必须对参展工作人员进行展前培训，提高他们的素质和技能。

（7）落实参展设施和配套服务。在参展前，参展方要与主办方进行联系，落实电源、照明、音响、影像、展品与设备的安保等辅助设施，以及邮政、检验、保险、银行、交通、住宿等配套服务，以保证展览会有序、高效地进行。

🔭 视野拓展

展台设计与搭建的三个技巧

第一，展台的设计要突出主题、强调个性，同时要在空间和气氛上给参观者一种亲和力，而且要便于参展人员与参观者进行交流。充分利用各种因素，例如展台的形状、材料、音响、光线、色彩或其他方式，给参观者以新鲜感，激发其好奇心，使他们对展台产生兴趣，进而产生与参展方交流的愿望。

第二，展台设计还要考虑与展览会期间企业计划举办的其他活动配套问题。现在，越来越多的企业把展览会当成了公关活动的好场所，有时还在参加展览会期间同时举行发布会等活动。由于展览会期间参观者数量多而且集中，这些活动与展览会同时举行，影响大又节约开支。这也就对展台搭建提出了新的要求。因此在保证展览会效果的同时，参展方还要算好经济账，尽可能使用新型的、可重复利用的展台材料，认真研究设计展台的布置方案，减少不必要的开支。

第三，可根据展览会上不同的主题馆设计自己的主题展位，大企业通常采用传统方式展览，并且依赖大规模场地，小企业应该以新颖的设计来凸显自己的展位，并且应根据展位的面积大小来选择合适的展示用品及参展产品，避免使展品显得过度拥挤或稀松，而且要善于使用新型材料，一定要避免使用看起来就廉价的桌椅，要让参观者产生"小而精"的感觉，把展位设计和布置得有品位一些。

有些参展方认为，如果不使用展品而使用图片，效果岂不是更好？图片会创造出强烈的视觉效果。实际上，在展会上太过密集或太小的图片都不容易引起参观者的注意。即使参展方要使用图片，也应限制文字的使用和图片的位置，要将图片设置在人们眼睛以上的高度。除此之外，展台还可以使用大胆抢眼的颜色，这样在较远的距离即可吸引参观者，要避免使用易融入背景的中性颜色。

（8）与新闻界联络。在展览活动中，组织要利用一切可以调动的传播媒介开展公共关系活动，使公众能通过视、听等多种渠道了解组织的有关信息。在展览活动开始前，组织应组建专门的部门负责展览活动的宣传工作，并邀请新闻记者参加开幕式、进行采访，举办记者招待会，与新闻界保持密切联系，为记者采访提供一切方便和相关资料等。

（9）展览活动费用支出管理。展览活动费用支出管理是把组织为展览活动所投入的资金落实到展览活动的每个具体项目中，如场地租金、设计和装修费、广告费、电费、运输费、接待费、资料费、劳务费等。公关人员应按照预算使用展览活动所需的资金，防止超支和浪费。

（10）展览会效果的评测。这个环节是对组织参加展览活动所带来的社会效果的测量和评估。组织可以通过参观者留言、座谈会、问卷调查、知识竞赛等方式来进行评测。

案例分析

以"文"会友创新赋能别"具"匠心

《广交会通讯》2023 年 11 月 3 日，王旭光

一支毫不起眼的中性笔，却能书写品牌出海的大文章；一个微不足道的笔记本，却能记录"中国制造"的奋斗历程；一个无足挂齿的文件夹，却能承载中国文具产业从业者的远大目标。在第 134 届广交会第三期，精致又不乏实用性、时尚又契合环保理念的文具产品，吸引着众多境内外采购商前来洽谈采购。小小文具在书写中国外贸人创业故事的同时，也为中国外贸高质量发展的画卷增添笔墨。

（浙江交易团、广州交易团）

评析：本例是该篇报道的第一段，最后的"浙江交易团、广州交易团"指的是投稿组织。展览会一般要抽调多个部门的人员参加，销售人员是接待客户的主力，公关人员工作重心则要放在公关活动、媒体上。

第五节　赞 助 活 动

赞助活动是指组织通过无偿地提供资金或物资对社会公益事业做出贡献，以提高组织的社会声誉，树立良好组织形象的公共关系专题活动。公益赞助是举办专题活动较常见、较重要的形式之一，因为它既可以为社会公益事业的顺利进行提供帮助，又可以为各类组织的不断发展创造和谐的社会环境。因此，越来越多的营利性组织纷纷以自己收益的一部分回馈社会公益事业，以向公众表示其乐于承担一定的社会责任和义务。

一、赞助活动的类型

赞助活动的类型很多，常见的赞助活动类型有以下几种。

（1）赞助教育事业。有远见的企业家关心国家教育事业的发展，这既有利于国家培养人才，又能为企业带来社会效益。企业可以出资支持"希望工程"，也可以资助某些中小学或大学。

（2）赞助体育活动。赞助体育活动是赞助活动中常见的一种方式。体育活动是广大群众喜闻乐见的活动，也是许多公众热衷参与的活动。体育活动涉及的公众层面宽、范围大，赞助体

育活动的影响广度和深度都很大。如杭州亚运会，官方赞助商为圆通速递、娃哈哈、海康威视、佳能等4家企业，官方独家供应商包括伊利、vivo、老板电器等15家企业，官方非独家供应商包括东鹏饮料、盼盼食品、联想等145家企业。

（3）赞助文化活动。文化活动吸引的公众层面较宽，品位较高。文化活动主要有音乐会、电影电视节目、文娱演出、书画展、摄影作品展等。

（4）赞助科研学术活动。赞助的科研学术活动的影响面虽然有限，但意义重大而深远。一是可推动与组织性质、产品和服务有关的研究深入发展，为组织发展提供基础理论研究和技术支撑；二是可以提高组织的行业知名度和影响力。

（5）赞助环保事业。环境保护是功在当代、利在千秋的公益事业，涉及广大公众的切身利益，是公众和新闻媒体关注的热点，赞助环保事业能使组织同时获得经济效益、社会效益和生态效益。

问与答

问：组织赞助社会福利和慈善事业的作用和形式各是什么？

答：（1）作用。社会福利和慈善事业是社会关注的热点。赞助社会福利和慈善事业可为社会弱势群体提供帮助，开展服务活动，密切组织与政府、社区和公众的关系，为组织的发展创造良好的外部条件。

（2）形式。修建公共设施、街心花园、候车亭、车棚、养老院、福利院；赞助残疾人活动；设立福利基金或残疾人基金。

二、赞助活动的组织与实施

赞助活动的组织与实施通常包含以下几个方面的工作。

（1）进行赞助研究。企业的社会赞助活动并不是无计划、无目的地盲目赞助，也不是谁找上门来就给谁提供赞助，而是要避免盲目和被动赞助，主动地开展赞助活动。公关人员应该从企业的实际情况和经营政策入手，根据企业的公共关系目标，确定企业的赞助方向和制订赞助政策，在确定每一项赞助资金之前，要分析赞助成本和赞助效果。

（2）制订赞助计划。根据赞助前的研究和企业的赞助政策，企业的公关部应该在上年年底或本年年初制订出切实可行的赞助计划。赞助计划一般包括赞助宗旨、赞助的对象、赞助的费用预算、赞助的形式等内容。

（3）审核赞助项目。按照年度赞助计划，每进行一项具体的赞助活动之前，公关人员或主管部门都应对赞助项目进行审核，充分论证赞助项目的可行性及赞助方式是否合适，赞助款项是否合理，此赞助项目是不是企业的最佳选择。

（4）实施赞助活动。在赞助项目通过审核后，公关人员应按照赞助计划具体实施赞助活动。在赞助活动的实施过程中，公关人员应充分利用各种传播媒介做好宣传，从而使企业通过赞助活动尽可能地扩大社会影响。

（5）评测赞助效果。一项赞助活动完成之后，企业应对赞助效果进行调查与评估，看一看企业的知名度是否提高了，企业的公众关系是否改善了，赞助活动是否产生了良好的社会效益和经济效益。并且根据评测结果写出报告，归档留存，以备日后参考。

案例分析

2023 年 10 月 10 日，厦门市人民政府主办的 2023 厦鼓海峡横渡活动暨 2023 年"7.16 全民游泳健身主题系列活动厦门重点会场"活动新闻发布会在厦门和平码头召开。作为赛事官方赞助商，厦门国际银行厦门分行获活动主办方授牌，并将参与赛事服务保障，携手各方共促赛事举行……

评析：厦鼓海峡横渡活动可追溯到 1931 年，不仅是广大厦门市民喜闻乐见的海上群众性活动，而且吸引了海内外众多"泳士"和游客，厦门国际银行厦门分行赞助此项活动可有效提高自身的知名度。

本 章 小 结

本章有以下几个重要的知识点。

（1）公共关系专题活动是指公共关系活动中，组织针对某个特定的主题，在某个特定的时机举办的公共关系活动，具有针对性、传播性、创新性、效益性和灵活性等特点。

（2）新闻发布会的筹备工作有：确定新闻发布会的主题、准备相关资料、选择新闻发布会的主持人和发言人、确定新闻发布会的时间和地点、确定邀请参加新闻发布会的记者名单并发请柬、制定新闻发布会经费预算。新闻发布会的流程是签到、发放资料、介绍新闻发布会内容、主持人和发言人讲话、回答记者提问、参观和其他安排。

（3）庆典活动的筹备工作有：确定庆典活动的主题，设计庆典活动的形式和程序，邀请参加庆典活动的嘉宾，落实致辞和剪彩人员，安排礼仪、工作人员，做好接待工作。庆典活动的流程是迎宾、庆典开始、致贺词、致答词、揭幕和参观。

（4）展览活动的筹备工作有：分析参展的必要性和可行性；明确参展主题、确定参展方式；参展时要考虑展览会的举办地点和举办时机；了解参观者的类型；准备展览会的宣传资料；培训参展工作人员；落实参展设施和配套服务；与新闻界联络；展览活动费用支出管理；展览会效果的评测。

（5）赞助活动的组织与实施工作通常包含：进行赞助研究、制订赞助计划、审核赞助项目、实施赞助活动、评测赞助效果。

练 习 题

一、名词解释

公共关系专题活动　新闻发布会　庆典活动　展览活动　赞助活动

二、单项选择题

1. 公共关系专题活动是组织在审时度势后根据组织或公众的某种特殊需要而举办的，这指的是公共关系专题活动的（　　）。

　　A. 针对性　　　　B. 传播性　　　　C. 灵活性　　　　D. 创新性

2. 公共关系专题活动的规模大小随需要而定，活动内容也可以根据需要不定期安排，在活动过程中也可以做适时调整，这指的是公共关系专题活动的（　　　）。

    A. 传播性　　　　　B. 创新性　　　　　C. 灵活性　　　　　D. 效益性

3. 以下不属于会议型公共关系专题活动的是（　　　）。

    A. 新闻发布会　　　B. 研讨会　　　　　C. 交流会　　　　　D. 展览会

4. 一般举办新闻发布会的都是政府部门、企业集团等，它们能代表政府或组织发布信息，这指的是新闻发布会的（　　　）特点。

    A. 信息发布的权威性　　　　　　　B. 信息发布的真实性

    C. 受众的社会性　　　　　　　　　D. 信息传播的快速性

5. 主持人要充分发挥主持和组织的作用，以富有感染力的言谈举止活跃整个会场气氛，并引导记者踊跃提问，这指的是新闻发布会的（　　　）环节。

    A. 发资料　　　　　　　　　　　　B. 介绍会议内容

    C. 主持人讲话　　　　　　　　　　D. 回答记者提问

6. 组织在新成立时或举行重大活动的开幕式时，或重要机构组建时举办的庆典活动属于（　　　）。

    A. 开业庆典　　　　B. 周年庆典　　　　C. 庆功庆典　　　　D. 节日庆典

7. 由本单位负责人和一位上级领导或嘉宾代表揭去盖在牌匾上的红布以宣告企业的正式成立，这指的是庆典的（　　　）环节。

    A. 致贺词　　　　　B. 致答词　　　　　C. 参观　　　　　　D. 揭幕

8. （　　　）也称展销会，是一种旨在展示新型产品、扩宽销售渠道或展示组织实力的贸易宣传活动。

    A. 贸易展览会　　　　　　　　　　B. 宣传展览会

    C. 大型展览会　　　　　　　　　　D. 小型展览会

9. "逸夫教学楼"，也称"逸夫楼"，是由香港电影大王、邵氏影业的创始人邵逸夫先生捐款建造的建筑物，邵逸夫的这项活动属于（　　　）。

    A. 赞助体育运动　　　　　　　　　B. 赞助教育事业

    C. 赞助环保事业　　　　　　　　　D. 赞助科研学术活动

10. 企业的社会赞助活动并不是无计划、无目的地盲目赞助，也不是谁找上门来就给谁提供赞助，而是要避免被动和盲目，主动地开展赞助活动，这指的是赞助活动的（　　　）环节。

    A. 进行赞助研究　　　　　　　　　B. 制订赞助计划

    C. 实施赞助活动　　　　　　　　　D. 审核赞助项目

三、多项选择题

1. 属于公益性公共关系专题活动的有（　　　）。

    A. 环保　　　　　　B. 慈善　　　　　　C. 救灾　　　　　　D. 商业促销

2. 新闻发布会的特点有（　　　）。

    A. 信息发布的权威性　　　　　　　B. 形式的活泼多样性

    C. 受众的社会性　　　　　　　　　D. 信息传播的快速性

3. 以下属于展览活动特点的有（　　　）。

　A. 传播方式的复合性　　　　　　　B. 沟通方式的双向性

　C. 信息发布的权威性　　　　　　　D. 形式的活泼多样性

4. 评测展览效果的方法有（　　）。

　A. 举办有奖评测活动　　　　　　　B. 设置公众留言簿

　C. 召开公众代表座谈会　　　　　　D. 开展问卷调查

四、简答题

1. 公共关系专题活动有哪些特点？

2. 怎样进行新闻发布会的筹备？

3. 新闻发布会的流程有哪些？

4. 怎样进行庆典活动的筹备？

5. 庆典活动的流程有哪些？

6. 怎样进行展览活动的筹备？

7. 展览活动的流程有哪些？

8. 怎样进行赞助活动的组织与实施？

五、案例分析

据新京报贝壳财经讯（记者　许诺）2023 年 3 月 21 日，华为官方论坛心声社区发布了一则视频，内容是华为在深圳华为坂田基地举行的"突破乌江天险　实现战略突围——产品研发工具阶段总结与表彰会"。视频显示，华为高管全员出席了这次表彰会，并为产品研发工具团队颁奖以及授旗。

长期以来，包括操作系统、数据库、中间件等底层软件和工具都处于西方厂家的垄断之下。而据任正非透露，华为完全用自己的操作系统、数据库、编译器和语言，做出了自己的管理系统 MetaERP 软件。这次华为表彰在产品研发工具方面做出突出贡献的人员近 2000 人，既包括华为各体系员工，也有合作伙伴的人员。被华为高管授旗的团队包括：软件 IDE 与构建工具团队、软件流水线工具团队、代码检查与测试工具团队、软件仓库工具团队、板级 EDA 工具团队、PDM 工具团队等。

华为副董事长、轮值董事长徐直军在表彰会上表示："雄关漫道真如铁，而今迈步从头越。打造从沙子、矿石到产品的领先产品研发工具，彻底摆脱对西方产品开发工具的依赖，突破乌江天险，实现战略突围的口号已经吹响，战旗已授予，让我们不辱使命，不负韶华，奋勇前进。"

问题：（1）什么是庆典活动？

（2）庆典活动的流程有哪些？

（3）你认为华为公司举行的表彰会有哪些意义？

综 合 实 训

1. 假设你是某食品加工厂的市场部经理，该食品加工厂最近研发了一款新口味的面包——

紫薯面包，需要开展新闻发布会。请以小组为单位进行讨论，并撰写新闻发布会策划草案。

2. 江苏省南京市××大酒店定于本年12月20日隆重举行开业庆典仪式，旨在通过气氛热烈、场面隆重的开业庆典制造声势，达到为广大客户所知的宣传效果。请设计一个开业庆典策划方案，并模拟开业庆典的接待工作。

3. 江苏旺润葡萄酒厂准备参加今年秋季的广交会，请设计参加该展览活动的筹备方案。

第十一章

公共关系危机管理

🚀**学习目标**

知识目标：了解公关危机的概念、特征和产生的原因；掌握公关危机处理的原则、策略和程序，了解公关危机监测的概念，掌握公关危机预控的相关知识。

能力目标：具备处理和预控公关危机的能力。

素质目标：树立正确的法律意识、道德观念和真诚坦率观念，培养勇于承担责任，不为自己寻找客观理由的意识，做到不推诿、不埋怨，以赢得社会和公众的谅解和好感。

🔑**案例导入**

酸菜引发的品牌危机

每年的"3·15"都是一个让消费者震惊、让违规企业瑟瑟发抖的日子。2022年的央视"3·15"晚会就曝光了5家企业酸菜生产的质量问题。

"土坑酸菜"事件，不仅让直接涉事的某菜业等企业受到重击，也让以土坑酸菜为原料的品牌们猝不及防。节目播出后，"3·15老坛酸菜"话题迅速冲上微博热搜榜单第一，引发了网友大范围的讨论。酸菜事件涉及食品安全问题，报道中脚踩酸菜的画面给消费者带来很大的心理冲击。为多家企业代加工酸菜制品的某菜业，自称"老坛工艺，足时发酵"，却将腌制的酸菜出口、收来的土坑酸菜卖给国内企业，此举直接引起了受众的失望和愤怒。

与涉事企业有合作关系的方便面品牌首先卷入舆论风波，两大方便面品牌反应比较迅速，立即终止与涉事企业的合作、下架相关产品、成立调查小组并发出道歉信。检测合格的白象方便面在微博官方账号回应："没合作，放心吃，身正不怕影子斜。"有网友又翻出白象种种善举，广大网民对其更为敬佩，这让白象的销售量空前高涨，一时竟供不应求。

评析：企业如果不承担社会责任、不注重企业伦理，遇到公关危机是迟早的事情；即便守法、合规的企业，也不能保证每件产品、每项服务都让消费者满意，也可能遇到公关危机或被动牵涉进一些危机事件。本例中白象是被动牵涉进该次危机的，用一句"没合作，放心吃，身正不怕影子斜。"化被动为主动，突显了公关的作用。

在社交媒体时代，舆论的发酵速度和复杂程度有了指数级的提升，无论是正面的还是负面的舆论，都会迅速放大。

怎样正确地处理公关危机正是本章所要探讨的内容。除此之外，本章还探讨了公关危机的监测和预控。

第一节 公关危机概述

公共关系危机，简称公关危机，是指由于突发事件或重大问题的出现，使组织与公众的关系迅速恶化，组织的生存和发展受到威胁，组织的公共关系状况严重失调，处于某种危险的状态。

一、公关危机的特征

公关危机事件是指各种紧急的、意外发生的、对组织形象和经济利益有重大损害的突发事件。公关危机具有以下几项特征，这些特征是组织公关人员识别公关危机的主要依据。

（1）危机事件发生的突然性。各类组织都可能因主观和客观因素的变化而遇到意料之外、防不胜防的突发事件。这些突发事件往往是潜在的、不可预测的，是一种未知因素。我们甚至可以毫不夸张地说：危机无处不在、无时不有。例如，在本章的导入案例中，与涉事企业有合作关系的方便面企业疏于对供应链的管理，未意识到其中的潜在风险，故而该事件在被媒体曝光并被公众高度关注后成了"突发事件"。

（2）公众的关注。危机事件的内容往往和公众有直接关系，特别是涉及人身安全时，危机事件更会成为社会舆论和社会公众的关注焦点和热点。而危机事件一经媒体报道，很快就会广泛传播，公众也会由潜在状态变为行动状态，使组织措手不及。例如本章的导入案例，"土坑酸菜"事件一经媒体曝光，引起消费者的高度关注，迅速成为社会热点而影响到和酸菜相关的各类产品。

（3）后果的危害性。任何危机事件都会给组织的经济利益和声誉造成不利影响，破坏组织的正常运转或生产经营秩序，恶化组织的社会关系，影响组织的战斗力。公关危机事件涉及面广、影响巨大，甚至会使组织遭受灭顶之灾。而且，危机在危害组织的同时，还危害当事人及其亲属的心理和身体健康，给他们造成极大的伤害和痛苦。

> **问与答**
>
> **问：** 消极的公关与积极的公关有什么不同的效果？
>
> **答：** 消极的公关只能使事情变得更糟，而组织通过积极的公关不但能应付遇到的危机事件，还可以通过有计划的专业处理系统将危机的损失降到最低，甚至还可以利用危机进行公关活动，使自身在危机过后树立更优秀的形象。

案例分析

顶级直播"带货"团队的倒下

直播"带货"兴起后，出现了几个顶级直播"带货"团队，这些团队年销售额高达数十亿元甚至数百亿元。2020 年年底，某直播"带货"团队有一次卖燕窝风味饮品，被某知名的打假人指出"所卖燕窝就是糖水"。不知该团队是分不清燕窝风味饮品和燕窝制品有什么区别还是其他原因，直接回应对方造谣诽谤，并会采取法律措施。结果，检测报告证实打假人所言非虚。最终，该团队承认选品不当，存在夸大宣传，道歉，召回产品，承担退一赔三责任，接受处罚。这些都已于事无补，曾经极其红火的团队自此声名大损。

评析： 一次公关危机毁掉一家企业甚至一个行业的事例不少。对于制假造假者，让其受到相应的惩罚是应该的。本例中，该团队危机意识、公关意识薄弱，最终因一次危机而遭受"灭顶之灾"。有些局部危机蔓延很容易影响组织整体甚至整个行业，每个职场人士都应培养公关意识，学习防止局部危机扩大化的知识。

（4）处置的紧迫性。在媒体十分发达的今天，公关危机事件一旦发生，就会在很短的时间内迅速而广泛地传播，一旦处置不当，后果将十分严重。

（5）趋势的可变性。公关危机的趋势是可变的，公关危机既可以发生，也可以消除，并不是一成不变的。即使处于顺境的组织也可能发生公关危机，关键在于，组织是否能在公关危机发生时，及时加以把握和处置，抓住公关危机趋势可变的特性，将公关危机对组织的危害降到最低，化坏事为好事，以重塑组织形象。

案例分析

雪莲冰块：不涨价，产品卫生却遭质疑

2022 年夏，"雪糕刺客"（如同隐藏在暗处的刺客，某些其貌不扬的雪糕，当结账时才发现它以超高价格刺向你的钱包）成为大众热议的话题之后，一直保持 5 毛钱坚持不涨价的雪莲冰块也上了热搜榜。原来，有博主称雪莲冰块因车间卫生问题被查，这让雪莲冰块名声"塌房"。

面对飞来横祸，雪莲生产企业连夜在某短视频平台注册官方账号，发布相关声明：雪莲冰块，净化车间已全自动生产，5 毛钱的情怀，安全食品，没有"塌房"。同时还上传了自动化的生产车间视频。

后查明，网传生产环境脏乱差的"塌房"雪糕并非雪莲，而是一家高仿厂家。

真相大白后舆论迅速反转，雪莲冰块受到了更多网友推崇，再次成为各个社交平台的热门话题。

评析： 面对危机，雪莲生产企业及时澄清事实，化被动为主动，提升了组织形象。

二、公关危机的类型

公关危机可以从以下两个角度进行分类。

（1）根据存在的状态不同划分，公关危机可以分为一般性公关危机和重大公关危机。一般性公关危机主要是指常见的公共关系纠纷，从某种意义上说，公共关系纠纷还算不上真正的危机，它只是公关危机的一个信号、暗示和征兆。只要组织及时处理，做好工作，公共关系纠纷一般不会转为公共关系危机，也不会造成危机局面。重大公关危机是指组织的重大伤亡事故、重大生产失误、灾害造成的严重损失、突发性的商业危机、严重的劳资纠纷等，这些事件是组织必须及时处理的真正危机。如产品或企业遇到信誉危机、股票交易中的突发性大规模收购事件等，公关人员必须马上进行处理。对于重大公关危机，组织应做好处理预案，以免慌乱中处置不当而导致更大危机。

（2）根据给组织带来损失的表现形态不同划分，公关危机可以分为有形公关危机和无形公关危机。有形公关危机给组织带来直接而明显的损失，人们能看到那些损失，如房屋倒塌、爆炸、交通事故等造成的人员伤亡或财产损失。无形公关危机是指给组织带来的损失表现得不明显的危机或者给组织的形象带来损害的危机，如果不对其采取有效的措施，将使组织蒙受更大的损失。

问与答

问： 公关危机与危机公关有什么不同？

答： 公关危机是指由于突发事件或重大问题的出现，使组织与公众的关系迅速恶化，组织的生存和发展受到威胁，组织的公共关系状况严重失调，处于某种危险的状态；危机公关是指组织在发生形象受损或预测到即将发生危机时，所采取的一系列与社会公众积极沟通、把损失降到最低限度的公共关系策略和危机应对措施。危机公关主要就是对危机进行预防和处理。

三、公关危机产生的原因

公关危机产生的原因包括组织内部的原因和组织外部的原因。

1. 组织内部的原因

组织内部造成公关危机的原因有很多，主要集中在以下几个方面。

（1）危机意识淡薄。"生于忧患，死于安乐"，这是中国传统文化对生存经验、智慧的总结，也可以看成危机管理的金玉良言。这句话强调了危机意识的重要性：没有危机意识是最大的安全隐患。而这一点并没有真正得到组织管理者普遍和深刻的认同。组织缺乏危机意识或危机意识淡薄，是造成组织公关危机的一个重要内部原因。把危机当作常态，建立危机应对机制，履行社会责任，只有这样才能消除危机根源或把组织的公关危机控制在萌芽状态或及早发现公关危机并采取相应对策。

📚 案例分析

2022年年初，刘律师在某电商平台经过多次砍价，其完成率始终卡在99.1%，但界面却依旧提示再邀请一人就可以砍价成功。刘律师一怒之下以"利用人性弱点，构成欺诈"为由将该平台告上了法庭。长期以来，该平台"砍一刀免费"一直是一个无法证伪的噱头，某公众人士试验，让数万人接力"砍一刀"，却发现仍旧不能免费获得商品。该平台辩称"砍一刀"显示的数字在小数点后还有6位，如此设计遭到了公众嘲讽。

评析：商家的营销手段本应是为了共赢，该平台虽然借"砍一刀"等手段迅速发展，但很明显危机意识淡薄，如不吸取教训，未来会遇到更多坎坷。

（2）危机公关策略不得当。如果组织没有根据内外部环境、条件正确制订经营管理策略和公共关系战略，往往会造成组织基础工作差、管理规章制度不健全、管理方式和手段不科学，甚至会使组织的生产经营活动得不到公众的支持，引发危机。组织的经营管理不善还体现在缺乏健全的公关危机管理机制。组织如果没有将公关危机管理制度化，没有建立公关危机管理团队，就不能从根本上防止公关危机的形成和爆发，也无法及时有效地化解已经发生的公关危机。

📚 案例分析

2022年夏"雪糕刺客"在网上引发热议，其中就包括钟薛高雪糕。不久，钟薛高雪糕因不易融化遭到质疑，7月2日钟薛高官方微博进行了回应，基调是"没问题"，一片问责声中钟薛高选择了关闭评论区。7月5日，一段网友用打火机烧钟薛高雪糕疑似烧不化的视频再度引发关注。钟薛高面对来自互联网、线下的多方指责，7月6日在官方微博发表了声明，其中提到"我们认为用烤雪糕、晒雪糕或者加热雪糕的方式，来评断雪糕品质的好坏并不科学。我们将全力配合有关部门工作，同时希望并欢迎公众及媒体秉承科学的立场对相关问题进行调查、科普。"这招来了更多质疑，有网友留言"我想知道在肚子里多久能融化……"

评析：我们不知道当时钟薛高是否有专业的公关人员或团队，但我们可以说两次声明都是极不专业的。也许是钟薛高意识到了此问题，其官方微博8月12日才再次发宣传性内容。

（3）产品质量危机，是指因产品质量问题而导致的对企业经营和信誉乃至生存产生重大威胁的紧急或灾难性事件。产品是企业与消费者之间实现价值交换的基础，产品质量因为关乎消费者的切身利益，所以受到百姓和媒体的高度关注。现实一再告诫我们，组织如果不能很好地应对产品质量危机，其发展必然会受到严重影响。因此，建立应对产品质量危机的危机解决方案是现代企业健康、稳定发展的必然要求。

案例分析

2020 年 7 月，广州一位王女士用刚买不久的某品牌菜刀拍蒜，结果菜刀断了！咨询售后客服，售后客服同意换货，但也表示"不建议拍蒜"，此事引发网友热议。7 月 14 日，该品牌官方回应还算专业，除了道歉、公开售后情况外，还解释了硬度高的刀具很锋利但也会更脆，此回复没能平息舆论。

7 月 18 日，网友翻出该品牌某高管受访视频，其中有大意为中国人不会用菜刀的言论。被教育的消费者们怒了，该品牌系列词条开始霸占微博热搜榜。

评析： 平心而论，任何产品都可能有缺陷，或者有特定的运用场景或操作方法。以菜刀为例，有很多细分品类，如片刀、斩骨刀、文武刀等，其中片刀属于很锋利但很脆的专业刀具，它并不适合一般家庭使用，更不符合几千年来国人的用刀习惯。该品牌之所以陷入舆论漩涡，一是官方回应专业性还有待提升，二是其高管曾经的不当言论。究其根源，除了其高管公关意识薄弱外，恐怕是来自扩大销售的冲动。专业的产品卖给专业的人，范围扩大了，合格产品也可能遇到"质量危机"。

（4）没有建立通畅的信息沟通渠道，主要表现在两个方面：①内部沟通不畅，组织成员和利益相关方之间相互不了解，管理者下达的命令也难以被及时执行；②外部沟通不畅，使公众缺乏完整可靠的信息来源，为其想象和捏造事实留下了空间。组织没有建立通畅的信息沟通渠道，缺乏有效、及时、适用的信息披露制度。如果组织不能适当地处理与媒体的关系，就无法及时有效地向公众传播组织的信息和获得公众的反馈信息。如果组织过分强调保密，不关注舆论，就有可能会引发公关危机。

（5）社会责任缺失。社会责任感不强是引发组织公关危机的根本原因之一。企业的社会责任要求企业在对利益相关方、社会和环境造成或可能造成不利影响时，应持有公正倾向和自省纠偏意识，必要时须对相关方给予补偿、履行社会责任。如果企业只考虑自身的相关利益而忽视了相关方的利益，如股东、政府、员工和消费者的利益，对待利益相关方极其不负责任，甚至牺牲利益相关方的利益来保全自身的利益，一旦企业的这些不良行为被媒体曝光，企业便会失去公众的信任，导致公关危机，使企业陷入被动。

2. 组织外部的原因

组织所处的外部环境是异常复杂的。组织外部环境的某一方面发生变化，尤其是突如其来的变化，往往会使组织突然陷入困境、组织形象受损，使组织蒙受较大的损失。

视野拓展

失败危机公关实例

（1）企业间的恶性竞争。在市场竞争中，有些竞争对手为了能够获得更多的利益而不择手段，故意歪曲事实，散布谣言，恶意中伤别的企业以达到破坏对方形象的目的。

（2）企业遭受不可抗的天灾人祸。对于很多企业而言，虽然有很好的危机预警措施，但是天灾人祸的发生也是难以控制的，如自然环境变化、政策体制转变、舆论错误导向等事件。

第二节　公关危机的处理

一、公关危机处理的原则

组织在处理公关危机事件、实施危机公关时，不能随心所欲、肆意而为，必须按照一定的处理原则，妥善地处理危机，用稳妥的方法赢得公众的谅解和信任，尽快恢复组织的信誉和形象。

（1）快速反应的原则。公关危机都是突发性的，而且会很快传播到社会上去，引起新闻媒体和公众的关注。所以，第一时间做出恰当的反应是防止公关危机事件继续恶化的"第一法宝"。加拿大企业危机管理专家唐纳德·斯蒂芬森曾说过："危机发生的第一个 24 小时至关重要。如果你未能很快地行动起来，并已准备好把事态告诉公众，你就可能被认为有罪，直到你能证明自己是清白的时候为止。"

案例分析

2021 年 2 月 6 日晚，发生"货拉拉用户跳车事件"，10 日，跳车女士抢救无效离世。8 日，货拉拉从警方获悉事件后，成立专项处理小组，配合警方工作；9 日，货拉拉与死者家属取得联系，表达了歉意及负责到底的态度；11 日（本日是除夕）双方就善后事宜展开首次商谈，未果，约定春节假期后再谈。

2 月 21 日，该事件被媒体曝光随即成为网络热门话题，8 小时后货拉拉首次回应该事件，发布《关于长沙用户跳车事件的说明》，部分网友表示"这样的货拉拉我们不原谅"；2 月 24 日，货拉拉二次回应，发布《关于用户跳车事件的致歉和处理公告》；3 月 3 日，货拉拉再次致歉，并称将全力推进整改，及时公布进展……

问题：你怎么评价货拉拉此次的危机公关的效果？

（2）真诚坦率的原则。公关危机一旦爆发，通常情况下，都会使公众产生种种猜测和怀疑，同时也会引起政府部门、社会公众的关注和相关媒体的报道，有的新闻媒体甚至会进行不实报道。作为危机事件的当事人，要想取得公众和新闻媒体的信任，就必须采取真诚、坦率的态度，告知公众事实。迈克尔·里杰斯特尤其强调实言相告的原则，他指出，越是隐瞒真相，越会引起更大的怀疑。

案例分析

"倒奶视频"事件后的道歉信

2021 年 5 月初，网上一段视频中一群受雇的人围在一起将拆开的乳制品直接倒入沟渠中，让网友瞠目结舌。原来是 A 视频平台甲网络综艺节目有粉丝投票环节，投票的二维码印在 M 赞助商 Z 品牌乳制品的瓶盖内，真或假的粉丝为了获得瓶盖大量购买 Z 品牌乳制品，喝不掉的乳制品被倒掉。

5 月 4 日，北京市广播电视局根据群众举报发布该事件通报，并约谈 A 视频平台负责人。

5 日，甲节目组在其官方微博公开致歉，并表示将严格落实广电行政部门有关管理规定，即日起暂停该节目录制。

6 日，A 平台在其官方微博发布致歉声明（摘录）：我们真诚地道歉！我们听到了用户及媒体朋友批评的声音，对于此次"倒奶视频"所造成的影响，我们感到非常内疚、自责，在此，深深表达我们的歉意。同时，我们重申，坚决反对一切形式的食品浪费。

7 日，M 赞助商在其 Z 品牌官方微博致歉（摘录）：我们高度重视并主动与节目组多次协商。我们完全支持并积极配合 A 平台及甲节目组的整改措施，确保妥善处理。对于浪费牛奶饮品的行为，我们无比痛心并坚决反对一切形式的食品浪费。对于由此产生的不良社会影响，我们深表歉意，并将深刻反思，积极整改，切实履行社会责任，避免此类事件再次发生。

评析：这两则道歉声明真诚坦率吗？从文字上来看还算真诚，我们不了解内情，是否坦率我们无从评价。该事件当事人不仅违背了公序良俗，事实上还犯了法——2021 年 4 月 29 日起实施的《反食品浪费法》。

（3）人道主义的原则。危机事件在通常情况下都会带来生命财产的损失。危机处理中首先要考虑人道主义的原则。如我国政府在每次自然灾害中，都是把抢险和安置灾民放在第一位，这正是人道主义原则的高度体现。

（4）维护企业信誉的原则。迈克尔·里杰斯特认为，公共关系在危机处理中的作用是维护组织的声誉。这是危机处理的出发点和归宿。企业的信誉是企业的生命，而危机的发生必然会在不同程度上给企业信誉造成损失，这种损失可能难以弥补甚至会危及企业的生存。在危机处理的全过程中，公关人员要努力减少危机给企业信誉造成的损失，争取公众的谅解和信任。危机公关遵循前面三项原则的最终目的也是为了维护企业的信誉。

（5）冷静统一的原则。在遇到公关危机的时候，组织对危机的处理必须遵守冷静统一的原则，即危机处理小组要冷静应对，做出合理的决策，组织发布信息的口径要统一，避免因出现不同的声音而造成外界更大的猜疑和混乱。组织的行动、目标及反应协调活动都要统一，甚至包括组织的人力、物力、财力和各机构部门都应在危机处理小组的统一领导下，以组织的全部力量尽快消除危机事件给组织带来的不利影响。

（6）承担责任的原则。公众的利益高于一切，这是组织处理危机的一条重要原则。组织应该有强烈的社会责任感，无论危机事件的后果有多么严重，组织都应该勇于承担责任，做到不推诿、不埋怨，不为自己寻找客观理由，只有这样才能赢得社会和公众的谅解和好感。

案例分析

麦当劳"3·15"危机公关反思

据中国营销传播网 2012 年 3 月 16 日报道（记者 张恒）央视"3·15"晚会所报道的麦当劳北京三里屯餐厅违规操作的情况，当日不到一个半小时，21 点 50 分，麦当劳中国官方微博发表了以下声明：我们将就这一个别事件立即进行调查，坚决严肃处理，以实际行动向消费者表示歉意。我们将由此事深化管理，确保营运标准切实执行，为消费者提供安全、卫生的美食。欢迎和感谢政府相关部门、媒体及消费者对我们的监督。该微博迅即引发网友"围观"，短时间内转发上万条，评论 3000 余条。

评析：麦当劳回应的速度值得表扬；在实质性调查尚未开始，结果尚未确定的情况下，麦当劳用"个别事件"给事件定性，显得不够真诚，也是在推卸责任，"深化管理"等承诺很难让人信服。

二、公关危机处理的策略

公关危机处理的策略包括总策略和具体策略。其中总策略的要求是：重视事实，迅速调查，妥善处理，做好善后工作，再造组织形象。具体策略则要求组织根据不同的公众对象分别采取不同的对策。

（1）针对组织内部的策略。首先，组织应立即成立处理危机事件的专门机构。由组织的主要负责人领导，公共关系部会同其他职能部门人员组成权威而高效的危机处理小组。其次，危机处理小组应迅速而准确地了解事态的发展，制订危机处置原则与工作策略并通知组织的全体成员，以便确保统一口径，保证步调一致。再次，要做好善后服务。如本组织有员工伤亡，应立即通知其家属或亲属，并尽可能满足他们所提出的合理要求。最后还要合法转嫁和分散危机。根据危机发展的趋势，组织可以独立承担某种危机损失，如停止生产相关产品、主动撤出某一投资领域等，或者由合作者、股东来共同分担组织的危机损失。

（2）针对受害者的策略。首先，组织要了解危机事件的详细情况，与受害者及其亲属进行沟通。发生危机事件后，组织应认真了解受害者的情况，及时而真诚地与受害者及其亲属进行沟通，给他们以深切的同情和安慰。其次，组织要倾听受害者及其亲属的意见，承担责任。组织要冷静地倾听受害者的意见，了解受害者关于赔偿损失的要求，并实事求是地承担责任，尽可能提供他们所需要的服务，满足他们的合理要求。再次要把握分寸，赔偿损失。组织应避免在现场与受害者发生争执，即使受害者有一定的责任，组织也需在合适的场合单独与其商议，有分寸地让步，拒绝受害者及其亲属的不合理要求时应注意方式和方法。最后，要保持有关工作人员的稳定，尽快赔付。在处理整个危机事件的过程中，组织要保持有关工作人员的稳定，不要随意更换工作人员，从而引起不必要的麻烦，并应及早公布对受害者及其家属的补偿方法和标准，尽快赔付。

（3）针对新闻界的策略。面对新闻界，组织应采取以下几项策略：应实事求是地面对问题，不回避，不隐瞒；应设置临时记者接待场所；主动向新闻界提供危机事件的真相和相关的信息，并表明自己的态度；在危机事件的事实结果明朗之前，不信口开河，不盲目加以评论，与新闻界密切合作，表现出主动和信任，以客观公正的态度表明自己的看法，不带有主观情绪；借助新闻媒体表达自己的歉意，并向公众做出相应的解释。无论哪种情况，组织都不能用"无可奉告"来应付公众及新闻界。气急败坏地否认不但于事无补，反而会"越描越黑"。

（4）针对上级主管部门的策略。公关危机发生后，组织应及时、主动地向上级主管部门进行汇报，汇报应实事求是，不能文过饰非，更不能歪曲事实、混淆视听；在危机事件的处理过程中，应定期汇报危机事件处理的情况，求得上级主管部门的指导和支持；在危机事件处理后，对危机事件的处理经过、解决方法和今后的预防措施要及时总结并向上级主管部门详细报告。

视野拓展

经典危机公关实例对比

（5）针对消费者及其团体的策略。公关危机发生后，组织要及时通过各种可以利用的渠道，如零售网络、自媒体、新闻媒介等，向消费者说明事件的经过、处理办法及今后的预防措施。组织要热情接待消费者团体及其代表。因为消费者团体及其代表代表消费者的利益，在新闻界很有发言权，组织应热情而慎重地接触他们。

（6）针对社区居民的策略。社区是组织赖以生存和发展的基地，社区居民也是组织形象的传播者，如果危机事件给社区居民带来了损失，组织应努力做好与社区居民的沟通协调工作，主动做好道歉、补偿、赔偿等工作。

如果组织遇到了危机事件，与各方面公众的沟通协调是非常重要的，除了上述六个方面的策略外，组织还应根据危机事件的具体情况，分别与事件有关的主管行政机关、相关单位和公众进行及时沟通，以便通报情况，回答咨询，做出解释，调动各方面的力量，协助组织尽快度过危机。

案例分析

欧莱雅面膜差价引发的公关危机

欧莱雅官方微博于 2021 年 10 月 13 日、14 日连续两天发布直播预告，承诺 10 月 20 日将在两位知名主播的直播间推出"全年最大力度"的安瓶面膜优惠，即 429 元可得 50 片面膜。配合"双 11"平台预付、满减等优惠后，用户支付的最低价格为 368.94 元。11 月 1 日—3 日，欧莱雅官方旗舰店持续放出大量满999 元减 200 元的优惠券，领取到该券的用户在欧莱雅官方旗舰店的直播间内，最低能以 257.7 元的价格购入 50 片同款面膜。

11 月初，部分消费者反映安瓶面膜差价问题；16 日欧莱雅被指虚假宣传登上微博热搜榜；17 日，官方客服不当回应、两位知名主播发表兜底及暂停合作声明带动了事件的传播；18 日凌晨欧莱雅官方微博发布无公章致歉声明，讨论量达到高峰；18 日欧莱雅给出赔偿方案——再发一次满减券，邀请所有领券用户加入金卡会员……

以下为新闻媒体报道此事件的标题：《套路消费者，不能道歉了之》《多些诚意，少些套路》《欧莱雅惹众怒，比道歉更重要的是行动》……

问题： 你认为欧莱雅公关危机处理策略有何不当之处？

三、公关危机处理的程序

1. 成立快速高效的危机处理专门机构

在危机事件发生时，组织应以最快的速度成立危机处理专门机构，调配经过训练的高级人员，配备必要的危机事件处理设备和工具，以便迅速调查分析危机事件产生的原因及其影响程度，全面实施危机控制和管理计划。危机处理专门机构主要有三个方面的作用：一是负责对危机事件的管理决策；二是内外沟通联络；三是为媒体准备材料。

处理危机事件要求组织迅速决策、快速行动。为此，从总体上看，组织成立的危机处理专门机构必须精简、统一、协调、规章齐全，职责明确。从参与人员来看，危机事件的程度和类型不同，危机处理专门机构的组成人员也应有所不同。如针对关系组织整体的重大危机事件，危机处理专门机构的成员应包括：①组织的最高领导人，以保证危机事件处理决策和执行的权威性；②组织主要管理部门的负责人，以快速协调各个部门对危机事件做出反应；③外部相关专家，以提供专业咨询意见。

案例分析

2021 年 4 月 19 日的上海车展上，特斯拉车主张女士穿了一件印有"刹车失灵"字样的衣服，登上特斯拉展车的车顶高呼"特斯拉刹车失灵"。后来，张女士被行政拘留。特斯拉副总裁接受采访时曾表示该女士给特斯拉造成了负面影响，这让媒体和公众视为傲慢，随后特斯拉的道歉也鲜有公众接受。

2021 年 5 月，张女士向法院起诉特斯拉，9 月特斯拉也起诉张女士，截至 2023 年 10 月双方尚未和解。

评析： 特斯拉没有专业的公关部门，虽然成立了专门小组处理此事，但应对措施不是很专业，反复诉讼对张女士和特斯拉都产生了伤害。

2. 危机的确认与评估

危机确认就是组织做出启动危机管理程序的决策。这意味着给组织面临的问题定性，同时也意味着组织将实施一系列管理和挽救措施。组织若能尽早确认危机，就能在危机形成的早期较为主动地处理危机；若等到事态扩大、舆论蔓延才不得不采取行动，危机则会给组织形象和公众关系带来更为不利的影响。

危机评估即组织对危机所造成或可能造成的危害以及影响有一个整体的估计，例如危机是否危及组织的生存、危机的影响是短期还是长期的等，以此为基础快速确定危机处理的方式和重点。

3. 迅速隔离危机

当出现严重的恶性事件或重大事故时，组织要采取果断措施迅速隔离险情，努力把恶性事件和重大事故所造成的损失降到最低，为恢复组织的良好公共关系状态提供保证。隔离险情，首先应保护好人员和财产的安全，其次要做好危机事件的隔离。组织应将处理危机事件的人员和维持日常工作的人员分开，规定哪些人参加危机事件处理，哪些人坚守原工作岗位。组织不能因处理危机事件而造成日常管理工作无人负责，从而造成更大的危机。

4. 查清事件原因

面对危机事件，组织应在安抚救助、控制事态的基础上，迅速查明危机事件发生的时间、地点，深入群众，了解危机事件各个方面的综合信息，并形成调查报告，为处理危机事件提供依据。

组织应收集危机事件的详细信息，包括危机事件发生的时间、地点、发生的原因、人员伤亡情况、财产损失情况，查清危机事件是否得到有效控制，以及控制措施的实施情况，如果危机事件还在发展，要找出其原因。

调查受害公众、新闻媒体及事件有关其他公众对危机事件的反应及要求。如本次事件涉及的公众对象有哪些，与事件具有直接和间接责任或利害关系的组织或个人有哪些，与事件处理有关的机构有哪些，等等。

需要注意的是，组织从事件本身、事件亲历者、目击者和有关方面人士那里广泛收集的信息，无论是现场观察还是事后调查，都应该详细地做好记录。除一般文字记录外，最好利用录音、录像、拍照等方式保留更为客观的原始记录，为危机事件的处理提供充分的依据。

📚 案例分析

2022 年 12 月底，鱼×医疗曾被曝出 "94 元血氧仪涨价至 299 元" "用户投诉鱼×医疗私自召回已发出制氧机，随后翻倍涨价" 等事件，引发舆论质疑。

2022 年 12 月 28 日，鱼×医疗首次回应涨价争议称：299 元属于原价。2023 年 1 月 3 日，鱼×医疗在投资者互动平台再度回应：因成本上涨，取消血氧仪折扣优惠。

这两次回应并未被消费者接受，维权声高涨，监管机构介入调查。

近一月后，调查结果出炉：鱼×医疗因哄抬血氧仪价格，被罚款 270 万元。自 2022 年 12 月开始，鱼×医疗利用市场供需紧张状况，在血氧仪生产入库平均成本环比上涨 47% 的情况下，大幅度提高该产品销售价格，平均销售价格环比上涨了 131.78%，销售价格上涨幅度明显高于成本增长幅度，推动了血氧仪市场价格过快、过高上涨，扰乱了市场价格秩序。

评析：鱼×医疗面对危机，为了私利隐瞒真相，最后被监管机构公开，后果可想而知。

5. 分析信息，确定对策

在掌握危机事件第一手信息的情况下，组织要在了解公众和舆论反应的基础上，深入研究和确定应采取的对策和措施。这些对策不仅要考虑危机事件本身的处理，还要考虑如何处理危机事件涉及的各方面的关系，如组织和员工、受害者、受害者家属、新闻媒体、消费者、政府主管部门等之间的关系。

在与新闻媒体进行沟通时，组织应掌握舆论的主导权，尽量使新闻媒体以组织发布的消息作为唯一的权威性来源。在危机发生而事件真相尚未查明时，组织可向新闻媒体提供事件的背景材料，介绍发生危机事件的初步情况，组织采取的措施，以及与事件相关的其他资料来占领舆论阵地。组织需要慎选对外发言人。发言人应当具有足够的权威，对组织的各个方面和危机事件十分清楚，同时应当头脑清晰、思维敏捷。组织在处理危机事件时，应当以社会公众利益为重。组织可以邀请公正、权威的机构帮助解决危机，以维护社会公众对组织的信任。

6. 总结检查，加强管理

总结检查和加强管理是危机处理结束阶段必不可少的工作。危机处理专门机构应对危机处理情况进行全面检查、评估，并将检查结果向公众公布，表明组织敢于承担责任，一切从公众利益出发，认真做好危机事件的善后处理工作。危机事件的爆发本身就说明组织的管理并非无懈可击，几乎从每一个危机事件的管理案例中我们都能总结出值得组织改进的地方。

> **问与答**
>
> **问**：组织应如何进行危机处理？
> **答**：
> 深入现场，了解事实。
> 分析情况，确定对策。
> 安抚受众，缓和对抗。
> 联络媒体，主导舆论。
> 多方沟通，加速化解。
> 有效行动，转危为安。
> 总结提炼，反败为胜。

第三节　公关危机的预防

公关危机监测是指当组织面对突发事件，危机监测系统系统性地扫描本次事件的各类相关信息，并识别和分辨出这些信息中的关键要素，诊断当前危机的状态，提出危机公关建议方案，辅助危机管理者进行决策和判断。公关危机预防的前提是公关危机监测，而后是公关危机的预控（预防控制）。

我们从公关危机监测体系的建立、实施和迹象监测的实施三个方面来讨论公关危机监测机制的形成，而后介绍公关危机的预控。

一、公关危机监测体系的建立

公关危机具有突发性和破坏性，组织要想在危机出现之后将损失降到最低就必须建立危机监测体系，具体包括以下两个方面。

（1）内部危机监测。内部危机监测是组织内部自身所能控制的。组织可以通过严格制订和执行规章制度，将一般的危机事件消灭在萌芽之中。

（2）外部危机监测。外部危机监测是指组织对由于外因产生的危机事件能及时发现并采取措施。通常对危机事件传播的途径进行实时监测能够帮助组织及时发现负面信息并加以解决。

二、公关危机监测体系的实施

公关危机监测体系的实施包括以下两个方面的内容。

（1）日常监测，是指将危机监测作为危机监测部门的一项日常工作不间断进行，随时掌握社会舆论的导向、特点和趋势。日常监测的意义在于：随时了解社会舆论的动态、方向；一旦发现有不利于组织稳定、重大的虚假舆情，可以及时反馈到有关部门；通过"舆论领袖"等手段，对日常舆论进行引导，为有关部门提供社会舆论方面的决策支持。

（2）突发事件监测，是指当突发事件发生时，组织对该事件相关舆情的监测。突发事件的变化因素较多，关系较为复杂，发展趋势难以预测，相关信息纷繁芜杂，给组织的信息判断和决策增加了难度。另外，由于突发事件中的矛盾双方往往处于对立状态，影响或阻碍了原有信息沟通渠道的正常功能，从而给各种"小道消息"提供了填补信息真空的机会。此类事件突发性强、社会影响大、给决策者思考的时间短，如果组织不能及时准确获得最新信息并加以判断处理，产生的后果可能会非常严重。而巨大的压力往往使决策者很难从容地对所有信息进行收集、整理和分析，一些有价值的信息可能会被遗漏或者忽视，从而对事件的处理决策产生误导。因此，在突发事件出现时，完善的舆情监测机制、及时有效的舆情信息收集和分析，对组织全面掌握与该事件密切相关的各种信息并及时采取应对措施极为重要。

三、公关危机迹象监测的实施

公关危机迹象监测需做好以下三项工作。

1. 公关危机迹象监测

（1）要确定公关危机迹象监测的对象。我们一般把最可能引发公关危机的影响因素或最可能出现公关危机的领域作为公关危机迹象监测的重点监测对象。

（2）要明确公关危机迹象监测的任务。一是过程监测，即组织要对监测对象的活动进行全过程的监测，对监测对象同整个组织各活动环节和外部环境的关系状态进行监测。二是信息处理，即组织要对大量的监测信息进行整理、分类、存储，建立监测信息档案，形成系统有序的监测信息成果。

（3）要选择公关危机迹象监测的有效手段。一般地说，公关危机迹象监测指标体系及其测量工具是公关危机迹象监测过程中必不可少的基本手段，而计算机以及其他的现代化手段则是进行公关危机迹象监测的辅助手段。

2. 公关危机迹象识别

识别公关危机是指公关工作者在日常的公关工作中，通过一些事物的迹象和自己的工作经验，及时发现公关危机事件并做出正确判断。公关人员具备识别公关危机事件的能力相当重要，它可以使组织的损失在公关危机及早发现的情况下降到最低。公关危机的识别包括两个方面：一种是察觉隐性状态下的公关危机；另一种是发现显性状态下的公关危机。

（1）察觉隐性状态下的公关危机。组织出现隐性状态下的公关危机时，公关工作还处在表面正常的状态，但是危机的隐患已经出现在某些因素和环节中。例如组织内部的干群关系、部门关系、上下级关系不和；或者是组织内部管理出现了混乱，效益停滞不前；或者是时代进步了，组织发展的脚步却越来越慢，跟不上时代的进步；或者是出现了组织和公众之间的不协调；或者是组织与政府、社区、同行业之间产生了矛盾；等等。这些问题只是萌芽，随着事物的发展，有些问题就会由量变到质变，由局部发展到全局。因此，当一些细小的环节或因素出现问题时，公关人员就要及时发现，及时处理。公关人员培养这种发现问题的能力需要不断学习和长期积累经验。

（2）发现显性状态下的公关危机。比起隐性状态下的公关危机，显性状态下的公关危机更容易被发现。稍有一些公关经验，或者是普通人都可以发现显性状态下的公关危机。因为它是既成事实的危机状态，而且多是影响较大的突发性危机，常常以重大的损失作为标志，并受到组织的重视。对重大的显性状态下的公关危机的危害程度的认识和判断，需要公关人员具有丰富的公关经验和很高的判断水平，因为它涉及危机处理的决策和处理手段的确定，以及危机处理措施的实施。

3. 公关危机迹象诊断

公关危机迹象诊断是指组织根据公关危机迹象识别的结果，利用与危机迹象相关的各种信息，对已被识别的危机迹象进行基本成因分析和发展趋势预测，为危机预控提供依据。公关危机迹象诊断工作包括：①深入分析危机迹象产生的原因；②合理预测危机迹象的发展趋势。

四、公关危机的预控

公关危机的预控需做好以下两个方面的工作。

1. 公关危机预控的基础工作

组织管理的基础工作一般包括标准化工作、定额工作、规章制度建设工作、培训工作、强化危机意识工作等。只有做好这些基础工作，才能保证组织高效率、高质量、高效益、优质服务，才能增强组织对环境的适应能力和竞争能力，使组织管理系统运行有序，防止和消除组织面对的各种危机。

（1）标准化工作。一是技术标准，包括产品标准、生产工艺标准、操作标准和安全与环保标准等。二是管理标准。从组织的生产经营过程来看，物资供应、生产、销售、服务等过程均应有相应的管理标准；从生产经营要素来看，人力资源管理、物资设备管理、资金管理、技术管理、信息管理等也应有相应的管理标准；从管理职能划分来看，组织的计划、决策、预测、控制、协调等也应有相应的管理标准。这些管理标准结合起来，构成一套系统化、科学化和现代化的管理标准体系。

（2）定额工作。定额是指在一定的生产技术条件下，组织对人力、物力、财力等生产经营要素的消耗、占用和使用方面的规定标准。各种定额一般由组织根据自己的实际情况而定，包括劳动定额、设备定额、物资定额、资金定额、费用定额等。

（3）规章制度建设工作。组织的规章制度是全体员工的行为规范和准则，它能保障组织顺利完成各项工作。它包括组织的基本制度、工作制度和责任制度。

（4）培训工作。培训的方式有委托培训、组织内部培训、自我培训三种。

（5）强化危机意识工作。诱发组织危机的因素潜伏在组织方方面面的经营活动中，从创建组织文化到确立经营思想，从制定战略目标到确定决策方案，从产品生产到销售服务，从外部合作到内部管理，危机无处不在。所以，组织全体成员只有强化危机意识，不断提升信誉意识、形象意识、服务意识、公众意识、协调意识、效益意识等，才能从根本上防患于未然。

2. 公关危机预控的组织准备

公关危机预控的组织准备是指组织为预控危机而开展的组织保障活动。它包括建立危机管理机构、建立危机管理制度、训练危机应急队伍和制订危机应对方案，目的在于为组织的危机预控活动提供有保障的组织环境。

（1）建立快捷、高效的危机管理机构。组织建立危机管理机构是进行危机预防管理的重要保证，也是进行危机管理的有效手段。危机管理机构不仅可以承担危机的日常监测、识别、诊断、评价和预警预控工作，而且可以向公众表明组织"认真负责的管理态度"。危机管理机构一般由职位较高的管理者、公关部门负责人组成。其工作职责主要有：①全面准确地对危机进行预测；②针对组织可能存在的各种危机制订防范的方针和政策；③为处理危机制订有关的策略和程序；④指导与监督整个组织各部门危机预防管理的工作；⑤编制危机管理的经费预算；⑥对全员进行危机意识教育培训；⑦在危机事件发生时负责对危机事件处理进行指导和咨询等。

（2）建立危机管理制度。制度是用以规范人的行为、保证方针政策得以实施，实现组织良性运营的各种约束性规则。组织建立危机管理制度后还需要有具体的执行和检查。

（3）训练危机应急队伍。训练危机应急队伍的具体内容包括：①对处置危机事件能力的培训；②进行危机事件应对策略的培训；③建立危机处理案例库，从中汲取经验教训；④进行危机事件处理的综合性模拟演练。

> **视野拓展**
>
> 读者可从网上搜索"20××年度十大公关危机事件"，了解相关内容。

（4）精心制订危机应对方案。良好的危机防范管理不仅能够预测可能发生的危机情境，而且有助于组织为可能发生的危机做好准备，拟好危机反应计划，从而自如地应对危机。全面的危机反应计划主要包括危机管理的目标、对策、工作程序和方法、方案运作、资源配置等。组织在制订危机应对方案时，要倾听外部意见，制订的方案要有一定的灵活性。

本 章 小 结

本章有以下几个重要的知识点。

（1）公共关系危机是指由于突发事件或重大问题的出现，使组织与公众的关系迅速恶化，组织的生存和发展受到威胁，组织的公共关系状况严重失调，处于某种危险的状态。

（2）公关危机处理的原则有快速反应的原则、真诚坦率的原则、人道主义的原则、维护企业信誉的原则、冷静统一的原则和承担责任的原则。

（3）公关危机处理的程序：成立快速高效的危机处理专门机构；危机的确认与评估；迅速隔离危机；查清事件原因；分析信息，确定对策；总结检查，加强管理。

（4）公关危机迹象监测的实施包括公关危机迹象监测、公关危机迹象识别和公关危机迹象诊断。

（5）公关危机预控的基础工作包括标准化工作、定额工作、规章制度建设工作、培训工作和强化危机意识工作等。

练 习 题

一、名词解释

公关危机　公关危机监测　公关危机迹象诊断　无形公关危机　有形公关危机

二、单项选择题

1. 公关危机事件的内容往往和公众有直接关系，特别是涉及人身安全时，更会成为社会舆论和社会公众的关注焦点和热点。该观点是阐述公关危机的（　　）特征。

  A. 发生的突然性   B. 公众的关注

  C. 后果的危害性   D. 处置的紧迫性

2. 公关危机事件一旦发生，会在很短的时间内迅速而广泛地传播，其负面影响是可想而知的。该观点是阐述公关危机的（　　）特征。

  A. 发生的突然性   B. 公众的关注

  C. 后果的危害性   D. 处置的紧迫性

3. （　　）主要是指常见的公共关系纠纷，从某种意义上说，公共关系纠纷还算不上真正的危机，它只是公关危机的一种信号、暗示和征兆。

  A. 一般性公关危机   B. 重大公关危机

  C. 有形公关危机   D. 无形公关危机

4. 第一时间做出迅速恰当的反应是防止危机事件继续恶化的"第一法宝"。这是阐述处理公关危机的（　　）。

  A. 快速反应的原则   B. 真诚坦率的原则

  C. 人道主义的原则   D. 维护信誉的原则

5. 公关危机发生后，组织要及时通过各种可以利用的渠道，如零售网络、自媒体、新闻媒体等，向（　　）说明事件的经过、处理办法及今后的预防措施。

  A. 企业内部员工   B. 上级主管部门

  C. 新闻界   D. 消费者

三、多项选择题

1. （　　）是关于公关危机特征的阐述。

  A. 发生的必然性   B. 公众的关注

  C. 后果的危害性   D. 处置的紧迫性

2. （　　）是关于公关危机处理原则的阐述。

A. 快速反应的原则   B. 冷静统一的原则

C. 成本最小的原则   D. 真诚坦率的原则

3. 危机处理专门机构主要的作用有（   ）。

    A. 负责对危机事件管理决策   B. 内外沟通联络

    C. 为媒体准备材料   D. 预测危机

4. 公关危机迹象监测的实施包括（   ）。

    A. 公关危机迹象监测   B. 公关危机迹象的预控

    C. 公关危机迹象识别   D. 公关危机迹象诊断

四、简答题

1. 公关危机的特征有哪些？
2. 公关危机产生的原因有哪些？
3. 公关危机处理的原则有哪些？
4. 处理公关危机时，针对受害者组织应该采取怎样的策略？
5. 公关危机处理的程序是什么？
6. 怎样进行公关危机迹象的识别？
7. 公关危机预控的基础工作有哪些？
8. 公关危机预控的组织准备有哪些？

五、案例分析

2021年年初，全棉时代发布了一则广告，内容主要是一个年轻女子被男子尾随，然后女子急中生智用全棉时代的卸妆巾卸妆，于是男子被卸妆后的女子吓跑（并发出呕吐的声音）。该广告引起了网友的强烈不满。随后全棉时代发布了两则道歉声明。

第一份声明中全棉时代宣称视频已下架且会接受调查。然而第二份声明却画风突变——20%的道歉＋80%的自夸，瞬间激起了网友们的怒火。

问题：（1）什么是公关危机？

（2）处理公关危机的原则有哪些？

（3）你对全棉时代处理此次公关危机的做法如何评价？

综 合 实 训

假设你是本章练习题中案例分析题中全棉时代的公关部负责人，请模拟召开一次新闻发布会来处理该次公关危机。

主要参考文献

[1] 陈凯，2018. 赋予公关转型新动能 [J]. 国际公关（80）.

[2] 李桂红，耿旭蓉，2023. 新媒体运营与推广 [M]. 北京：人民邮电出版社.

[3] 任焕琴，2022. 公共关系学实用教程 [M]. 2版. 北京：北京大学出版社.

[4] 魏翠芬，2021. 公共关系理论与实务 [M]. 4版. 北京：北京交通大学出版社.

[5] 席佳蓓，2019. 公共关系理论与实务 [M]. 南京：东南大学出版社.

[6] 于燕，2018. 公共关系理论与实务 [M]. 北京：北京师范大学出版社.

[7] 张守刚，2023. 商务沟通与谈判 [M]. 4版. 北京：人民邮电出版社.

[8] 赵轶，2022. 公共关系实务 [M]. 3版. 北京：人民邮电出版社.

更新勘误表和配套资料索取示意图

说明1：本书配套教学资料存于人邮教育社区（www.ryjiaoyu.com），资料下载有教师身份、权限限制（身份、权限需网站后台审批，参见示意图）。

说明2："用书教师"，是指学生订购本书的授课教师。

说明3：本书配套教学资料将不定期更新、完善，新资料会随时上传至人邮教育社区本书相应的页面内。

说明4：扫描二维码可查看本书现有"更新勘误记录表""意见建议记录表"。如发现本书或配套资料中有需要更新、完善之处，望及时反馈，我们将尽快处理！

咨询邮箱：13051901888@163.com。

更新勘误及意见建议记录表

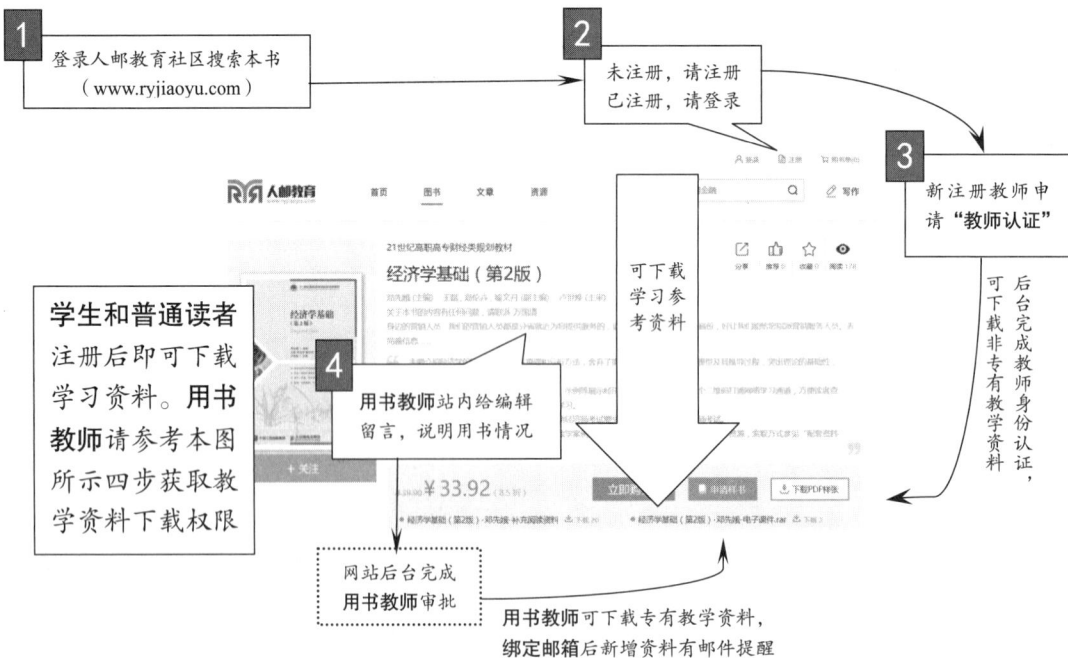

---

1 登录人邮教育社区搜索本书（www.ryjiaoyu.com）

2 未注册，请注册 已注册，请登录

3 新注册教师申请"教师认证" 后台完成教师身份认证，可下载非专有教学资料

学生和普通读者注册后即可下载学习资料。用书教师请参考本图所示四步获取教学资料下载权限

可下载学习参考资料

4 用书教师站内给编辑留言，说明用书情况

网站后台完成用书教师审批

用书教师可下载专有教学资料，绑定邮箱后新增资料有邮件提醒

RYR 人邮教育　首页　图书　文章　资源

21世纪高职高专财经类规划教材
经济学基础（第2版）

¥33.92

立即购买　申请样书　下载PDF样张